이 저서는 2014년 정부(교육부)의 재원으로 한국연구재단의 지원을 받아
수행된 연구임 (NRF-2012S1A6A4018908)

고려시대 사람들의 사유와 집단 심성

김 인 호 지음

혜안

책머리에

이 책은 필자의 두 번째 학술서다. 첫 번째 책인 『고려후기 사대부의 경세론 연구』(혜안, 1999)에서는 무신집권기 이후 지식인들이 국가에 대해 가진 생각을 정리해 보았다. 하지만 상당히 소략했고 미흡하였다. 더구나 첫 번째 책에는 고려말 대표적 지식인이면서 새로운 왕조 건설을 둘러싸고 다양한 의견과 갈등을 노정했던 이색, 정도전, 권근 등과 같은 인물들을 다루지 못하였다.

이런 인물들에 대한 연구는 1990년대 중반 이후 양적으로나 질적으로 크게 성장하였다. 개인 문집의 계속적인 번역과 정치사상사에 대한 관심 폭발, 그리고 연구자 수의 증가 등은 이런 성장의 밑거름이 되었다. 특히 한국사회에서 '개혁'에 대한 관심은 군사정권에서 문민정부로 이행하는 민주화 시대에 걸맞게 크게 증폭되었다. 이런 경향이 개혁과 이를 뒷받침하는 정치이념, 사상에 대한 관심과 역사연구를 연결시키는 매개물이 되었을 것이다.

역사연구 역시 시대적 상황과 연구자의 관심사라는 틀 속에서 존재하고 성장한다. 돌이켜 보면 20세기에서 21세기로의 전환은 새로운 사회와 연구 환경을 만들어 내었다. 이런 가운데 필자 역시 새로운 관심과 사유의 전환이 생기기 시작하였다.

역사학계에서는 1980년대 형성된 거대담론에 입각한 구조적이고 실증적인 역사학 연구경향에 대해 새로운 방법론을 모색하기 시작하였다. 이런 방법론의 모색이 서양사의 미시사나 생활사에 대한 관심으로 이어지면서, 이를 적용시키려는 한국사 연구도 생겨나기 시작하였다.

이런 과정 속에서 귀가 얇고(?) 기웃거리길 좋아하는 필자 역시 예외가 아니었다. 생활사나 미시사는 아니지만, 과거와 같은 정치이념과 사상에 중심을 두려는 연구방법을 탈피하려는 생각이 뇌리에 각인되기 시작하였다.

그런 와중에 한국학술진흥재단의 지원으로 마련된 '한국 중세인의 멘탈리티' 공동연구는 여러 가지로 자극이 되었다. 이 연구는 역사 속의 '변화'보다는 '변화하지 않는 것'에 주목을 하고, 인간들의 일상과 관습 등에 대한 관심을 이끌어내는 역할을 했던 것이다. 그리고 이 연구는 『고려시대 사람들의 삶과 생각』(혜안, 2007, 공저)으로 집약되었다.

그렇다면 이제 필자는 무엇을 할 것인가? 그리고 이제까지 무엇을 하고 살았지? 이런 고민들이 40대의 사추기에 던져진 고민이었다. 하지만 일상의 관성은 언제나 고민을 앞섰고, 시작하려는 연구들은 제 자리에 맴돌기 일쑤였다. 더구나 엉성하고 훈련되지 않은 필자의 사유는 20대에 알아야 할 지식과 생각을 더듬는 정도였다. 이 과정에서 필자는 인문학의 고전에 대해 얼마나 무식하고 게을렀는지를 깨닫게 되었다.

그나마 다행인 것은 구상하던 연구 계획이 한국연구재단의 호의로 인하여 학술저서 지원을 받게 된 것이다. 이번 책의 제목을 주제로 내걸면서, 지원을 받을 것이라고 예상하지는 못했었다. 그럼에도 심사위원들께서 나름 선처해 주신 것이라고 여겨진다. 이 학술 지원이 필자에게 중요했던 것은 무엇보다 '마감'이란 시한이 주어졌다는 사실이다.

총 3년이란 시간 속에서 1년마다 보고시한이 나름대로의 압박이 되었다. 보고에 맞추기 위해 매 겨울방학은 원고 쓰는 일에 쫓기게 되었다. 이로 인하여 충실하지 못한 내용이 만들어지기도 하였지만, 당시에는 내년에 새로 수정할 수 있을 것이라는 기대감에 빠져 있었다.

하지만 막상 책을 내야 하는 시점까지 필자는 일상 속의 다른 일을 핑계로 충분하게 고칠 수 없었다. 이제 책을 내려 하는 순간이 다가오자, 학계에 또 하나의 누를 끼치는 것이 아닌가 한다. 무엇보다 어려웠던 것은 처음 연구 계획을 하던 시점과 현재 시점 사이의 필자가 지닌 생각의 차이였다. 또한 연구 계획을 작성할 당시에는 무엇인가 새로운 방식과 시점에서 이루어질 것 같았던 연구가 원래 의도만큼 이루어지지 못했다는 점이 아쉬웠다. 예컨대 이 책에서 다루는 집단심성의 문제는 보다 다양한 연구방법과 자료로 접근해야 할 것인데, 그렇게 되지 못하였다.

이제 돌이켜 보면 서양사를 하신 선배 연구자의 이야기가 이런 연구를 시작한 계기가 되었던 것 같다. 그 분은 서양사의 경우 19세기 살롱에 들어서는 한 지식인의 심리를 연구하는 일도 있다면서, 우리와 전혀 다른 연구 경향을 말해 주었던 기억이 있다. 과연 이런 연구는 사회에 실천적인 도움이 되는 것일까? 왜 이런 연구를 하고 있지? 당시의 사소한 의문이 사유와 심성에 대한 접근으로 이어졌는지 모른다. 하지만 여전히 이 책이 지닌 사회적 실천성에 대한 질문은 유효한 것 같다.

원래 인간은 자신이 가진 사유와 관성에 의해 일상을 살아가는 경우가 많다. 어쩌면 이런 사유의 틀과 관성을 깨는 일이 개인에게 주어질 자유인지 모른다. 『장자』가 추구한 동양적 자유가 나에게 의미가 있다면, 내가 해온 기존의 연구를 부정하고 새로움을 추구하는 길이 맞을 것이다. 그렇다고 이번에 내는 책이 그렇다는 의미는 아니다. 다만 과거의 '나'를 부정하는 새로운 사소한 계기가 되기를 바랄 뿐이다.

이 책이 나오기까지의 주변의 도움은 말할 나위가 없다. 새삼 감사의 인사를 드리기에도 미안할 지경이다. 그렇지만 무엇보다 흔쾌히 출판을 맡아주신 인생 선배이신 도서출판혜안의 오일주 대표님과 함께, 좋은 책으로 꾸며주신 혜안 식구들에게 특별히 감사드린다.

새로운 봄소식 속에서 18년만에 새 책의 출간을 부끄러워하며

2017. 2.

Ⅰ. 고려시대 심성사 연구의 방법과 이론화

1. 문제의 제기

1) 문제의식과 '심성사' 연구

정체성은 당연히 주관적 실재의 핵심 요소이며, 모든 주관적 실재와 마찬가지로 사회와 변증법적 관계에 있다. 정체성은 사회적 과정에 의해 형성된다. 일단 결정화(結晶化)되고 나면, 정체성은 사회적 관계에 의해 유지되고, 수정되며 또는 심지어 재형성되기도 한다. 정체성의 형성과 유지에 관계된 사회적 과정은 사회구조에 의해 결정된다. ……사회들은 역사를 가지는데, 그 역사의 과정에서 구체적인 정체성들이 나타난다. 그러나 이 역사는 구체적인 정체성을 지닌 인간에 의해 만들어진다.[1]

---

[1] 피터 L. 버거·토마스 루크만 지음, 하홍규 옮김, 2013, 『실재의 사회적 구성』, 262쪽.

인간 의식과 사유방식은 인간의 행동을 결정하고, 이 행동이 역사를 만들어간다. 어느 시대이든 인간들의 행동을 제어했던 개인과 집단의 사유와 의식은 점차 하나의 '심성'으로 사회화된다. 이렇게 형성된 심성은 사회 속에서 제도, 관습, 금기(禁忌), 그리고 사유방식과 행동 양태 등으로 드러난다. 개인의 의식은 집단 심성으로 연결되고, 집단 심성은 다시 개인의 의식을 규정하는 상호 관계가 지속적으로 전개된다고 할 수 있다. 이 의식을 규정하는 것이 사유방식이다. 따라서 각 시대에 등장하는 역사적 사유방식과 행동이 나타나는데, 이를 연구하는 것이 심성사 연구의 주제이다. 고려시대에 살았던 인간들의 심성 연구도 이와 같은 범주 속에서 찾을 수 있다.

심성사 연구는 일반적으로 이야기되는 '일상사'와 범주에서 차이가 있다. 일상사 연구는 오래 전부터 서구 학계에서 연구되어 왔으며 한국에서도 어느 정도 소개가 되어 있다.[2] 이와 같은 일상사는 미시사 연구의 흐름 속의 한 부분이다. 미시사 연구는 과거 역사의 구조 변화라는 '거시사'와 다른 각도에서 인간 삶의 작은 영역까지 연구 주제로 취급하여 왔다.

이런 연구 경향이 한국 학계에 영향을 미치기 시작하였고, 이와 관련하여 '일상사'란 용어를 사용하고, 그에 따른 방법을 구사한다는 연구와 책들이 간행되어 왔다.[3] 지금까지 간행된 '일상사'가 서구학계에서 이루어진 방법론 등을 이용하기도 하지만, 상당수는 과거 정치와 제도, 경제사 등에 집중되어 기존 연구를 인간의 일상 복원이라는 범주로 바꾼 것이다.

---

2) 알프 뤼트케 지음, 나종석 옮김, 2002, 『일상사란 무엇인가』, 청년사.
3) 몇 가지 사례를 들면 다음과 같다. 이상록 외, 2006, 『일상사로 보는 한국근현대사』, 책과함께 ; 문숙자, 2009, 『68년의 나날들, 조선의 일상사』, 너머북스. 한국역사연구회가 간행했던 『~어떻게 살았을까』 시리즈 등도 어느 정도 일상사의 흐름 속에 넣을 수 있을 것이다. 그 밖에 국문학계에서도 발굴된 한문자료 등을 바탕으로 조선시대 일상에 대한 검토가 많이 이루어지고 있음도 주지의 사실이다. 여기서는 따로 언급하지 않으려고 한다.

문제는 일상 복원이 곧바로 '일상사'라는 영역인 것인가 여부에 달려 있다. 아직 연구 방법론과 이론적 측면에 대한 검토가 다양하게 이루어질 만큼 축적되지 못하였기 때문이다.

원래 '심성'을 다루는 것은 일상사의 한 범주다. 그렇지만 현재 한국 심성사에 대한 충분한 연구가 이루어졌다고 볼 수 없다. 또한 심성 연구가 역사학 내부에서 어느 정도의 역할을 할 수 있는지도 검토된 바가 없다. 우리는 이제 출발점에 섰을 뿐이다.

서구학계는 근대철학의 현상학과 상징에 대한 연구전통이 오랫동안 지속되어 왔다. 여기에 더해 심리학, 사회학이나 언어철학 등에 대한 연구도 일상사 연구의 배경으로 작용할 수 있었다. 특히 언어와 관련해서는 '개념사'연구라는 범주로 발전되어 왔다.[4]

그렇지만 한국사학계는 서구학계의 방법론을 습득하면서도 동양적 역사학의 전통에 연구기반을 두었다. 이 점에 대해서는 뒤에 살펴볼 예정이지만 우선 문제는 한국 역사에서 차지하는 '한문'이라는 문자 수단으로 인해 발생한다. 모든 언어는 중의성이나 비유, 또는 다의적 의미가 존재한다. 그 뿐 아니라 하나의 언어가 '개념'으로 만들어지고, 이것이 인간의 의식 속에 잠재화되면서 일정한 사회적 역할을 하게 된다. 이와 같은 사회화 과정과 언어가 지니는 사회구성원에 대한 강제성이 하나의 사회적 규범이나 관습 등으로 드러나게 된다.[5] 예컨대 현대 사회에서 '민중(民衆)'이란 개념은 여러 가지 다의적 의미와 사회적 규범성을

---

4) 이와 관련해서는 나인호, 2011, 『개념사란 무엇인가 ; 역사와 언어의 새로운 만남』, 역사비평사 등이 참고된다. 이 책에서 개념사는 언어와 텍스트에 의해 역사적 실재가 구성되는 방식을 연구한다고 이를 설명하고 있다. 따라서 개념사는 세계관, 가치관, 사고방식, 심성, 그리고 희망과 공포 등을 읽어내는데 초점을 맞추고 있기 때문에(이 책, 15쪽), 심성사와 밀접한 관련이 있다.
5) 이 문제는 나인호, 2011, 앞의 책, 84~86쪽을 참고할 수 있다.

담고 있다. 즉 '민중'은 '대중'이나 '인민'이란 단어와 다른 함축적인 의미를 지닌다고 이해할 수 있다.[6]

이렇게 우리는 하나의 개념을 한자(漢字)로 표기한다. 그렇지만 역사 사료처럼 한문으로 된 문장은 하나의 한자 단어로 이루어지는 것과 다른 차원의 문제를 지닌다. 주지하듯이 한문은 한국어와 다른 어순을 지니며 압축적 표현으로 구사된다. 우리는 이러한 압축적 표현 속에서 인간들의 내면과 심성을 읽어내는 작업이 쉽지 않음을 인정해야 한다.[7] 한국의 심성사 연구가 직면하는 첫 번째 문제가 여기에 있다. 그렇지만 문제가 있다고 해서 심성사 연구에 대한 시도조차 하지 않을 수 없다.

두 번째 문제는 현재 남겨진 역사 자료에서 나온다. 고려시대 자료는 조선시대에 편찬된『고려사』,『고려사절요』라는 관찬(官撰) 역사책을 기축으로 하여, 당대 남겨진 개인 문집과 금석문, 기타 자료(예컨대『선화 봉사고려도경』) 등으로 이루어진다. 그 밖의 고고학적 자료는 제한적으로 이용이 되어 왔다.[8] 따라서 전체 자료의 분량이 많지 않으며, 나아가 관찬 자료는 조선의 유학적 시각에서 추출, 편집된 것이라는 한계를 지닌다. 물론 사료 자체는 고려시대에 남겨진 것을 편집한 것이라서

---

6) '민중'에 대한 사전적 정의는 "국가나 사회를 구성하는 일반 국민. 피지배 계급으로서의 일반 대중을 이른다."라는 것이다. 그렇지만 이 개념에는 현대 한국사 속에서의 역사를 포함하고 있다. 예컨대 피지배계급처럼 느껴지는 민중 은 '압제', '저항', '순응' 등의 다양한 이미지와 상징성을 내포하고 있는 것이다. 원래 개념사의 과제는 이런 이미지와 개념이 어떻게 형성되었는지를 파악하고, 사회와의 관련성을 발굴해내려는 노력에 있을 것이다.

7) 이에 관해서는 하일식 편,『고려시대 사람들의 삶과 생각』, 혜안, 20~21쪽에서 논한 바 있다. 단 언어직 문제가 아닌 개념적 문제에 대한 부분은 제기되지 않았다.

8) 최근 고고학의 발굴성과 등이 문헌을 위주로 연구하는 고려사 연구자들에 의해 그 중요성이 논의되고 있기 때문에 이후 역사연구에서 상당히 이용될 수 있을 것으로 기대된다.

기본 자료로 활용해야 함은 분명하다.

원래 한문으로 된 시를 구사할 수 있는 지식인은 삼국시대 이래 지배층이었다. 고려시대에도 시를 쓰거나 해독할 수 있는 능력은 스스로가 문화인이고 지배층임을 드러내는 좋은 수단이었다. 아마 시를 지을 수 있는 사람은 전체 인구의 1%미만이었을 것으로 추정된다. 또한 고려시대 개인 문집은 현재 남아 있는 것들이 많지 않은 편이다.[9] 그 배경에는 고려시대 출판 시장의 협소와 제약, 필요한 경비에 대한 경제적 여건 등이 다양하게 작용하였다. 그렇지만 무엇보다 시를 지을 능력이 있는 지식인의 숫자가 많지 않다는 점도 고려해야 할 것이다.

이때 문제가 되는 것은 개인문집의 자료 활용이다. 고려시대 개인 문집은 많지 않지만 개인의 사유와 관념, 그리고 정서를 파악할 수 있는 기본적 자료가 된다. 과거 학계에서는 개인 문집을 자료로 제한적으로 이용하는 경우가 많았다. 그 이유는 공개적으로 드러난 바가 없지만 시(詩)가 문집 내용의 대부분을 차지하는 것에 그 원인이 있지 않을까 한다. 시는 객관적 사실보다 개인적 감성을 표현하는 수단이라는 인식 때문에 자료 이용에 어려움이 따랐을 것이다.

아울러 개인적 감성이 역사연구의 대상으로 적합하지 않다는 생각은 과거 한국사학계의 실증적 연구 풍토로부터 기인하였다. 정치나 제도사 등의 연구에서는 시에 나오는 대부분의 내용이 거의 유용하지 않다는 점도 연구의 제약으로 작용했을 것이다. 따라서 개인 문집 가운데 자료로 이용된 것은 대부분 시(詩) 이외에 서(書)나 서(序), 비명(碑銘) 내지 묘지명

---

9) 『고려명현집』과 『한국문집총간』에 모여 있는 고려시대 문집의 숫자는 매우 한정적이다. 물론 실제로 시를 지을 수 있지만 문집을 남기지 않은 사람은 매우 많다. 현재 고려시대 인구의 숫자가 정확하지 않은 편이라서 전체 문맹률에 대한 계산은 불가능하다. 다만 문자 해독 능력이 있는 사람이 1%도 되지 않을 것이라는 점은 분명해 보인다.

(墓誌銘) 등이었다.

그러나 전근대 지식인들의 의사소통에서 기본적 수단은 시(詩)였다.[10] 고려 지식인들은 시를 통해 서로 간에 교유하였다. 상호 간의 시를 주고받는 경우에는 상대방 시에 있는 운(韻)을 빌려온 후에 여기에 화답하는 시를 보냈다. 그만큼 시가 편지와 비슷한 역할을 하는 교류 수단이었다. 즉 지식인들은 시를 통해 상대방의 감정과 생각을 이해하였던 것이다.

이 때문에 시문이 역사자료로 적극적으로 활용해야 한다는 과제가 생긴다. 더구나 문집 내용의 대부분이 시로 구성되어 있다는 점에서 그 활용의 가치가 충분하다고 볼 수 있다. 물론 역사자료로 시를 활용하는 방식은 2000년대 이후 학계에서 크게 확대되었으며, 현재까지 많은 시문 자료가 이용되고 있다. 다만 우리는 시 자료가 당시 사람들의 감성, 인식 그리고 사유 등을 반영하고 있다는 점을 고려하려는 것이다. 따라서 현재 시문 자료를 심성 연구에 어떻게 활용할 것인가의 과제를 고민할 단계에 도달하였다. 시문 속에 담긴 각종 상징성과 개념, 그리고 은유와 감성 표현 속에서 심성을 파악할 수 있는 내용을 찾아서 정리할 필요가 있는 것이다.

원래 문장은 한 사람의 생각을 담아내는 틀이다. 특히 시는 고도의 추상성을 지니기 때문에 작자의 의도를 알아채기 어려울 수 있다. 그렇지만 시 중에도 작자의 의도가 쉽게 드러나는 경우를 찾을 수 있다. 예컨대 고려후기 대표적 유교 지식인 이색(李穡)의 경우에는 '즉사(卽事)'라는

---

10) 이에 관해 디터 쿤은 다음과 같이 말한다. "중국은 역사 초기부터 시 짓기가 사회의 모든 계층에게 교육과 소통의 일부가 되었다. 당과 송 왕조시대에는 시험을 위한 암기 교재로서도 시는 무엇보다 중요하였다. 소옹(邵雍)의 말을 바꾸어 정리하면, 역사도 그렇지만 시는 사건이 아니라 의도를 기록하기에 좋으며, 시는 또 회화(繪畫)와 마찬가지로 사물이 아니라 감정을 묘사하기에 좋다."(2015, 『하버드 중국사 송 : 유교 원칙의 시대』, 너머북스, 307쪽)

제목의 시를 상당히 많이 지었다. 이 제목은 어떤 일에 대한 자신의
생각과 감상을 바로 표현한다는 의미이다. 『목은시고』에는 '즉사'란
제목의 시가 265수가 될 정도로 상당히 많은 분량을 차지한다.[11] 이
시 속에는 작자의 생각이나 감성이 직설적으로 드러난 경우가 제법 많다.
이런 자료는 작가의 심성을 이해하는 자료로 활용되기 좋은 편이다.
예를 들어 이색이 말년에 지은 '즉사'란 제목의 시가 있다.

　　갑자기 새로운 시가 눈 밑에서 나오고
　　하염없는 시골 흥취가 충분히 깨끗하네
　　소나기 바람 부니 구름이 금방 검어지고
　　하늘에 닿은 나무엔 해가 징처럼 걸렸네
　　대아(大雅)의 남긴 덕음만 꿈에 들어올 뿐인데
　　노년엔 병이 많으니 이 마음을 어찌할까
　　인간의 삶을 살펴보니 끝없이 일인데
　　구구한 월단평(月旦評)이 참으로 우습네[12]

　이 시는 이색이 갑자기 짓고 싶은 흥취에 나왔을 듯하다. 그는 '소나기가
내릴 것'과 같은 분위기와 '해가 걸려 있는 하늘' 사이를 대비시켜 현재
자신의 처지를 비유한다. 말년까지의 삶에서 아직도 벌어지는 인간의
세상 일이 자신을 괴롭힌다고 시에서 표현하고 있다.

---

11) 반면 고려시대 문집 가운데 가장 많은 분량을 지닌 이규보의 『동국이상국집』에
　　는 단지 3수만이 '즉사'라는 제목을 지니고 있다. 그 원인은 분명치 않지만
　　시 작법 내지 문집 발간에서의 편집과정의 차이 등에서 유래했다고 보인다.
　　특히 이규보의 문집은 당시 집권자인 최우에 명령으로 이루어진 사업이라는
　　점에서 이색의 문집발간 과정과 분명한 차이가 있다.
12) 이색, 『牧隱詩藁』권7, 卽事, "忽有新詩眼底生 悠然野興十分淸 風吹急雨雲翻墨 樹接
　　遙天日掛鉦 大雅遺音空入夢 老年多病若爲情 人間俯仰無窮事 笑殺區區月旦評."

여기서 '월단평'은 후한(後漢) 때 허소(許劭)가 매달에 한번 씩 시골의 인물들을 비평했던 것을 말하는데, 이색은 이를 부질없는 일이라고 보았다. 그는 인간 삶의 허무와 세속을 초월하려는 이상을 자신이 지은 시를 통해 이야기하면서 삶에 대한 회한까지 제시하였다. 이런 허무적 감성은 인간의 일상적인 회한에서 비롯된 것이라서 보편적이지만, 그의 관료로서의 삶과 결합할 때 다른 의미로 이해될 수 있다.

　　말하자면 일상적인 '허무'를 개인 삶과 결합하여 심리 상태나 심성을 이해하자는 의미이다. 이를 역사적 상황과 결합할 때에 그의 감상적 허무가 다른 정치 사회적 의미를 지니게 된다. 따라서 특정한 역사적 시간 속에서 작자가 당면한 현실 문제에 대해 심경을 토로한 시의 경우는 역사자료로서의 가치가 충분한다. 우리는 이런 시를 발굴하여 심성 이해를 위한 자료로 활용할 필요가 있다.

　　그렇지만 시문의 이용에서 유의할 점은 작가가 타인에게 보여주려 하는 문학적 상징성에 대한 해석이다. 왜냐하면 문학적 상징이 심성을 보여주려는 경우도 있지만, 상투적인 시의 용법으로 사용되기도 하였기 때문이다. 기본적으로 시문은 자신만이 아니라 독자로서의 타인을 의식하고 만들어진다. 문장을 문학적으로 아름답게 꾸미기 위한 것, 또는 상투어의 이용 등이 이를 보여준다. 시를 준 상대방에게 차운(次韻)의 형태로 의례적인 답시(答詩)를 주는 경우에서 때로는 작가의 심경을 읽어내기 어려운 경우도 많다.

　　그렇지만 시에 인용된 고사(故事)나 인물 등의 상징성이 작가의 의도를 드러내는 경우도 상당히 많다. 예를 들어 이규보(李奎報)가 첫 발령지인 전주(全州)에 사록겸장서기(司祿兼掌書記)로 나갔을 때 지은 시에는,

　　아전 흩어지고 정원은 비어 아무 일도 없는데

창 열고 혼자 앉으니 같이 즐길 사람 없네

차군(此君)이 창 앞에서 어린아이를 데리고 있어

임당(任棠)이 외로운 사람들 돌보아주길 권하는 듯13)

　이규보가 한가한 틈을 얻어서 쓴 시인데, 이 시의 마지막 구절은 자신의 결심을 보여준다. '임당'이란 인물은 후한(後漢) 때 사람으로 태수 방삼(龐參)이 처음으로 부임하여 그를 찾았을 때의 고사와 관련이 있다. 임당은 태수 방삼에게 아무 말하지 않고 큰 부추 한 포기를 뽑아오고 물 한 사발을 창문 앞에 놓았다. 당시 방삼은 이 부추의 의미를 호족을 억제시켜야 한다는 것으로 해석하였다. 이를 인용한 이규보의 의도는 자신이 지방관으로 해야 할 일을 다짐하는 것에 두고 있다. 그의 의도가 어디에 있다는 것을 이 시를 통해 우리는 이해할 수 있다.

　두 번째로 시와 산문과의 관계다. 산문의 경우는 작가의 의도를 분명하게 알 수 있는 자료가 많다. 예를 들어 현실 문제를 직접 건드리는 '책문(策問)'의 경우는 작가의 의도를 분명하게 알 수 있다.

　우리 조종(朝宗)이 나라를 세우고 지켜온 지 지금까지 4백 년이라, 나라를 다스리는 법도와 백성에게 세를 받아들이는 제도가 대략 옛날 제도와 부합되고 후세에 전할 만하다. 이른바 내외 족반(內外足半)의 군정·전록지위(轉祿之位)의 역분(役分)·구분(口分)·가급(加給)·보급(補給)의 명칭과 조세의 후박(厚薄)을 9등급으로 나누고 5종(種)으로 나누는 제도가 있다. 그 밖의 부(負)니 결(結)이니 하는 것은 토지를 측량하는 것이며, 두(斗)니 석(石)이니 하는 것은 곡식을 되는 것이다. 이것이 옛날에 경계(經界)·정전

---

13) 이규보,『東國李相國全集』권9, 詠所居舍後竹笋, "吏散庭空一事無 開窓獨坐與誰娛 此君當戶携兒稚 正似任棠勸恤孤."

(井田)·십일(什一)의 법과 같은 것인가, 같지 않은 것인가? 법제가 이미 4백 년 동안이나 오래 시행되었으니 폐단이 없다고 할 수 없다. 그대로 두는 것이 좋은가, 혹은 고치는 것이 좋은가?[14]

이제현이 만든 책문은 고려 토지제도의 현재와 문제점을 그대로 반영하고 있다. 여기서 이 자료에 대한 분석은 의미가 없다. 이제현의 의도가 책문에 드러나고 있다는 점만을 지적하는 것으로 충분하다. 이제현은 오래된 고려의 토지와 조세제도 개혁이 필요함을 책문에서 시사하고 있다.

이와 같은 자료는 이제현이 쓴 시 중에서 <전라도안렴사로 가는 사간 전녹생을 전송하다>와 비슷한 맥락을 지닌다. 그는 이 시에서

요즈음 남쪽엔 흉년이 자주 들어
이따금 주린 백성 길가에 쓰러지네……
세력가의 종들은 공전(公田)의 것도 앗아가는데
밀린 세금 징수에는 흉년도 계산하지 않네
슬프다 민생이 이런 극한 상태이니
뉘라서 우리 임금 간식(旰食)을 않게 할까[15]

라고 하면서 당시 고려의 현실을 지적하고 있다. 또한 이 시는 원래

---

14) 李齊賢, 『益齋亂藁』 권9하, 策問, "我祖宗垂統守成 四百年於此矣 經國之謨 取民之制 要皆合於古 而可傳於後也 所謂內外足牛之丁 轉祿之位 役分口分加給補給之名 租稅之 數 肥饒磽薄九等之品 五種之宜 與夫曰負曰結 所以量地者 曰斗曰石 所以量穀者 其與 古者經界井田什一之法 有同不同乎 法制之行 已踰四百 旣久矣 不能無所弊 或仍或 改 有可不可乎."

15) 이제현, 『익재난고』 권4, 送田祿生司諫按全羅道, "南方近者頻年荒 損瘠往往僵路 傍…豪奴聯騎攘公田 官徵逋租不計年 嗚呼民生至此極 誰與吾君寬旰食."

의도가 전녹생이 안렴사로 파견되어 현실 문제를 해결하라는 의도에서 나왔지만, 당시 고려의 토지와 세금 문제도 지적하고 있다. 따라서 이 시는 이제현의 책문과 비슷한 문제의식이 시와 연결시켜 보면 잘 드러나고 있다.

고려후기 모든 지식인들이 시와 산문 간의 자료와 일관성 있게 엮을 수는 없겠지만, 이처럼 시는 산문과 같은 맥락에서 파악될 수 있다. 또한 그렇게 파악되어야만 저자의 의도를 뚜렷하게 드러낼 수 있을 것이다.

문제는 이런 자료들 속에서 저자의 의도와 관계된 심성과 사유를 어떻게 파악하는가에 달려 있다. 한 개인의 사유방식과 행동 양식, 그리고 감성과 습관, 지향이 파악되어야 할 대상이다. 이러한 파악 대상은 과거 이성적이고 합리적 판단을 하는 '개인'이라는 전제를 벗어난다. 말하자면 개인적 감정이 역사 상황에서 개인의 결정과 판단, 그리고 그의 지향까지 결정하는 요인으로 보기 때문이다.

그에 따라 역사적 상황에서의 선택과 판단이 합리적으로 결정된 것이 아니라는 점을 감안하게 된다. 여기에는 심리적 요인이나 감성, 또는 사유방식 등이 중요한 고려 요소로 등장하게 된다.

나아가 각 개인의 지향이 자신이 추구해왔던 이상과 결합되어 왔다는 점뿐만 아니라, 내면적으로 개인의 '정체성'과 관련지어 파악할 필요가 있다. '정체성'이 한 인간의 사회적 존재를 결정짓는 의식이라면, 이것은 앞서 제시했듯이 사회적 관계 속에서 형성된다. 여기에는 그가 태어난 환경적 요소뿐만 아니라 살아가는 과정 속에서 겪었던 교육과 경험들이 모두 포함되는 것이다. 심성사 연구는 이와 같은 과제들을 포괄하면서 이루어져야 한다.

2) 개인의 정체성과 집단 심성의 문제

'정체성'이 중요한 이유는 자신의 사회적 역할과 관계를 결정짓는 요소이기 때문이다. 한 개인이 생애를 살아가는 동안에 자신의 사회적 지향이 생기게 된다. 이때 자신의 사회적 역할이 어떤 것인지, 그리고 삶에서 무엇을 지향할 것인가의 문제를 결정짓는 근원이 필요하다. '정체성'은 이를 파악하는 핵심적 요소이다.

이런 자아정체성의 형성은 자신이 어떤 존재이며, 삶의 목표를 어떻게 지니는가에 달려 있다. 따라서 유학자들에게는 정체성 형성에 유교적 가치와 사유가 개입할 여지가 있다. 또한 타인과는 어떻게 관계를 맺을 것인지, 그리고 자신이 사는 세계가 어떻게 변화하고 있는지, 또 변화했으면 하는지에 대한 고민이 반영된다. 그에 따라 사회 속에서 개인이 살아가는 방식과 추구할 가치 등이 정해진다. 이를 통해 형성된 자아정체성은 일종의 가치관이다.

물론 한 개인의 '정체성'은 일시적으로 형성되지 않는다. '정체성'은 한 인간이 태어난 가정적 환경부터 시작하여, 성장 과정의 교육내용과 이를 흡수하는 방식, 그리고 당면했던 문제를 해결하는 과정과 사회적 환경 속에서 다양한 요소로 인해 결정되어 간다. 다만 한 개인의 정체성이 뚜렷하게 개인적 신념과 심성 속에 자리 잡는 경우도 있지만, 그렇지 않은 사람들도 상당히 존재한다.

우리가 전근대 시대의 지식인들을 연구대상으로 다룰 수밖에 없는 이유가 여기에 있다. 우선 개인기록을 남기고 있는 사람들은 문집 등을 남긴 지식인이다. 지식인은 자신의 삶에서 일정한 지향성을 갖는 경우가 많다. 다만 문집을 남긴 모든 지식인들이 그러한 것은 아니다.

고려왕조하에서 지식인은 크게 불교 승려와 유학을 공부한 부류로 나누어진다. 지식인의 사회적 가치는 어느 시대에든 비슷하겠지만, 고려시대 지식의 가치는 상당하였다. 더구나 관료 선발에서 과거 시험의 실시는 학자적 관료를 선발하겠다는 의도이다. 다만 고려후기 성리학이 수용되기 이전까지 과거 시험 합격자는 '유(儒)'라는 일종의 직업적으로 분업화된 부류라고 여겨졌다. 말하자면 '유(儒)'는 불교 승려나 각종 기술과 관련된 업(業)과 다른 하나의 부류였다. 따라서 고려시대 유학자는 고려후기까지 조선왕조와 달리 지식인이면서 불교 승려나 무신(武臣)보다 상위적 가치를 지니지 않았다. 하지만 점차 유학자들이 과거 시험에 합격한 이후 권력과 정책결정의 핵심세력으로 변화한 이후에 가치는 높아져 갔다. 그 결과 문벌 가문이라도 과거 합격의 중요성은 점차 커져갔다. 그만큼 '문치(文治)'를 실현하는 중심에는 과거 시험을 통과한 유학자들의 발언권과 활동이 뒤따랐다. 시문(詩文) 작성과 이를 통한 사회적 소통의 중요성은 무시할 수 없게 되었다.

고려왕조의 출발이 지역에 기반을 둔 '호족(豪族)'16)과 같은 정치세력에 의한 것이라면, 왕조 초기에 지식의 비중은 이들에게 호소력이 크지 않았다. 당시 국가경영의 실제 문제를 해결하는 것에 지식의 도움이 필요가 없었던 것은 아니지만, 지식을 습득할 교육 체계는 상당히 미약하였다. 이후 과거 시험과 학교의 발전은 기존 지배층을 귀족으로 전화시키고, 귀족의 표상은 시문(詩文)의 제작과 같은 문장과 학문능력으로 바뀌어 갔다.

따라서 지식은 문장과 학문능력의 기초가 되었으며, 점차 한 개인의

---

16) 지역세력에 대한 개념 규정은 오래 전부터 학계에서 논란의 대상이었다. 주지하듯이 하타다 다카시(旗田巍)가 1960년대 '호족(豪族)'개념을 제시하였고, 이후 오랜 기간 사용되어 왔다. 하지만 1980년 후반부터 호족 개념은 비판을 받아 왔다. 그럼에도 아직 지역세력에 대해 통일된 개념어가 통용되는 것은 아닌 것 같다.

정체성과 관련해서도 중요한 자원이 되었다. 자신의 사회적 지위가 귀족층이라고 해도, 그 내부에서의 우월적 지위는 지식이나 학식에 의해 결정되는 사회가 되어 갔던 것이다. 그 결과 지식인에 대한 사회적 우대 경향은 강화되었으며, 지식 자체가 무예 능력보다 중요한 사회적 출세의 수단이 되어 갔다. 이와 같은 경향은 중국의 송(宋)에서도 마찬가지였다. 문인 관료 지배층이 등장하였기 때문이다. 이들은 유교 경전 시험을 통해 선발되었으며, 고전 교육을 받는 것이 사회적 직위와 특권, 부와 권력 또는 명성을 얻는 것에 관건이 되었다.[17]

고려왕조에서 1170년 무신집권 이후 지식과 문치의 가치가 약화되는 듯이 보였지만, 결국 지식인들에 대한 대우는 크게 달라지지 않았다. 최씨 정권 이후에 문장 능력을 지닌 지식인들을 우대하는 분위기가 또다시 만들어졌다. 이 정권은 문사(文士)들을 우대하여 서방(書房)에 소속시켰으며 인사행정에서도 문장 능력을 적극 평가하였다. 그 결과 관료에 대한 평가는 비록 최씨 집안에서 이루어졌지만, 그 기준은 새로운 방향을 제시하는 측면이 있었다. 즉 평가기준은 문장과 행정 능력[吏]을 동시에 평가하여 이 두 가지를 모두 갖춘 인물에게 최고점을 부여하는 방식이다.[18] 그리고 두 가지 능력 가운데 문장 능력을 행정보다 우선시하여 보편적 지식에 대한 우월성을 부여하였다.[19]

이런 기준은 단순하게 관직 생활에서 임기를 채우고, 행정에 대한

---

17) 디터 쿤 지음·육정임 옮김, 2015, 『하버드 중국사 송』, 너머북스, 20쪽.

18) 『고려사』 권102, 열전5, 崔滋.

19) 이런 비슷한 문제에 대한 고민은 중국에서 일찍부터 시작되었다. 한(漢)의 왕충(王充)은 『논형(論衡)』이란 저술에서 관리의 자질로 유생(儒生)과 문리(文吏)에 대해 평가하고, 그들의 장단점을 논하였다(왕충 지음·성기옥 옮김, 『論衡』 권34, 程材 ; 권35, 量知). 여기서 문리는 문서를 통해 행정을 처리한다는 점에서 '리(吏)' 즉 실무자에 가까운 존재이다. 반면 유학자는 경서를 익혀 대체를 볼 수 있는 부류이다.

평가를 받았다는 것에서 끝나지 않는다. 문장 능력의 중시는 첫 번째로 문장을 잘 꾸미고 그에 합당한 지식을 갖추는 경향을 고취시켰을 것이다. 그렇지만 문장 능력만으로는 현실 사회 문제를 감당하기 어려워지면서 이제 지식의 방향도 새로운 고민의 대상이 되어 갔다.

그 결과 고려후기 이제현(李齊賢)과 같은 지식인은 과거와 다른 새로운 인재상(人才像)을 제시하게 된다. 그는 원(元)에서 성리학을 공부하였고, 이 성리학이 새로운 지식의 필요성을 제기하는데 도움이 되었다. 충선왕은 이제현에게 다음과 같은 질문을 하였다.

> 우리나라는 옛날에는 문물(文物)이 중화와 같다고 하더니, 지금은 학자들이 모두 중[釋子]를 좇아서 장구(章句)나 익히고 있다. 그러므로 으레 자질구레하게 문장만을 꾸미는 무리는 많아지고, 경서(經書)에 밝고 덕행(德行)을 닦는 선비는 적어지는데, 그 까닭은 무엇인가?[20]

이제현은 그 원인을 무신집권 이후 지식인들의 박해의 결과라고 설명하면서, '실학(實學)을 버리고 장구(章句)만 익히는 사람'이 아닌 '덕행을 닦는 선비'의 중요성을 강조하였다.

그는 이를 통해 과거 문장을 익히는데 중점을 둔 지식인이 아니라, '덕행' 즉 현실에서의 실천을 강조하는 새로운 지식인상을 제시하였다. 그의 생각은 성리학을 '실학'이라고 생각하고, 현실 문제의 해결에 중심을 두려한 '경세적(經世的) 지식인'을 염두에 두고 나온 것이었다.[21] 이런 유형의 지식인은 이후 조선왕조의 '학자적 관료'라는 개념으로 이어진다. '학자적 관료'란 자신의 학문 능력을 통치에 연결시키는 관료를 말한다.

---

20) 이제현, 『익재집』 역옹패설 전집1.
21) 김인호, 1999, 『고려후기 사대부의 경세론 연구』, 혜안.

이때 중요한 문제가 바로 '경세'에 대한 자각과 실천을 자기 자신의 정체성과 결부시키는 작업이다. 자기정체성 문제의 핵심은 고려후기 새로운 유형의 지식인의 등장과 밀접한 관련을 지닌다. 자신의 수양 즉 덕행을 쌓고, 이를 사회에 연장하여 실현하는 것이 그 중심과제로 되어 있기 때문이다. 흔히 주자학의 핵심 명제인『대학』의 '수기치인(修己治人)'이 이를 설명해 주는 개념이다. 지식인이면서 지배층의 도덕적 자각과 실천은 새로운 사회적 의미로 고려후기에 등장하고 있었다. 이에 대한 발견이 고려후기 지식인 내부에서 어떻게 이루어지고 있는지, 또 그 발전이 어떤 사회적 조건과 맞물리면서 진행되는지를 우리는 살펴보아야 한다.

'자기정체성'을 파악하는 작업은 지식인의 내면을 들여다보는 현미경적 시각의 핵심이다. 고려후기 지식인의 고민과 삶의 지향은 자기정체성의 문제에서 출발한다. 사회 환경과 삶 속의 문제는 때로는 지극히 개인적인 것, 예컨대 부모의 죽음이나 경제적 곤란함, 주변 사람과의 갈등이나 출세의 좌절과 지향 등과 같은 것일 수 있다. 이런 개인적 사정과 환경은 그의 사유와 지향에 영향을 미치게 된다.

문제는 개인적 삶 속에서 이런 상황이 자기 정체성 형성과도 관련이 깊다는 점에 있다. 개인적 문제는 그 시대에서 겪어야 할 독특한 사회적 문제가 아니다. 대개의 개인적 문제는 현재를 사는 우리들과 동일하게 인간으로서 겪는 것들이다. 물론 우리는 한 개인이 겪었던 문제나 상황이 때때로 사회적 문제로 전환하는 것을 쉽게 목격하기도 한다.

예를 들어 어떤 정치적 사건으로 불행을 겪게 되었을 때, 개인이 이를 계기로 새로운 자각과 지향을 하는 경우를 역사 속에서 자주 마주친다. 고려말 행정개혁의 주체인 조준(趙浚)은 공민왕에 의해 발탁되어 보마배지유(寶馬陪指諭)에 소속시켰다.[22] 그런데 그는 어머니 오씨가 과거 급제자들이 거리에서 유행(遊行)하는 것을 보고 부러워하는 바람에, 과거 시험에 급제하였던 것이다. 이 단순한 개인적 사건은 조준을 과거 시험으로 이끌었고, 시험공부와 합격은 조준의 삶에서 이후 큰 영향을 미쳤을 가능성이 크다. 조준이 공부했던 유교 경전은 그의 삶의 지향을 바꾸어 놓았을 것이고, 과거 합격은 이후 그의 관료적 출세에도 영향을 주었다. 아마도 조준이 통례문부사(通禮門副使)로 강원도 안렴사로 파견되었을 때의 지은 시문은 바뀐 그의 삶의 지향에서 나온 것으로 보인다.[23] 그는 공민왕에 대해 비판적이었지만 국왕에 의한 발탁과 조인규(趙仁規)의 집안이라는 배경을 감안할 때 다른 사람보다 출세하기 쉬운 환경을 지녔다. 따라서 그가 현실비판적인 태도를 갖지 않아도 사회적 출세는 지장이 없었다.

하지만 그는 과거 합격을 위한 공부 이후에 공민왕에 대한 비판의식을 경세의식으로 전환시켰다. 과거 합격을 위한 공부는 성리학을 기반으로 한다. 물론 과거 합격자들이 모두 현실 비판자들이 될 수는 없다. 그렇지만 그의 성리학 공부가 자신의 비판적 생각을 체계화하여 현실 비판에 사유 근거로 작동했다는 점을 짐작하기는 어렵지 않다.

이후 그는 우왕 집권 시절에 당시 정치현실에 대해 더욱 비판적이 되었으며, 4년 동안 관료 생활을 하지 않고 유교 경전과 역사서 등의 공부를 하였다. 이와 같은 삶은 당시 상황에 대한 개인적 대응이지만, 이를 통해 그는 자신의 경세적 방향을 뚜렷하게 가다듬는 계기가 되었을

---

22) 『고려사』 권118, 열전31, 趙浚. 이하 조준에 관련된 내용은 여기에 의존하였다. 따라서 사건마다 모두 각주를 부기하지 않는다.

23) 조준은 강원도 정선군에서 "이 동쪽 바다가 깨끗이 가셔질 날이 있을테니, 이 땅의 사람들이여 눈을 씻고 그 맑기를 기다려라(滌蕩東溟當有日 居民洗眼待清澄)."라는 시를 지었다. 이 시에 대해 당시 지식인들은 그가 큰 뜻을 가지고 있다는 것을 알았다고 한다(『고려사』 권81, 열전31, 趙浚).『고려사』에 인용된 시는 그의 문집에 실린 「次旌善客舍韻」(『松堂集』 권2)이다.

것이다. 더구나 위화도 회군 이후 그가 정계에 복귀하면서 내세운 개혁안들은 이 시기의 공부와 연구가 바탕이 되었다.[24] 이처럼 한 개인의 삶에서 때로는 사소한 계기가 자기 정체성을 일깨우는 데에 도움이 되기도 한다. 따라서 개인의 정체성 형성과정에 대한 이해는 그의 삶의 과정 속에서 탐구되어야 하는 문제이다. 다만 개인이 지향했던 모든 욕구와 희망이 그의 정체성 확인을 위한 재료로 모두 쓰일 수 있는지는 의문이다.

한편 개인의 정체성 이외에 두 가지 문제가 연구의 대상이 된다. 한 가지는 인간들의 무의식 내지 잠재의식에 대한 것들이다. 개인의 정체성 추구는 한 인간의 사유방식과 지향을 이해하는데 좋은 소재이다. 그렇지만 인간들의 잠재적 욕구와 무의식의 세계를 다루기에는 다른 소재가 필요하다.

이와 함께 다루어야 할 문제는 집단 심성에 관련된 탐구다. 개인의 심성 문제가 주로 지식인들이 남긴 문집 속의 시문과 역사적 상황을 검토하는 것이라면, 집단 심성의 문제는 다른 방식으로 접근해야 한다.

우선 첫 번째 인간의 감성과 무의식의 문제를 다루는 것부터 출발해 보자. 예컨대 쟈크 르 고프는 유럽의 중세 문명을 다루면서 '망탈리테·감수성·태도'의 문제를 다루었다.[25] 그는 중세인들의 망탈리테와 감수성을 지배하는 본질로 '불안감'이란 감성을 들었다. 그의 서술은 각 부분에 대해 매우 짧고 함축적이어서 방법론을 이해하기가 충분하지 않다. 특히 서술에 쓰인 유럽 자료의 성격이 한국의 그것과 차이가 크며, 연구 방식 역시도 다르기 때문에 우리가 그대로 이용하기에 어려운 면이 많다.

---

24) 김인호, 「고려말기 조준의 정치활동과 그 지향」『남양홍종필박사 정년퇴임기념 논총』, 백산출판사, 82쪽.

25) 쟈크 르 코프 지음·유희수 옮김, 1992, 『서양 중세 문명』, 문학과지성사, 389~431쪽.

지적해야 할 점은 '불안감', '상징', '꿈' 등과 같은 다양한 감성과 무의식에 대한 심성사의 주제를 여기서 제시하고 있다. 이 가운데 '꿈'은 중세인의 정신생활에서 커다란 자극을 주었다. 지금도 '꿈'은 계시나 예고 등과 관련해 영향을 미치기에 인간의 장기적 성향을 대변하는 대표적 주제가 된다. 특히 '꿈'은 단순히 계시성이란 측면뿐만 아니라 인간의 소망을 반영하는 수단이라는 점에서 중요하다. 따라서 '꿈'에 대한 주제는 인간들의 사회적 소망과 관련시켜 살펴보아야 한다. 이는 결국 집단 심성의 문제로 다루어져야 한다.

두 번째로는 인간의 삶 속에서 추구했던 가치를 살펴보는 작업이다. 이 가치는 도덕적이거나 이상적 가치를 의미하지 않는다. 인간의 일상에서 흔히 추구되어 왔던 세속적 가치를 뜻한다. 상층 엘리트나 지식인들은 세속적 가치를 비하하고 의미가 없는 것으로 간주해 온 경향이 있다. 세속적 가치는 인간의 내면에 들어있는 욕망을 사회적으로 구체화시킨 것이다. 예컨대 오래 사는 것이나 경제적 부, 또는 사회적 지위에 대한 갈망 등이 이런 세속적 가치를 담아내는 구체적 틀이 된다.

사실 이런 세속적 가치는 인간사에서 일상적인 것이고, 전 역사적으로 거의 공통적 욕구에 바탕을 둔 것이다. 따라서 단어 정도만이 바뀔 뿐이고 계속적으로 지향되어 온 통속적인 바람이었다. 문제는 이 통속적 바람이 당시 사람들의 사회적 욕구로 등장한다는 사실에 있다. 따라서 세속적 가치에 대한 탐구가 심성사 연구에서 다루어야 할 주제 중에 하나가 된다.

이 책에서는 고려시대에서 추구되었던 세속적 가치를 살펴보려 한다. 삶과 죽음에 대한 가치는 세속적인 것과 가장 관련되어 있는 부분이다. 삶 속에서 어떤 것을 주로 기대하고 희망했는지, 그리고 죽음을 어떻게 인식하고 받아들여야 하는지의 문제를 다루려 하는 것이다.

인간의 삶을 결정하는 것은 보통 '운명'으로 이야기되어 왔다. 중세시대 숙명론이나 운명은 현재보다 훨씬 강하게 인간 삶을 옥죄이는 굴레였다. '운명'에 대한 인식과 사유는 그들의 삶 속에서 널리 퍼져 있었고 심성에 많은 영향을 미치는 요소였다. 이를 탐구하려는 주제 속에 넣은 이유는 여기에 있다.

한편 집단 심성에 관련된 탐구는 여전히 문제다. 사실 유럽의 역사에서도 집단 심성과 관련된 논의는 대개 보수주의의 이념과 관련된다고 알려져 있다.[26] 그런 점에서 고려시대의 격변기를 다루는 것이 집단 심성의 문제를 살펴보는 것에 적합할 수 있다. 『고려사』의 편찬자가 주목했던 고려의 격변기는 무엇보다 1170년 무신정변(武臣政變)이다. 이 정변은 보통 고려시대를 전후기로 나누는 계기로 여겨진다. 많은 역사학자들은 무신정변 이후 급변한 정치형태와 권력구도, 그리고 사회적 분노의 확대와 그에 따른 농민·천민의 반란 등에 주목하였다.

우리는 이 시기 사회적 분노와 저항의식이 중요한 집단 심성의 문제로 다루어져야 한다는 점에 동의해야 할 것이다. 급격한 정치적 변동과 사회의 저항이 이루어지면서, 사회집단의 심성은 어떻게 설명되어야 할 것인가를 중요하게 취급해야 할 문제가 된다.

결국 이 책에서 다룰 심성사의 문제는 개인과 집단, 그리고 이들의 사유와 인식 등이 어떻게 역사적 사회적 영향을 미쳤는가를 다루는 작업이 될 것이다. 인간 내면을 다루는 일은 부족한 자료와 엉성한 방법론 탓에 이 책에서는 심성의 문제를 다루어본다는 것에 학문적 의미를 한정시켜야 한다. 다만 장기지속적인 인간의 심성은 합리적 사유와 다른, 인간 감성과

---

26) 이런 주제는 일반적으로 프랑스 혁명에 대한 고찰로 다루어지는 경우가 많았다. 대표적 사례는 귀스타브 르 봉 지음·정명진 옮김, 2013, 『혁명의 심리학』, 부글북스 등이다. 그의 책은 역사심리학 분야에 큰 영향을 미쳤다.

내면을 역사 요소로 다루어진다는 점에서 기존의 역사학에서 다루지 않은 주제이다. 이후 심성사와 관련된 역사방법론의 개발과 적용은 미래의 과제로 남겨놓을 수밖에 없다.

2. 연구 경향과 방향

심성사가 한국사 연구에서 언급되기 시작한 것은 최근의 일이다. 특히 고려시대의 연구는 대개의 분야에서 일차적으로 각 주제에 대한 실증적 연구가 중심이 되어왔다. 이 경향은 한국사에 대한 기초적 자료와 연구가 되어 있지 않은 상황에서 당연한 결과였다. 1960년대 2세대 학자들에 의해 본격화된 고려사 연구는 각 분야에서 커다란 성과를 내어왔다. 특히 1980년대 대학원의 확장과 많은 연구자들의 등장은 정치와 제도, 경제사 등과 같은 주제로부터 탈피할 수 있는 인적 자원을 확보할 수 있는 계기가 되었다.

그 결과 90년대 후반부터 새로운 모색작업이 시도되었다. 심성사 연구도 이와 같은 모색 중에 하나라고 할 수 있다. 여기에서는 우리의 주제와 관련된 연구를 단행본으로 발간된 연구서를 중심으로 살펴보려 한다.

사실 '심성사'로 국한된 연구주제를 다룬 것은 많은 편이 아니다. 우선 심성의 문제가 '일상사'라고 하는 조건 속에서 다루어졌다는 점을 지적해야 한다. 그와 관련해『고려시대 사람들의 삶과 생각』(2007, 혜안)은 심성사와 관련된 지향점을 보여준 결과물이다. 과거 일상을 다루는 영역은 조선시대사에서 많이 이루어져왔으며, 역사학계뿐만 아니라 국문학계

등에서도 다양하게 다루어져왔다. 즉 '일상의 복원'이란 목적을 지닌 연구는 역사대중서의 영역에서 주로 이루어졌다.[27] 그렇지만 '일상사'가 곧바로 '심성사'를 의미하는 것은 아니다.

『고려시대 사람들의 삶과 생각』은 학술적 차원에서 고려시대인의 'mentality(집단 심성)'을 다루는 것을 표방하면서, "당시의 일상·관습과 함께 개인적 자각·의지만으로 떨쳐내거나 거역하기 어렵게 단단히 도사리고 있었던 사회적 분위기"[28]를 밝혀내려고 시도하였다.

그에 따라 일상과 관련된 연구 속에서는 '집단 규범과 사회적 가치', '주변 세계와 국가, 가(家)의식' 등의 주제를 포함하였다. 이를 통해 집단 심성 문제를 다루려고 했던 것이다. 구체적으로 살펴보면 이 책에서 「명예와 수치심의 사회적 배경과 기준」, 「공과 사의 구분과 가치 부여」, 「다원적 국제관계와 국가·문화 귀속감」, 「가(家)와 가의식(家意識)」 등이 우리가 다루려는 심성사와 관련된 주제가 될 수 있다.

우선 명예와 수치심의 문제는 앞으로 우리가 다룰 '세속적 가치'와 관련되는 중요한 주제이다. 이 연구에서는 명예를 관직의 취득이란 사회적 조건 속에서 살펴보았다. 그 결과 사회적 출세가 명예가 되기도 하였지만, 오히려 관직이 요구하는 일을 지키는 것이 명예로 간주되었다고 한다.[29] 덕성의 함양과 관직 생활에서 요구되는 덕목들을 지키는 일이 고려시대에 중시되었다는 것이다.

아울러 가문과 관련된 도덕성이 명예와 수치심에도 크게 작용한다고 보았다. 예컨대 가정의 화목과 단합은 물론이고 가장 기본적 도덕인

---

27) 한국역사연구회의 『고려시대 사람들은 어떻게 살았을까』(1996, 청년사)와 같은 시리즈물과 함께 90년대 후반부터 본격적으로 일상과 관련된 역사대중서가 쏟아져 나왔다. 여기에서는 일일이 다루지 않는다.

28) 하일식 편, 2007, 『고려시대 사람들의 삶과 생각』, 혜안, 18쪽.

29) 하일식 편, 2007, 앞의 책, 165쪽.

효(孝)의 실현이 그 기준에 해당한다. 결국 공적 내지 사생활에서 각각의 기준이 되는 도덕성 실현이 명예와 수치심의 근거라고 이해하였다.

이러한 이해는 당시 사회적 가치 기준을 심성적 차원에서 접근하려 했다는 점에서 의미가 있다. 그렇지만 고려시대의 가치 기준에 대한 부분이 집중적으로 탐구되면서, 심성의 내면적 특성을 이해하는 것에는 이르지 못하였다. 즉 의식이란 차원이 어떻게 사유화되고, 이 사유가 인간행동을 어떻게 규정짓게 되었는지에 대한 설명을 요구하게 된다.

이 연구서에 들어 있는 「공과 사의 구분과 가치 부여」 역시 이와 비슷하다. 사실 '공사(公私)의 구분' 문제는 현대사회의 삶에서도 당면한 문제다. 현대 한국사회의 삶에서는 가족공동체적 가치에 따라 유럽이나 미국 등과 달리, 공사의 구분이 불분명해왔다는 인식이 있어왔다. 공사 구분에 대한 문제의식은 이와 같은 인식적 배경에서 출발한다.

그러나 이 경우에도 공사의 구분에 대한 기준도 정리하기가 쉽지 않다. 대개 용례의 검토로부터 출발한 이 연구는 '공사'라는 단어 속에서 인식적 맥락에 대한 공통점을 찾기 어렵다. 더구나 각 개념이 내포한 내면적 성격까지 다루기에는 아직 연구 방법상의 어려움이 있다.

그리고 「다원적 국제관계와 국가·문화 귀속감」에서는 대외 관계에 따른 인식의 측면을 다루었다. 여기서 중요한 논점은 문화적 정체성과 귀속감인데, 실제 서술에서는 이와 같은 요소가 잘 드러나지 않은 편이다. 이 연구에서는 고려시대인이 요동지역에 대한 고토(故土)의식을 바탕으로 하여 자긍심과 차별의식을 형성하였다고 본다.[30] 하지만 그 의식의 실체는 분명치 않으며 사회적 심성의 특성까지 드러내지 못하였다.

한편 「가와 가의식」에서는 가족이 고려시대 중요한 사회적 단위였기에

---

30) 하일식 편, 2007, 앞의 책, 420쪽.

이에 대한 의식을 다루었다. 이 경우에도 용어의 용례를 검토하여 살펴보려 하였다. 용례 검토는 실증적 연구의 바탕이면서, 방법론적 문제란 용례 속에 들어 있는 공통점을 뽑아내려 한다는 점에 있다. 이 공통성에서 어긋나는 뉘앙스를 지닌 개념과 그 개념이 지닌 다의성을 어떻게 접근해야 할 것인가에 대한 방법적 처리가 연구 상에서 문제로 제기되기 때문이다.

제도사와 같은 경우는 이러한 다양한 용례를 통한 검토가 좋은 방식이 될 것이다. 그렇지만 심성사의 경우에서는 용례 속의 공통적 특성을 찾는 것만으로는 목적을 달성하기 어려운 경우가 있다. 그에 따라 '가(家)'라는 용례에서 그 개념이 지니는 의미를 찾기가 어려운 것이다. 다만 초기 연구이기 때문에 용례에 대한 충분한 확보와 검토가 요구된다.

『고려시대 사람들의 삶과 생각』은 서문에 쓰여 있듯이 연구결과에 대한 불만족스러운 부분이 있었지만, 공동연구로서 처음 심성문제에 접근해 보았다는 점에서 연구사적 의미가 있다.

그리고 이러한 연구의 시도는 「콤플렉스를 통해서 본 고려의 인간과 사회-文·武의 차별을 중심으로」[31] 등으로 확산될 수 있었다. 이 연구는 집단심리에 대한 고찰이라는 점에서 심성사적 접근을 시도한 것인데, 그 소재로는 무신정변을 일으킨 무인집단을 다루었다.

무신정변 당시의 무인들이 한 잔혹한 행동은 차별에 따른 좌절감과 분노, 열등콤플렉스에 의한 것이라는 분석이다. 아울러 이에 대한 극복이 성리학과 관련되어 새로운 선비상이 제시됨으로 인해 점차 사라지게 되었다고 하였다. 즉 무인들에 대한 차별이 사라지고 무인들이 개인적 노력으로 문인과 대등한 위상을 지닐 수 있다는 가능성 때문이라고 분석한 것이다.

---

31) 박진훈, 2011, 「콤플렉스를 통해서 본 고려의 인간과 사회-文·武의 차별을 중심으로」『사학연구』102.

여기에서는 '열등콤플렉스'라는 심리학적 개념을 통해 심성에 접근해 보려했다는 점에서 연구사적 의미가 있지만, 이를 심리적 개념만으로 해결할 수 있는가의 문제는 진지한 고민이 필요하다. 물론 이런 심리학적 접근이 의미가 없다는 뜻은 결코 아니다. 심성의 분석에는 근대학문으로서의 심리학적 분석틀이 분명히 요구되고 있다. 따라서 집단심리학적 분석을 시도하였다는 것 자체로도 의미 있는 연구이다.

한편 최근에 고려시대 지식인을 일상사적 관점에서 접근한 연구들이 많이 나오고 있는 편이다. 그 중에서 두 권의 연구서가 대표적이다. 우선 이규보를 다룬 『생활인 이규보』가 있다.32) 이 책에 주목한 이유는 이규보의 시문을 중심으로 그의 삶을 살펴보려 했던 것 때문이다. 이 책에서는 방법론으로 미시사적 관점, 즉 '확대기로 자세하게 들여다보면 볼수록 그 속에서 많은 이야기'가 있으며, 나아가 다루는 인물의 '마음속 깊은 곳까지도 들여다볼 수 있을 것이라 의도하고 있다.33) 이 방법론은 고려시대의 심성과 다양한 삶의 모습을 찾아보고, 사회와 세계를 재구성 하는데 도움이 될 것으로 본다.

이 책에서는 이규보의 삶을 수험생, 관리, 가장, 인맥, 음주와 풍류, 질병 등으로 나누어 구성하였다. 따라서 이 구성은 삶의 시기를 가지고 구분한 것은 아니며, 이규보의 삶에서 나름의 특징과 사회적 관계를 중심으로 살펴본 것이다.

특히 이 책은 『동국이상국집』에 실린 시문을 중심으로 그의 삶을 복원하려 했다는 특징이 있다. 한국사 연구자들은 한 개인에 대한 접근방 식으로, 그의 가계(家系), 성장과정, 사회적 인간관계, 행적과 업적, 또는 개혁추진과 같은 정치문제 등으로 구성하는 경우가 많았다. 이 책에서는

---

32) 김용선, 2013, 『생활인 이규보』, 일조각.
33) 김용선, 2013, 위의 책, 15쪽.

그와 같은 정보를 정리하면서도, 「가장」편에서 이규보가 겪었던 가난에 주목하고, 이에 대한 감정과 가족에게 주는 의미를 서술하였다. 그리고 「질병」편의 경우에도 이규보가 앓았던 병과 고통을 자세하게 살펴보았다. 이러한 서술은 과거 한 개인의 정치나 사회적 업적에 치중하던 방식에서 벗어나 한 개인의 인간적 측면과 감성을 파악하려 했다는 점에서 주목된다. 이 방식은 심성사적 차원에서 보편적이고 세속적인 '개인'에게 초점을 두었다.

그러나 심성사 연구에서 연구대상의 감성과 감정의 복원이 중요하지만 그 이상의 추구가 필요하지 않을까 한다. 대개 역사적 실체의 복원은 역사적 현상 파악에 그 중심을 둘 가능성이 높다. 연구대상의 복원과 함께, 그 복원이 지닌 심성적 의미는 어디에서 찾을 것인가를 살펴볼 필요가 있기 때문이다. 물론 이 작업은 결코 쉬운 것이 아니다. 예컨대 이규보가 질병에 대해 고통스러워했다면, 이 고통은 그의 삶에 어떤 영향을 미쳤는가, 그리고 동시대의 다른 사람들은 이런 질병을 어떻게 대응하였는가의 문제까지 추구해야 한다는 뜻이다.

이를 추구하는 이유는 역사적 개인의 특성을 찾아가는 작업이 중요하기 때문이다. 사회적 출세를 지향했던 역사적 개인이 이를 자신의 정체성과 관련해서, 어떤 방식으로 실천했는가의 문제가 중요할 수 있다. 단지 사회적 욕구가 그의 개인적 욕망만을 충족시키려 했던 것이라면, 현재를 살고 있는 인간과 차이가 별로 없게 된다. 따라서 그의 욕망과 사회적 욕구가 어떻게 분출되어 가는지를 살펴보아야만 역사적 개인과 시대적 특성이 드러날 것이다.

『생활인 이규보』와 비슷한 관심에서 등장한 것이 『이색의 삶과 생각』이다.[34] 두 저작은 모두 방대하게 남겨진 시문을 바탕으로 이루어질 수 있었다. 『동국이상국집』과 함께, 이색의 『목은집』은 분량 상에서 고려시대의 문집 중에서 가장 방대한 저작물에 속한다. 이색은 고려말의 정치가이면서, 학자이자 문장으로 유명하였다. 특히 그는 중국의 원·명(元·明)과 함께 고려와 조선왕조의 교체기라는 변화기를 살았던 지식인이다. 따라서 이색은 역사적 변화에 대응하는 지식인의 양태를 이해하기 위한 좋은 연구소재라고 할 수 있다.

이 책에서는『목은시고』에 실린 이색의 시를 통해 그의 감정과 생각을 시간의 변화에 따라 추적하려 하였다. 이 변화양상은 젊은 시절에 가졌던 불교개혁과 같은 생각의 변화에서 찾아보려 하였다. 더구나 이 책은 이색의 방대한 시를 연대별로 정리했다는 점에서 실증적 연구로서의 중요성을 지닌다. 역사 연구에서 시문의 사용은 그 시가 지어진 시기를 전제로 하여 이루어져야 하기에 이를 정리한다는 것은 학문적 의미가 크다.

또한 이 책은 역사적 변동에 대한 개인의 생각변화를 추적하는 것에서, 방법론적으로 기존의 사상사 연구와 구별된다.[35] 즉 대개의 사상사가 '사상'을 정형화된 것으로 이해하고, 이를 개혁론과 같은 유형으로 분석하는 방식과 차별성을 가지려 한 것이다. 이 책은 이색의 학문과 사상, 정치적 위상, 현실인식 등과 같은 다양한 문제를 과제로 남겨놓았다고 하였다.

그렇지만 이색의 시를 중심으로 한 전면적 분석이라는 점에서도 이 책의 의미는 적지 않다. 또한 이 연구는 그의 행위에 대한 분석을 심성을 통해 이해하려 했다는 점에서 강점을 지니고 있다. 다만 이색의 삶에서 중요시했던 추구와 사유 방식의 패턴을 어떻게 이해할 것인가, 그리고 그의 고민에 어떤 역사적 위상을 부여할 것인가에 대한 보다 깊은 천착이

---

34) 이익주, 2013,『이색의 삶과 생각』, 일조각.
35) 이익주, 2013, 앞의 책, 38쪽.

필요할 것으로 여겨진다.

한편 심성사 연구와 관련해 주목되어야 할 연구방식은 역사심리학적 접근이다. 유럽사에서의 일상사와 함께 근대 심리학의 발전과 맥락을 같이 하는 연구방식이라고 할 수 있다. 역사심리학적 방식의 접근은 한국사 연구에서 많지 않은 편인데, 우리 주제와 관련된 것이 정도전에 대한 연구이다.36)

이 연구는 고려중기 이후 새로운 사회에 대응하는 인간형의 지향이 '사대부층'을 출현시켰다는 전제로부터 시작된다. 이와 함께 신유학인 주자성리학의 수용이 신흥사대부층의 현실세계에 대한 대응과 자신의 정체성 확보에 바탕이 되었음을 살펴보았다.

정도전은 이러한 역사적 흐름을 바탕으로 등장한 신흥사대부의 대표적 존재이다. 따라서 그의 시문 분석을 통한 내면세계로의 접근은 심성사적 연구라는 방법론 상에서 의미가 크다. 그 결과 정도전의 청년 시절에서 그가 겪은 자아정체성의 위기와 극복을 어떻게 이루었는지에 대한 접근이 역사심리학적 방식으로 분석되었다. 정도전의 성장기의 자아형성이 아버지 정운경과의 동일시와 함께, 가정환경의 불리함이 어떻게 작용했는지를 살펴보았다.

또한 정도전의 정체성이 신흥사대부 집단 구성원들 간의 상호 유대와 감정적 공통성 등에 있으며, 청년기의 정체성 갈등의 극복 과정을 시문을 통해 접근하였다. 이러한 연구는 심성사 연구에서 역사심리학의 방법론이

---

36) 문철영, 2005, 『고려 유학사상의 새로운 모색』, 경세원. 이 가운데 「제2부 2장 고려후기 신유학 수용과 사대부의 의식세계」, 「제3장 시·문을 통해 본 정도전의 내면세계」, 「제4장 청년 정도전의 자아 정체성 위기와 극복과정」 등이 주목된다. 특히 역사심리학과 관련되어서는 정도전에 관련된 두 편의 글이 주목의 대상이 될 수 있다. 이후 문철영은 이를 확대하여 정도전에 대한 단행본을 출간하였다 (2014, 『인간 정도전-순수 이성에서 예언자적 죽음으로의 여정-』, 새문사).

상당히 유용하다는 것을 보여준다.

다만 이 경우에는 심리학적 방법론의 일반적 결론이 그대로 한국사 연구에 적용될 수 있는가에 대해서는 조심스러운 접근이 필요하다. 예컨대 정도전의 경우에는 그의 귀양이 청년 특유의 에너지가 지닌 건설적 측면과 관련해서 살펴볼 수 있다고 지적하고 있다.[37] 즉 청년기는 사물에 대한 낡은 이념을 반박하고 새로운 것을 받아들일 수 있는 시기이기에 전통을 수립하거나 개조할 수 있다는 주장이다.[38]

정도전은 1375년(우왕 원년)인 34세에 북원(北元) 사신이 고려에 오는 것을 반대하였다. 그는 이 반대로 인하여 전라도 나주의 거평부곡으로 귀양을 가게 되었다. 정도전의 귀양이 30대 젊은이로서 변화와 정착 사이의 갈등을 일으키고, 새로운 실존적 삶의 문제를 던졌다고 보았다.[39] 정도전의 유배가 그의 삶에 커다란 전환과 고민을 가져온 것은 분명하지만, 사실 30대를 청년기로 보고, 심리적 이론을 적용하는 것은 조심해야 할 문제가 있다. 왜냐하면 30대는 현대의 우리에게 청년기와 같은 젊은 시기이지만, 고려시대인은 40대를 노년(老年)이라고 보는 경우가 많았다. 30대가 활동기라고 하지만 평균 수명이 현재와 같지 않은 고려시대에는 이를 청년기로서의 정체성 갈등으로 처리하기에는 주저되는 면이 있다.

이처럼 심성사적 접근은 쉽지 않다. 심성사는 과거 역사방법론으로 이용되었던 실증적 방법, 그리고 사회의 전체를 살펴보는 거시적 방법론에서 다른 유형으로 나아가려는 시도의 일환이다. 이것은 일상사나 미시사와도 다른, 그리고 '역사적 개인'의 내면에 보다 초점을 맞춘다.

---

37) 문철영, 2005, 앞의 책, 365쪽.
38) 이 내용에 대해 문철영은 에릭 에릭슨 저·최연석 역, 1997, 『청년 루터』, 크리스찬 다이제스트에서 이론화한 부분을 받아들여서 자신의 논리로 전개시켰다.
39) 문철영, 2005, 앞의 책, 368~369쪽.

그러나 심성사는 이전의 거시사적 방식과 역사적 변화에 대한 관심에서 완전히 탈피해서 이루어질 수는 없다. 역사적 개인은 당시 역사상황의 산물이기 때문이다. 한 개인을 살펴보는 것은 당시 역사적 상황에 대응하는 존재로서 연구되어야 한다. 그렇지 않다면 인간의 보편적 성격을 탐구하는 철학과의 차별성을 찾기 어렵게 된다.

'심성'은 또한 쉽게 변하지 않는 속성을 지닌다. 그 이유는 인간이 지녀온 가치 지향성에서의 보편적 성격에서 찾을 수 있다. 따라서 고려시대의 심성사 연구에서는 이와 같은 인간적 보편성과 함께 당시의 역사적 특수성을 찾아야 하는 과제가 제기된다.

이 책에서는 고려시대의 심성사 연구를 위해 두 가지 차원에서 살펴보려 한다. 하나를 고려후기 지식인의 내면을 탐구하는 개인에 초점을 맞추는 것이고, 다른 하나는 집단 심성에 대해 접근해 보려는 것이다.

그에 따라 첫 번째로 고려후기의 지식인의 내면 검토를 위해 선정한 인물은 모두 5명이다. 이들은 대표적 지식인이던 이규보, 한수, 이색, 권근, 정도전 등이다. 이들의 공통점은 모두 개인 문집을 남겼다는 점에 있다. 물론 이들 이외에도 개인문집을 남긴 지식인들이 있지만, 전체를 다루기에는 어려움이 따른다.

이규보의 경우에는 가장 방대한 분량의 자료를 남기고 있으며, 그의 글은 솔직한 자기 심경을 담고 있다. 이규보는 관료로서의 삶을 지향하면서 아직 성리학 수용 이전의 인물이라는 특징을 지닌다. 따라서 고려말 성리학 수용 이후의 지식인들과의 일정한 비교가 가능하다. 이 점에서 이규보를 다루는 것은 매우 유용해 보인다.

한수를 다루려 했던 것은 그가 개혁과 크게 무관했던 고려말의 지식인이기 때문이다. 그는 고려시대 귀족적 삶의 한 전형을 보여주는 인물일 수 있다. 그의 글에는 사회문제가 아닌 개인적 정서가 표출되고 있다.

따라서 그에 대한 이해는 고려시대 사회적 삶과 고민에 어느 정도 무관했던 중간적 지식인의 모습을 볼 수 있다는 점에서 의미가 있을 것이다.

또한 이색과 권근은 모두 개혁보다는 보수적 성향이 강한 지식인이다. 이들은 왕조 교체에 반대하는 입장이었으며, 사회적 개혁보다는 개인적 도덕성의 함양을 통한 개선에 관심을 두었다. 현재의 보수주의적 입장과 통하는 이들의 사유와 심리적 갈등은 어떤 것인지를 알아볼 필요가 있다. 특히 권근의 경우에는 조선왕조 건국 이후 태종의 치하에서 크게 활약하였기에 주목할 필요가 있다. 그는 고려에서 조선왕조로 넘어가는 과도기적 지식인이라고 보기 때문이다.

한편 정도전의 경우는 앞서 두 지식인과 대비되는 개혁적 사유를 지닌 인물이다. 우리는 그가 그의 삶 속에서 개혁적 사유를 지니게 된 역사적 이유를 먼저 살펴보아야 할 것이다. 이를 통해 고려후반기 지식인의 지형이 다른 각도에서 그려질 수 있을 것이다. 즉 체제의 개선과 개혁이라는 차원을 둘러싼 정책대결과 지향이라는 차이는 어떤 개인적 사유로부터 나올 수 있었는지를 보려 한다.

두 번째 보려 하는 것은 집단 심성과 가치관의 문제다. 개인과 대비시켜 집단 심성의 문제를 살펴볼 필요가 있다. 그에 따라 본서에서는 세 가지 주제로 살펴보려 한다. 첫 번째로는 인간의 꿈과 소망의 세계이다. '꿈'은 근대 심리학의 출발과 함께 가장 중요한 주제였으며, 인간 내면의 무의식을 이해하는 열쇠로 여겨졌다. 생리적 현상인 '꿈'은 그 예지성과 함께 사람들에게 자주 회자되는 주제이며, 이를 통해 정치·사회적 효과를 보기도 한다. 따라서 고려시대인의 꿈속에 반영된 상징과 사회적 효과를 먼저 다루어 볼 것이다.

두 번째로는 당시 사회적 분노와 저항 의식이 어떠했는지를 살펴본다. 무신정변을 계기로 사회적인 차별이 전면에 부각되었다. 『고려사』 편찬자들은 무신에 대한 차별을 정변의 1차적 요인으로 꼽았다. 그런 점에서 이 역사책의 편찬자들은 자신들 나름의 사회심리적 접근을 하고 있는 셈이다. 그렇다면 이런 차별이 사회적 분노로 표출되는지, 아울러 당시에 벌어졌던 농민반란의 저항 의식은 어떤 감성으로 이루어졌는지를 알아보려 한다. 반란의 동력은 초기 폭발 당시에 '반감'으로부터 추진력을 얻게 된다. 이런 추진력은 시간이 지남에 따라 냉정함과 함께 찾아오는, 참여했던 다양한 집단의 이기성으로 인해 떨어지게 마련이다. 우리는 무신정변 이후 벌어진 여러 농민반란으로부터 집단 심성적 접근을 해보려 한다.

마지막으로 고려시대의 일상과 관련된 가치관을 추구하려 한다. 인간의 세속적 가치 가운데 삶과 죽음에 대한 문제는 가장 우선적인 것이다. 종교나 신앙과 관련되면서도, 보통의 인간에게 일차적 관심사이다. 또한 인간집단의 내면성을 이해하기 위한 가장 중요한 문제이기도 한 '운명'에 대한 시각도 같이 살펴보아야 할 것이다. 운명론은 현재까지도 인간의 의식을 사로잡는 중요한 주제이기도 하다.

결국 우리는 이와 같은 주제들을 통해 고려시대의 개인과 집단 심성의 일부를 추적해 보려 한다. 현재 이 작업이 성공적으로 마무리되지 못할 수 있지만, 시도만으로 의미 있는 작업이 될 수 있다.

심성사의 과제를 한 번에 모두 해결할 수 없지만, 차후 모색을 위한 문제제기라는 차원에서 접근해 보려 하는 것이다. 21세기의 한국 역사학은 다양한 도전에 직면해 있고, 심성사 연구는 이러한 새로운 방식을 추구하는 하나의 길이 될 것이라는 기대를 가져본다.

Ⅱ. 개인의 사유와 자아의식

1. 이규보의 자아정체성과 심성적 변화

이규보(李奎報)는 무신집권기의 대표적 문인이며 관료이다. 그가 남긴
『동국이상국집』은 현존하는 고려시대의 가장 방대한 내용을 담은 문집
중에 하나이다. 그만큼 이규보의 문인과 관료로서의 정체성을 확인할
수 있는 자료가 많다고 할 수 있다.

천재 소리를 들었던 이규보는 젊은 시절 관직을 얻지 못하고 많은
심리적 갈등을 겪어야 했다. 그의 정체성에 대한 고민은 성리학이 수용되
기 이전의 고려시대 관료의 한 전형을 보여준다는 점에서 주목할 만하다.
특히 이규보는 시(詩)를 통하여 자신의 심정을 솔직하게 표현한 경우가
많았다. 이 때문에 그의 시문에 대한 분석은 그의 심성의 변화를 이해하는
데 필요한 작업이다.

이 글에서는 무엇보다 이규보의 젊은 시절의 정체성에 대한 고민은
물론이고, 후대 관직 생활 이후의 심성적 변화에 주목해 보려 한다.
그 이유는 이규보가 젊은 시절의 국가나 민(民)등의 문제에 고민하면서

현실비판적 글을 남겼던 것에 비하여, 본격적인 관료 생활 이후에 이런 글들이 거의 없어지기 때문이다. 이와 같은 심성적 변화는 어떻게 나타나며, 그 원인은 무엇인가를 살펴보려 하는 것이다.

이규보에 대해서는 지금까지 학계에서 많은 연구성과가 축적되어 왔으며, 최근에는 전문적인 단행본까지 간행된 상태이다.[1] 그만큼 이규보란 개인 인물에 대한 관심뿐만 아니라, 그의 시문 등이 역사자료로서의 가치가 인정받고 있다는 뜻이기도 하다. 즉 이전 역사학계에서는 시문이 역사자료로서의 가치가 정사인『고려사』,『고려사절요』등과 비교될 수 없다는 입장이 강했다. 하지만 시문을 이용한 학술단행본의 출간은 그만큼 역사자료로서의 가치를 인정받게 된 학계의 현실을 반영한다.

시문이 한 사람의 문학적 표현이라는 점을 감안할 때 작자의 개인적 심성을 드러내지 않는 경우도 있다. 그렇지만 이규보의 경우에는 자신의 솔직한 심경을 담은 시를 비교적 많이 남긴 편이다. 이런 경우에는 자신의 생각과 감성을 곧바로 시문으로 표현하였다.

한 개인을 '사적 인간'과 '공적 인간'이란 측면으로 구분할 때, 이규보의 글은 이를 확인할 수 있는 내용들을 모두 담고 있다. 한 개인의 욕망을 담고 있는 '사적 인간'과 관료라는 '공적 인간'의 가치는 서로 충돌할 수밖에 없다. 한 개인이 추구하는 욕망과 사회적 도덕성이 일치하는 경우도 있지만, 양자는 갈등 구조로 나타나는 경우가 많기 때문이다.

이규보는 평생 자신의 이름을 알리는 것과 관료로서의 출세라는 개인적 욕망을 지니고 있었다. 그렇지만 관료 내지 지배층으로서의 책임감과 의무 역시 젊은 시절부터 그의 심정 속에 중요한 주제였다. 개인적 욕망과 책임감은 때로는 충돌하여 갈등을 일으키면서도, 생애의 후반기에는

---

1) 김용선, 2013,『생활인 이규보』, 일조각 ; 2013,『이규보 연보』, 일조각.

개인적 욕구를 솔직하게 표현하는 시문들이 우세하게 나타났다. 그것은 한 개인의 나이 먹음에 따른 보수화일 수 있고, 출세 과정에서의 현실과의 타협일 수도 있었다. 이와 같은 내면적 갈등은 때로는 정체성에 대한 고민으로 나타났다.

그가 추구했던 관료상(官僚像)과 목표는 어떻게 자신의 욕망과 타협할 수 있었을까? 중세 시대 지식인이던 한 개인의 변화모습이 여기서 다루어야 할 주제인 것이다. 그에 따라 이 글에서는 변화양상을 살펴보고, 그에 따른 심성적 변화와 그 원인을 찾아보려 한다. 이 작업은 고려의 지식인들이 추구했던 가치와 그의 변화를 다루는 일이기도 하다.

1) 젊은 시절 이규보의 추구와 심성적 갈등

이규보는 1170년 무신정변이 있기 직전인 1168년(의종 22)에 출생하였다. 그의 가문은 황려현(黃驪縣)의 향리였지만 아버지 이윤수(李允綏)가 호부낭중까지 오르면서 중앙정계에 진출하였다. 이렇게 이규보는 중간 관료 집안인 신흥 가문 출신이라고 볼 수 있다. 따라서 이규보의 입장에서는 가문을 일으켜야 한다는 주변의 기대와 심리적 압박을 받았을 것이다.

그의 「연보」에 나오는 악성종기 사건은 이를 보여주는 사건이다.[2] 이규보가 태어난 지 석 달 만에 생긴 악성종기는 여러 약으로도 낫지 않았다. 당시 유모가 아이를 안고 밖에 나갔을 때 한 늙은 노인은 이규보가 천금의 값이 나가는 아들이기에 잘 보호하라는 말을 하였다. 그의 부친은 이 노인을 신인(神人)으로 생각하였다고 하는데, 이는 사실 여부를 떠나

---

2) 『東國李相國集』年譜. 이하 사례는 연보에 의거하였다. 따로 각주를 달지 않는다.

이규보에 대한 기대를 보여준다.

이 점은 그의 나이 11세 때 숙부인 이부(李富)가 이규보의 글 솜씨를 문하성 성랑(省郞)들 앞에서 자랑했던 사실과 상통한다. 그의 시에 대한 재능과 천재성은 집안과 주변 사람들의 출세에 대한 기대치를 높였을 것이다. 이규보는 실제로 최충(崔冲)이 세운 성명재(誠明齋)에 입학하여 하과(夏課)에서 계속 일등을 차지하면서 일정하게 주위 기대치에 부응하는 모습을 보였다.

그러나 이규보는 국자감시(國子監試)에서 여러 차례 낙방하면서 이런 기대감에 어긋나게 된다. 이로 인해 그는 원래 이름이었던 이인저(李仁氐)를 바꾸면서 국자감시에 응시할 정도였다.[3] 그의 출세에 대한 욕망과 기대감이 그만큼 컸음을 보여주는 대표적 사례이다.

더구나 그의 경제적 처지 역시 관료로서의 출세가 필요한 요인이었다. 그의 집안은 경기도 황려현에 기반을 두었고, 그 지역인 근곡촌(根谷村)에 농토가 있었다.[4] 그 외에도 개경 밖 서쪽에 별장과 토지가 있었다.[5] 그렇지만 그의 경제적 기반은 튼튼한 편이 아니었으며 중소규모의 지주이면서 몇 명의 노비를 지닌 정도였다.[6] 그 결과 이규보는 생계가 넉넉하여 벼슬을 하지 않아도 될 처지가 아니었다.

나아가 이규보는 자존감이 강했기에 자신의 이름을 알리려는 명예욕이 강했다. 그가 「연보」에서처럼 제술과 시험에서 성적이 좋지 않은 것에

---

3) 이에 관해서는 「연보」에 상세하게 그 내용이 수록되어 있다. 이규보가 꿈에서 만난 검은 베옷을 입은 노인들은 하늘의 28수(宿)이고, 그 중에서 문장을 담당한 규성(奎星)에게 장원 합격의 예언을 들었다. 이규보는 그 예언이 실현되자 규성에게 보답한다는 의미로 이규보로 개명하였다.

4) 李奎報, 『東國李相國全集』 권6, 六月十一日發黃驪將向尙州出宿根谷村 予田所在.

5) 『東國李相國全集』 권23, 四可齋記.

6) 김용선, 2013, 『생활인 이규보』, 일조각, 128쪽.

불만을 품고 합격을 사양하려 한 것이나, 합격 축하에 온 하객들에게 "내가 비록 과거 성적은 아래이지만 어찌 서너 번 문생을 길러내지 않겠습니까?"라는 발언이 그의 자존감을 보여준다.

그리고 그의 명예욕은 관료로서의 공적 책임감으로 이어진다. 그는 자신이 추구하는 관료상(官僚像)에 스스로를 일치시키려는 노력을 통해 타인들의 칭송을 받을 것이라는 심리가 있었기 때문이다. 이규보가 지닌 생각은 다음과 같았다.

> 사(士)가 벼슬을 시작하는 것은, 구차하게 자기 한 몸의 영달만 도모하려는 것이 아니라 대개 마음에서 배운 것을 정사(政事)에 실현하되, 경제정책을 진작하고 왕실에 힘써 실시하여 백세(百世)토록 이름을 전하여 소멸되지 않으려 하는 것입니다.[7]

이 글은 이규보가 관직을 구하던 시절에 지었다는 점을 감안해야 한다. 그렇지만 이규보가 생각하는 당시 관료의 책임과 의무에 대한 내용을 이해하기에 어려움이 없다. 그가 추구한 것은 자신의 개인적 이익이 아니라, 학문을 실제 정책에 적용시켜 명예를 남기려 한다는 내용이다. 한 마디로 이를 경세(經世)의식이라고 할 수 있다.[8]

그렇다고 당시에 경세의식이 체계화되어 있거나, 관료들의 보편 윤리로 자리 잡혀 있다는 증거는 없다. 다만 이런 의식이 어느 정도 관료의 직분(職分) 윤리로 작용하고, 이것이 이상적 관료상을 구축하는데 도움이 되었을 것임은 분명하다.

---

7) 『東國李相國全集』 권26, 上崔相國詵書, "士之所以筮士者 非苟欲自營一己之榮宦而已 益將以所學於心者 施於有政 振經濟之策 宣力王室 乘名於百世 期爲不朽者也."

8) 김인호, 1999, 『고려후기 사대부의 경세론 연구』, 혜안, 110쪽.

관료의 직분 윤리는 한 개인의 이익인 '영달 추구'와 갈등 관계가 되기도 한다. 또한 이규보가 영원히 이름을 남기려는 소망은 역사의식이기도 하지만, 그의 명예욕을 반영하는 것이 아닐까 한다. 관료의 직분 완수로 얻는 명성은[9] 역사 기록에 남는다는 것을 의미하지만, 그에 따른 소망은 개인적 차원의 문제이다.

그렇다면 젊은 시절의 이규보는 어떤 심리적 갈등을 겪었는지를 살펴볼 필요가 있다. 앞서 보았듯이 이규보 역시 가문의 흥성에 대한 책임감으로 인해 관료로서의 출세를 생각하였다. 상층 귀족이 아닌 그가 할 수 있는 일은 관료로서의 고위직을 성취하는 것이었다.

하지만 젊은 시절 그가 보았던 관료 세계의 현실은 만만치 않았다.

하늘에 기도하여 성인을 구한다 해도
공씨(孔氏)를 비처럼 내려주지 않으며
땅을 파고 현인(賢人)을 찾는다 해도
안자(顔子)를 샘처럼 솟게 하지 않으리
성현(聖賢)의 뼈가 벌써 썩었으니
힘이 있더라도 살려낼 수 없겠지
오늘날 사람들은 무슨 이유로
안목은 낮은데 귀만 높이려고
서책을 펴고 앉아
찌꺼기만 좋아한다네
모르겠네 지금 세상 선비들도
성현될 기국 있을는지

---

9) 윤훈표, 2007, 「제5장 명예와 수치심의 사회적 배경과 기준」 『고려시대 사람들의 삶과 생각』, 혜안, 185~187쪽.

후세 사람도 오늘을 되돌아보며

우리처럼 이렇게 생각할 거야

만물의 생장 이치 관찰해 보니

천지의 조화가 공연스레 바쁘구나

초자(楚茨)의 덩굴 함부로 생기게 하고

또 형극(荊棘)도 너무나 번성하네

왜 지녕초(指佞草) 같은 풀을

이리저리 뻗도록 하지 않아서

드디어 온 천하 선비들에게

사(邪)와 정(正)을 분변 못하도록 했나

대우(大禹)가 홍수는 잘 다스렸으나

사람의 마음만은 못 다스렸네

하찮은 일로 풍파를 일으켜

함정 속에 많은 사람 빠지게 했다[10]

이규보는 현재 정치 현실 속에서 유교적 성인이나 현인을 구하려는
노력이 필요 없다는 입장이다. 그는 이 시를 26세인 1193년(명종 23)에
지었는데, 이때 한창 관직을 부탁하던 시절이었다. 그래서 이규보는 예부
시랑(禮部侍郎) 장자목(張自牧)이 자신을 추천한다는 소문이 있어 그에게
바치는 백운시(百韻詩)를 지었다.[11] 이어서 그는 「동명왕편(東明王篇)」으

---

10) 『東國李相國全集』권1, 寓古三首. "禱天求聖人 天不雨孔氏 鑿地索賢人 地不湧顔子
聖賢骨已朽 有力未負致 奈何今之人 賤目唯貴耳 徒生靑史毛 糟粕例自嗜 不識今世士
亦有聖賢器 後來復視今 攀企亦如此 吾觀萬物生 造化空自勤 徒生楚茨蔓 徒産荊棘繁
不使指佞草 延引榮其孫 遂令天下士 邪正久未分 大禹理洪水 未平人心險 眭眙生狂瀾
萬人平地墊."

11) 『東國李相國全集』권1, 呈張侍郎自牧一百韻.

로 자신의 문장실력을 과시하였다.

사실 이규보는 1191년(명종 21) 예부시 지공거였던 이지명(李知命)과 부친의 사망을 경험해야 했다. 이 두 가지 경험은 이규보에게 세상에 대한 절망감을 부여했을지 모른다. 당시 그는 과거에 합격했지만 관직을 받지 못한 상태였으며, 자신을 후원하던 두 사람을 한꺼번에 잃었던 것이다. 원래 지공거와는 좌주(座主)와 문생(門生)으로 관료 진출의 실질적 후원 관계였다. 이지명의 사망은 이규보를 관료계로 이끌어 줄 후원자의 소멸을 의미했다. 나아가 아버지의 사망은 그보다 더 큰 심리적 충격을 주었을 것이고, 이로 인해 이규보는 천마산(天磨山)으로 은거를 위해 들어갔다.[12]

그가 어떤 계기로 개경에 다시 돌아왔는지는 알 수 없다. 다만 그가 지닌 세속적 욕구로서 이름을 날리고자 하는 명예욕이나, 아니면 결혼으로 인한[13] 현실적 책임감이 이규보를 자극했을 수 있다.

현실세계에 직면한 이규보는 구직(求職)을 위해 노력하였다. 그런데 그가 본 현실은 앞의 시처럼 '초자의 덩굴', '형극' 등이 난무하는 세계였다. 현인과 성인이 아닌 소인들이 주로 출세하는 세계였던 것이다. 이에 대한 책임은 '대우(大禹)'로 상징되는 국왕의 통치에 있었다고 그는 생각하였다. 이 점은 이규보가 이전에 지은 「동명왕편」에서 성인군주로서의 국왕의 책임과 역할을 강조한 것과 일맥상통한다.[14]

---

12) 당시 그는 白雲居士라고 호를 짓고 생활하였다. 이때의 심정은 「白雲居士語錄」, 「白雲居士傳」(『東國李相國全集』 권20)에 수록되어 있다.

13) 그의 결혼은 1192년(명종 22)에 이루어진 것으로 추정되고 있다(김용선, 2013, 『이규보 연보』, 일조각, 40쪽).

14) 『東國李相國全集』 권3, 東明王篇, "이제야 알겠다 守成하는 임금은 / 신고한 땅에서 작게 삼갈 것을 경계하여 / 너그럽고 어짊으로 왕위를 지키고 / 예와 의로 백성을 교화하여 / 길이길이 자손에게 전하여 / 오래도록 나라를 통치하였다." 이 내용은 고려 국왕이 어떻게 통치를 해야 하는가를 감계하려는 것으로

정치 현실의 어두움은 사회 현실에 대한 인식으로도 이어졌다. 그가 본 현재의 세계는

남쪽 집은 부자요 동쪽 집은 가난한데
남가(南家)에선 가무가 들려오고 동가(東家)에선 곡성(哭聲)만 애절하네
노래와 춤은 어찌 저리도 즐거운가
손님이 마루를 메우고 술도 만 섬이 넘네
통곡하는 소리는 왜 저리 구슬픈가
냉랭한 부엌에는 이레 동안 연기 한 점 안 오르네
동쪽 집 아이들 남쪽 집 바라보니
고기 씹는 소리 마치 대 쪼개듯 요란하네
그대는 알지 못하는가 석장군이 날마다 미희(美姬)끼고 금곡원에서 취해
　　지냈건만
수양산 아부(餓夫)의 깨끗한 이름 천고에 빛남만 같지 못한 것을[15]

이 시는 개경 내에서의 빈부 격차를 잘 보여준다. 빈부 격차가 이 시기만의 문제는 아니었지만 그에게 현실사회의 비판과 관료적 책임감을 자극시키는 소재였다. 물론 이규보는 부자였던 '석장군'[16]보다 역사에 이름을 남긴 수양산의 '백이·숙제'를 더욱 동경하였다. 이규보의 현실적 처지를 반영하는 것인지도 모른다.

그리고 빈부 격차의 문제와 함께 1193년(명종 23) 경상도 운문(雲門)의

────────────────

보여진다.

15)『東國李相國全集』권1, 望南家吟, "南家富東家貧 南家歌舞東家哭 歌舞何最樂 賓客盈
　堂酒萬斛 哭聲何最悲 寒廚七日無煙綠 東家之子望南家 大嚼一聲如裂竹 君不見石將軍
　日擁紅粧醉金谷 不若首山餓夫淸名千古獨."
16) 석장군은 진(晉)의 갑부인 석숭(石崇)을 말한다.

김사미(金沙彌)와 초전(草田)에서 봉기한 효심(孝心)의 반란 소식에도 주목
하였다. 김사미와 효심 무리는 당시 집권자인 이의민의 아들 이지순(李至
純)과 내통하여 정부군을 계속하여 패전시켰다.[17] 이규보는 이에 대해

뭇 개들 시끄럽게 짖는 소리 듣고부터
이상하게도 갑 속의 칼이 한낮에 쩡쩡 우누나
놈들을 궐하에 끌어올 장사가 있을 텐데
관가(官家)에서 왜 긴 끈 하나를 아낄까[18]

라면서 젊은 시절의 호기를 보이고 있다. 이 시에서 '뭇 개들'은 김사미와
효심 등의 반란군이다. 그리고 '이들을 궁궐에 끌어올 장사'란 대목은
당시 조정의 인재 등용에 대한 비판을 하고 있는 셈이다. 이처럼 그는
현실 세계의 선과 악에 대해 인재 등용이라는 유학적인 가치를 통해
해결될 것이라는 매우 단순한 인식을 하고 있었다.

그의 단순한 생각은 경상도의 현실을 직접 둘러보거나 현지에서 정보를
얻은 이후에 변화하기 시작하였다. 3년 뒤인 1196년(명종 26) 가을 이규보
는 경상도 상주(尙州)에 있는 어머니를 만나기 위해 여행을 떠났다.[19]
그가 실제 직면한 현실 속의 도적 떼는 관군(官軍)도 속수무책인 존재였다.

도적떼가 고슴도치 털처럼 모여
생민(生民)이 비린 피를 뿌리네

---

17) 『고려사절요』 권13, 명종 23년 7월.
18) 『東國李相國全集』 권2, 聞江南賊起, "自聞群犬吠高聲 匣劍無端白日鳴 闕下牽來應有
   士 官家何惜一長縲."
19) 1196년 최충헌이 이의민을 살해하고 집권한 이후, 상주 수령인 둘째 매형에게
   있는 어머니를 문안하기 위해 황려로부터 출발하였다.

군수는 한갓 융의(戎衣)만 입고서

적을 바라보곤 기가 먼저 꺾이네

벌의 독도 아직 소탕하지 못했는데

하물며 호랑이 굴을 더듬을 수 있으랴

슬프다 이런 때에 훌륭한 사람 없으니

누가 대신하여 와서 쇠를 씹을까

적의 팔은 원숭이보다 빨라

활쏘기를 별이 반짝이듯 하고

적의 정강이는 사슴보다 빨라

산 넘기를 번갯불 사라지듯 하네

사졸들이 추격하여도 미치지 못하여

머리를 모아 부질없이 입만 벌리고 탄식하네

어쩌다가 그 칼날에 부닥치면

열에 칠팔은 죽네

부녀자가 죽은 남편을 곡하며

머리에 삼베 두르고 마른 뼈를 조상하네

황량한 촌락에 일찍 문 닫으니

대낮에도 길가는 나그네 전혀 없구나

금년에는 더군다나 다시 가물어서

비 기다리는 것이 목마른 것보다 심하네

논밭은 모두 붉게 타서

곡식 싹이 무성한 것을 볼 수 없네

부잣집도 벌써 식량을 걱정하는데

가난한 사람이야 어떻게 살 수 있으랴

주문(朱門)에서는 날마다 자리에 술을 토하고

백 잔을 마시니 귀가 저절로 더워지네

고당에는 옥비녀가 늘어서 있고

빽빽한 자리에는 비단 버선을 끼고 있네

문호의 융성한 것만 알고

국가가 불안한 것은 근심하지 않네

썩은 선비 비록 아는 것은 없으나

눈물을 흘리며 매양 목메어 흐느끼네

슬프다 고기 먹는 무리 아니라

직언하는 혀 내두르지 못하였네

할 수 없다 어찌하면 진달하랴

천폐(天陛)를 뵈올 길이 없구나[20]

관군은 지휘자인 군수부터 무능력하여 도적들에게 계속 죽어가고 있었다. 그 이유는 훈련과 실전 능력의 부족에서도 있었던 것 같다. 도적 때문에 대낮에 여행객이 없을 정도였다. 이규보가 보았던 지역현실은 그의 시에서 생생하게 묘사되어 있어, 마치 통치자의 입장에서 이를 바라보는 듯하다.

앞서 그가 주장했던 '장사' 선발의 논리는 여기서도 비슷하게 나타난다. 제대로 된 인재 등용이 없다는 한탄이다. "누가 대신 와서 쇠를 씹을꼬"라는 구절이 이를 보여준다. 그는 무엇보다 지배층과 관료의 무능력과

---

20) 『東國李相國全集』 권6, 八月五日. 聞羣盜漸熾, "群盜如蝟毛 生民灑腥血 郡守徒戎衣
望敵氣先奪 尙未掃蜂毒 況堪探虎穴 嗟哉時無人 誰繼來嚼鐵 賊臂捷於猿 放箭若星瞥
賊脛迅於鹿 越山如電滅 士卒追不及 聚首空呀咄 幸能觸其鋒 物故十七八 婦女哭夫婿
鬌首吊枯骨 荒村早關門 白日行旅絶 今年況復旱 望雨甚於渴 田野皆赤土 未見苗芽茁
富屋已憂飢 貧者何由活 朱門日吐茵 百爵耳自熱 高堂森玉簪 密席擁羅襪 但識門爓灼
不憂國杌 腐儒雖無知 流涕每鳴咽 嗟非肉食徒 未掉直言舌 已矣若爲陳 天陛無由謁."

무관심에 대한 비판을 시의 아래 부분에서 하고 있다. '주문(朱門)'과 '문호'로 말해지는 것들이다.

특히 무력한 자신은 '썩은 선비'로 표현하고 있다. 군주에 대해 자신이 이런 문제를 건의하지 못하는 안타까움을 말하고 있다. 이 시는 앞의 것보다 생생하게 현장을 전달하고 있다는 점에서 진일보하고 있지만 기본적인 인식은 변함이 없다. 민의 고충과 문제, 이를 해결할 수 있는 관료와 군주라는 연속선상에서 벗어나지 않기 때문이다. 여기에는 젊은 시절 이규보의 관직 진출이라는 소망과 함께, 본인은 기존 관료들과 다른 존재라는 인식이 오히려 '썩은 선비'라는 반어법으로 드러난다.

이 시기 이규보의 현실은 가혹했다. 구직은 되지 않았고, 경제적으로도 쉽지 않았다. 그래서 겨울 추위는 더욱 춥게 느껴졌다.

내 공묵(孔墨) 같은 어진 이가 아니거니
어찌 굴뚝이 검지 않고 자리가 따스하지 않으랴
아내여 아이야 춥다고 울지 말라
내 약목(若木)을 베어와 숯을 만들어
우리 집과 온 천하를 두루 따뜻하게 해서
추운 섣달에도 늘 땀을 흘리게 하련다[21]

이규보는 공자나 묵자와 같은 현인이 아니라서 현실적 요구, 즉 가정의 요구를 무시할 수 없었다. 자신이 할 수 있는 것은 숯과 같이 스스로를 불살라 천하까지 따뜻하게 만들어 내는 일이다. 그것은 자신이 관료가 되어야 한다는 의지의 표현이면서 어려운 경제적 현실 속에서 자존감의

---

21) 『東國李相國全集』 권2, 苦寒吟, "吾非孔墨賢 胡爲突不黔兮席不暖 妻兒莫啼寒 吾欲東 伐若木燒爲炭 灸遍吾家及四海 臘月長流汗."

표현이기도 하였다.

그래서 이규보는 벼슬이 없는 것을 고민하였다.

　　언제나 벼슬이 없어

　　사방으로 걸식함을 즐기는 바 아니나

　　날 보내기 지루함을 면하고자 함이라

　　아 인생 일세 받은 운명 어찌 그리 괴로운가[22]

라면서 자신의 운명을 탄식하였다. 점차 이규보는 관직 구하는 일에 지쳐가면서 포기의 심정을 내비쳤다. 아직 나이 29세였던 1196년(명종 26)의 일이다.

　　장안에서 함께 놀던 옛날을 생각하니

　　열 네 해가 되었네

　　군은 그때 혈기 왕성한 삼십 이전이어서

　　나는 기러기라도 따를 수 있다고 했네

　　나 역시 검은 머리에 가장 연소하여

　　번개처럼 번쩍이는 눈동자 왕융(王戎) 같았지

　　이별한 뒤론 구름처럼 흩어져 각각 어느 곳에 있었던가

　　사해 풍진에 쌍으로 굴러다니는 쑥대였구려

　　서로 만나자 한 번 웃고 동적(銅狄)을 어루만지며

　　솟는 눈물에 말 못하니 뜻만 무궁하구려

　　대사는 이미 옛날 얼굴이 아니라

---

22) 『東國李相國全集』 권3, 無官嘆, "常無官常無官 四方餬口非所歡 圖免居閑日遭難 噫噫
　　人生一世賦命何酸寒."

소나무 위에 늙은 학처럼 여위었네

나 역시 늙고 의지 또한 좁아져서

다시는 무지개 같은 옛날 기개가 없네

정을 다 토로하지 못하고 각각 슬퍼하여

산 중턱에 해지는 줄 몰랐네

인생의 한 평생 잠깐이거니

일찍 명리를 사절하고 지공(支公)을 따르리라[23]

이규보는 상주로 가는 길에 낙동강에 있던 원흥사(元興寺)[24]에 들렀다. 그는 이 절에서 과거 개경에서 알았던 규사(珪師)를 만났다. 규사는 어떤 이유인지 승려가 되었다. 그와 청소년기를 같이 지낸 이규보는 당시 뜻이 높았던 자신과 벼슬길도 나가지 못한 현재를 비교한다. 그리고 스스로 자신이 늙었고 과거와 같은 기개도 없게 되었다고 한탄하였다.

그 결과 자신의 소망과 의지를 접고 '지공(支公)' 즉 진(晉)의 고승인 지둔(支遁)을 추종하겠다고 하였다. 이 말은 지둔처럼 은둔 생활을 하겠다는 의지의 표현이다. 벼슬길에 나아갈 소망을 접고 포기하겠다는 뜻이다.

그렇지만 이런 포기와 좌절은 곧바로 바뀌기도 하였다. 여기에 그의 젊은 시절의 고민과 갈등이 숨어 있었다.

전리(田里)로 돌아가는 계획은 이루지 못하고

---

23) 『東國李相國全集』 권6, 是日入元興寺見故人珪師贈之, "憶昔共遊長安中 算來一十四
春風 君時氣壯未三十 一身謂可趁飛鴻 我亦鬢綠最年少 眼電爛爛如王戎 別來雲散各何
處 四海風塵雙轉蓬 相逢一笑撫銅狄 迸淚無言意不窮 師今已非昔日容 瘦與松頭老鶴同
我亦老大心轉縮 無復昔日氣如虹 論情未終各悽惻 不覺半峯斜日紅 人生一世須曳爾
早謝名利從支公."

24) 원흥사는 경상도 善山都護府의 북쪽 18리 떨어진 것에 위치한다(『新增東國輿地勝
覽』 권29, 경상도 선산도호부, 山川).

대궐을 생각하는 뜻은 이기기 어렵구나

세상을 피하는 데는 고봉(高鳳)에게 부끄럽고

기미를 아는 것은 계응(季鷹)에게 사례하노라

이슬이 많이 내리니 건의 뿔이 쭈그러지고

바람이 세차니 소매에서 모서리가 생기네

돌사다리에는 서리가 오히려 깊고

구름 낀 산에는 해가 오르지 않았네

어버이를 하직하는 두 줄기 눈물

날이 다 새도록 가슴에 젖어 있네[25]

이규보는 '대궐을 생각하는 뜻'에서 보이듯이 관직을 구하려는 소망을
포기하지 못하였다. 이것은 은거라는 생활과 거리가 있었다. 아마도 그는
경상도 상주(尙州)에서 모친을 만난 다음에 생각을 바꾸었을 가능성이
있다. 어머니의 설득으로 이규보는 개경으로 돌아가는 길에 새로운 각오
와 희망을 가졌을 것이다.

이후 개경으로 온 이규보는 구직활동을 위해 열심히 노력한다. 그는
총재 조영인(趙永仁) 등에게 글을 올려 직접적으로 관직을 요구하였다.

저는 우둔한 자질로 과거에 합격한 지가 벌써 8년이 지났으나 일명(一命)
의 벼슬도 제수 받지 못하였더니, 이제 은상(恩相) 각하(閣下)께서 전부(銓
部)의 권한을 맡아 선비들의 정감(精鑑)이 되셨음을 듣고 그냥 물러설
수 없어서 감히 진출을 구하고자 합니다. 명경대(明鏡臺) 앞에 얼굴의
곱고 추함이 쉽게 분별되겠지만 대장장이[洪爐手] 밑에서는 쇠붙이의

---

25) 『東國李相國全集』 권6, 九月十五日發尙州, "……歸田計未遂 戀闕意難勝 避世慙高鳳
知幾謝季鷹 露深巾氂角 風勁袖生稜 石棧霜猶重 雲崖日未昇 辭親兩行淚 到曙尙霑膺."

이둔(利鈍)을 가리지 않고 모두 다 융화되는 법이니, 용졸한 사람을 거두시어 지방관[絃歌]의 소임을 맡겨 보시기 바랍니다.[26]

　그는 조영인 이외에도 여러 재상들에게 구직을 위한 시를 올렸다. 문학으로 알려져 있었기 때문에 이규보는 추천을 받을 수 있었다. 「연보」에 따르면 이규보는 이들의 추천에 의해 지방관직을 먼저 받는 것으로 되었다. 그렇지만 당시 장주승선(掌奏承宣)이 이규보와 사적 감정이 있어서 추천한 차자(箚子)를 이부(吏部)에 넘기지 않고 이를 잃어버렸다고 핑계를 대었다. 결국 이규보의 첫 번째 관직 수여는 실패로 끝나고 말았다.
　이 사건에 대해 장주승선이 최충헌의 심복이었을 수 있다는 추정도 있다.[27] 최충헌이 이규보의 등용을 반대한 이유는 원로 문신들을 견제하는 한편, 이규보와 같은 반체제적 문인들과 어울리는 문사를 자신의 세력으로 길들이기 위함이라는 것이다. 하지만 이런 해석은 조금 지나친 면이 없지 않다. 왜냐하면 최충헌은 원로 문신과 문사들의 지지가 필요하였고, 또한 관직도 없는 젊은 이규보에게 시련을 준다 해서 자신에게 충성한다는 보장도 없기 때문이다.
　그보다는 이규보의 직설적인 시나 언행, 그리고 현실비판적 내용 등이 문제의 원인일 가능성이 더 크다. 특히 이규보의 높은 자존감은 때로 오만하게 다른 사람들에게 보이기도 하였다. 그는 19세 때 죽림 7현을 본떠서 만든 모임에 오세재(吳世才)를 대신하여 참석하라는 요구를 받았다. 당시 이인로는 오세재가 경주에 간 틈에 이규보를 초청한 것인데,

---

26) 『東國李相國全集』권7, 上趙令公永仁幷引, "某謬將爽鈍之資 早占桂仙之籍 八霜條變 一命不霑 今伏遇恩門相國閣下掌銓部之劇權 作士倫之精鑑 實難自縮 輒欲求伸 明鏡臺前 雖愧姸媸之易別 洪爐手下 不論利鈍以兼鎔 冀收樸樕之村 用試絃歌之任云云."
27) 김용선, 2013, 『생활인 이규보』, 일조각, 64~65쪽.

이규보는 오히려 비판하는 시를 지었다. 이처럼 이규보의 거만한 태도에 대해 세상 사람들이 자신을 광객(狂客)으로 지목하였다.[28] 그는 이런 성격 탓으로 타인들과 감정적 갈등을 일으키는 경우가 많았고, 장주승선은 최충헌보다 당시 죽림 7현(賢)들과 가까운 관계일 수 있었다.

결국 그는 관직을 구하지 못하면서 경제적 처지는 점차 어려워졌다.

슬프도록 가난 속에 빠져들어서
온 집안 모두가 죽을 먹는다
진실로 나야 신선이 아니거니
무슨 수로 벽곡(辟穀)을 하겠는가
인자한 법사의 마음
촌록(寸祿) 없이 사는 나 가엾게 여겨
은혜로이 하얀 쌀 보내왔는데
알알이 참으로 구슬이네[29]

이규보는 30세가 되지 않은 나이부터 가난에 빠진 자신을 한탄하였다. 집안이 모두 죽을 먹는 상태였기에, 희선사(希禪師)가 쌀을 보내주자 그 은혜에 감격한 시를 지을 정도였다.[30] 특히 '촌록 없이 사는 자신'이란 시구에서 그가 벼슬하지 못하는 것에 대한 자괴감을 느낄 수 있다. 가난한

---

28) 『東國李相國全集』 권21, 七賢說.

29) 『東國李相國全集』 권7, 走筆謝希禪師惠米, "嗟我落寒貧 渾家皆食粥 亮非餐霞人 何由得辟穀 仁哉法師心 憐我無寸祿 惠然送白粲 粒粒眞頓玉."

30) 희선사는 이규보와 가까운 관계였지만 친구 사이인지는 분명치 않다. 희선사는 당시 무신집권층인 이광정, 우학유와 인적 관계를 지니고 있었다. 이 때문에 이규보는 희선사를 대신하여, 두 사람의 祭文을 지어주었던 것이다(『東國李相國全集』 권37).

삶의 원인이 자신의 관직 생활 탓이라는 인식이다.

그는 자신과 다른 사람을 비교해 스스로의 처지를 나타내기도 하였다. 예컨대 민수재(閔秀才)와 만나는 자리에서, "그대 같은 훌륭한 가문에서 못난 손을 받아주니 이 생애에 어느 곳인들 돌아다니지 못하랴"[31]라고 하였다. 상대방의 훌륭함을 자신과 대비시켜 부각시키려는 의도에서 쓴 글귀이지만, 그는 관료로 이끌어줄 사람이 없는 것에 대한 자괴감을 비추고 있다.

그가 관료가 되고 싶은 욕망은 윤위(尹威)에게 준 글에서도 노골적으로 드러난다.

　　나는 아황주만 부질없이 마시는데
　　당신은 일찍이 계설향을 머금었네
　　언제쯤이나 벼슬에 함께 나가서
　　서늘한 대궐에서 시를 읊어 볼거나[32]

윤위는 계설향을 품고 대궐에서 일을 아뢰는데, 자신은 현재 벼슬이 없다면서 소망을 말한다. 이 때문에 윤위에게 글을 보내면서 이규보 스스로 변명하는 편지도 보냈다.

　　진신(搢紳)에서 벗들에 이르기까지 미치광이로 지목하지 않는 사람이 없고, 저 역시 뭇사람의 소리를 견디지 못하여, 스스로 광객(狂客)이라 이름 하였으니, 미쳤다는 것은 헛된 이름이 아니라 사실이었습니다. 대개 대장부가 재주를 지녔으나 드날리지 못하고, 포부가 있으나 펴지

---

31) 『東國李相國全集』 권7, 訪閔秀才用古人韻, "如子豪門容惡客 此生何處不逍遙."
32) 『東國李相國全集』 권8, 又贈尹公, "鵝黃空酌酒 鷄舌早含香 何日同簪笏 虛吟殿閣涼."

못하면, 기운이 흉흉(洶洶)하여, 마치 물이 도는 굽이를 만나 고이며, 노기[吼怒]를 배설하지 못하는 것 같다가, 술이 얼근해지면 기운이 흉중에서 일어나 목구멍을 치밀어 마치 물이 제방을 무너뜨리고 언덕을 할퀴며 범람하기를 스스로 그치지 못하다가 다 빠진 뒤에야 마는 것과 같으니, 이래서 미치광이인 것입니다.

그러나 이는 다만 실의(失意)하였을 때 술에 의해 미친 것이라, 중풍(中風)으로 광주(狂走)하는 것과는 다르니, 만일 하루아침에 뜻을 얻어 관작(官爵)이나 공명(功名)으로 재갈을 물리고 굴레를 씌우게 된다면, 온갖 계책으로 미치광이가 되라 해도 끝내 하려들지 않을 것입니다. 왜냐하면 곤궁하면 생활을 소박하게 하나 현달하면 몸을 아끼는 것이 또한 사람의 상정(常情)인 때문입니다. 더구나 선비로서 미쳤다가 돌아선 자는 원대한 그릇이 될 수 없는 것입니다.33)

이규보는 주변에서 미치광이 소리를 들어야 했는데, 여기에 이에 대한 변명을 늘어놓았다. 그의 변명은 자신이 대장부의 재주를 지니고 있지만 포부를 펴지 못한 것에 대한 울분 때문이라는 것이다. 그는 술이 들어가면 솔직하게 표현하는 성격이라고 하였다. 그러면서도 이규보는 스스로 선비로서의 자존감과 정체성을 이 글에서 주장하였다.

관직 진출에 대한 좌절은 이규보가 젊은 시절에 울분을 토로하게 된 중요한 동기였다. 그는 자신의 뜻을 펼 관직 획득이라는 소망과, 좌절되고 상처받은 자존감 사이에서 생기는 심리적 갈등을 견디기 힘들어했다. 그 자신이 지녀왔던 이상(理想)의 상실은 점차 현실과 타협하거나 굴종하는 이규보를 만들어 갔던 것이다.

---

33) 『東國李相國全集』 권26, 呈尹郎中威書.

그리고 어렵게 얻은 지방관직은 그가 생각했던 관료 생활과 거리가
멀었다. 1199년(신종 2) 32세의 이규보는 최충헌에 의해 발탁되어 전주목
사록(全州牧司祿) 겸 장서기(掌書記)로 나갈 수 있었다. 그러나 그의 첫
관직 생활은 자신의 생각했던 이상의 실현이 아니었다.

  고을살이 즐겁다 마라
  고을살이 도리어 걱정뿐일세
  공정은 시끄럽기 저자 같고
  산더미처럼 쌓인 송사의 문서
  가난한 마을에 세금 차마 부과하겠나
  감옥에 가득한 죄수들 안타깝네
  입엔 웃음 띨 날 없는데
  더구나 태평하게 놀러다닐까
  고을살이 즐겁다 마라
  고을살이 걱정만 점차 새로워
  성낸 얼굴로 고을 아전 꾸중하고
  무릎 꿇고 왕사에게 인사드리네
  속군(屬郡)을 봄마다 순찰하고
  영사(靈祠)에 기우제도 자주 지냈네
  잠시도 한가할 때 없으니
  어떻게 몸 빼낼 생각하리요
  고을살이 즐겁다 마라
  고을살이 걱정만 밀려오네
  따스한 비단 옷 입지 못하고
  한 푼의 돈도 있을 날 없네

성내는 마누라 주름살 펴기 어렵고
어린 자식 배고파 울음 끊일 사이 없네
삼년 뒤에도 그만두지 못한다면
머리털 모두 백발일거야[34]

　전주의 관직 생활을 적은 시는 괴로움에 대한 표현으로 가득 차있다.
이 시는 개경에 있던 지인들에게 보내기 위해 지어진 것으로 보인다.
그는 지방사회의 통치 문제와 지방관의 어려움을 이 시에서 잘 표현하고
있다. 감옥을 채운 죄수와 끊임없는 송사, 그리고 세금과 관할 지방
순찰은 물론이고 개인적 어려움까지 여기서 토로하였다. 이 시에서는
그 자신의 생활과 관련된 어려움, 즉 놀러가는 것과 경제적 문제에 대해
고통 받고 있다고 표현하고 있다.
　행정 업무와 상관의 명령, 그리고 관직 생활에도 불구하고 계속되는
경제적 어려움은 그에게 개인적 현실과 관련된 문제였다. 이 문제는
이전에 이규보가 현실사회의 문제를 해결하기 위한 관료 생활을 하는
것, 즉 이상적 관료상의 추구와 큰 차이가 있다.
　그는 현실 속의 인간이며 이상적 관료가 되려는 생각을 어느 정도
버렸다. 이규보는 전주사록 시절 상관과의 갈등으로 결국 파직된다. 이에
대해,

　처음 공이 전주를 다스릴 때 통판낭장 아무개가 탐욕스럽고 방자하였는

---

34) 『東國李相國全集』 권9, 莫導爲州樂四首, "莫導爲州樂 爲州乃反憂 公庭喧似市 訟牒委
　　如丘 忍課殘村稅 愁看滿獄囚 也無開口笑 況奈事遨遊 莫導爲州樂 爲州憂轉新 怒顔訶
　　郡吏 曲膝拜王人 屬郡春行慣 靈祠乞雨頻 片時暫未得 何計暫抽身 莫導爲州樂 爲州憂
　　轉稠 身無尺帛暖 囊欠一錢留 妻恚嚬難解 兒飢哭不休 三年如未去 白髮欲渾頭."

데, 공이 굽히지 않자 공무를 둘러싸고 여러 차례 심하게 노여움을
사게 되었다. 통판은 분함을 이기지 못하고 또 자신이 마음대로 하려고
하여 드디어 교묘하게 중상하는 말을 꾸몄기 때문이다.[35]

그의 첫 관직 생활은 생각보다 일찍 끝나게 되었다. 그가 시에서 쓴
것처럼 지방관 임기인 3년은 고사하고 그 이전에 끝났던 것이다. 이규보
자신도 이를 계속하기에는 심리적 부담감과 갈등이 심했을 것이다. 결국
그의 본격적인 관직 생활은 40세가 된 1207년(희종 3)이 되어서야 가능해
졌다. 그는 현실 생활에서 경제적 어려움 속에서 좌절하면서 위축되어
갔다. 이런 심리적 위축이 새로운 관직 생활을 통한 출세에서 이전과
다른 자세를 갖게 하였다. 그의 후반기 생애에서는 어떤 정체성이 큰
비중을 차지하게 되는지를 살펴보아야 할 것이다.

2) 노년기의 이규보와 정체성

한 인간의 노년기를 어떻게 정할 것인가는 보편적 규정이 없다. 이규보
의 삶이 74세라는 점을 고려할 때 당시 평균적 수명은 넘겼다고 할
수 있다. 중세사회에서 환갑이 인생의 중요한 기점으로 인식한다는 면을
고려할 때, 여기서는 60세 이후를 노년기로 일단 상정하려 한다.

60세 당시 이규보는 국자제주 한림시강학사 지제고에 있었기 때문에,
문학이라는 측면에서 고려 사회에서 중요한 인물이 되어 있었다. 특히
그는 집권자였던 최우(崔瑀)의 적극적인 비호로 1227년(고종 14) 11월

---

35) 『東國李相國集』 연보.

팔관회에서 벌인 술주정으로 처벌될 위기를 벗어났다.36) 그는 과거와
달리 최고 권력자의 비호를 받는 문인이 되었다.

세 번이나 간원(諫垣)에 들어갔어도 한 마디 말도 없었지만
말하려면 혀 있으니 누가 막으랴
붓에 먹물 찍어 왕의 글 초하기 십육 년에
생각이 말라 헛되이 스스로 괴롭구려
청산에 길 있어 너를 막지 않는데
어찌 돌아와서 일찍 자리잡지 않았는가
사람들은 더러 망령되이 재상되리라 기대하지만
이는 다만 속이는 말이니 취하지 말라37)

이규보 자신이 스스로에 대해 지은 것이다. 시 제목에서 보이듯이
그는 분한 일로 이 시를 지었다고 한다. 아마도 최우의 비호와 주변
사람들의 질투로 인해 어떤 일이 벌어진 듯하다.

이 시에서 그는 문장 계통의 관직을 시작한 지 16년인데, 자신은 '청산(靑
山)' 즉 은거하는 생활을 했어야 한다고 말한다. 또한 주변 사람들은
최우 때문에 재상이 될 것이라고 기대한다. 하지만 그는 이런 기대가
오히려 악재로 작용할 것이라고 보았다.

결국 이 시가 지어진 1230년(고종 17) 11월 그는 전라도에 있는 위도(猬
島)로 유배를 가게 되었다. 그 해 팔관회에서 벌어진 사건으로 인해 이규보

---

36) 『東國李相國全集』 권27, 上崔相國書.
37) 『東國李相國全集』 권17, 自責有所愼作, "三入諫垣無一語 得言舌在誰鉗鋦 泚毫草制
十六禩 思涸心枯空自苦 靑山有路不汝遮 胡不歸休早爲所 人或妄以台輔期 此特誑言愼
勿取."

는 송순(宋恂)과 함께 귀양을 가게 된 것이었다. 그의 인생에서 첫 번째 귀양이었으며 이번에는 최우가 도와주지 않았다. 위 시는 이 일로 인한 괴로운 심경을 토로한 것이다.

그 자신의 살아갈 길에 대한 고민, 즉 유학자로서 관직과 은둔자 사이의 정체성에 대한 갈등은 다시 시작되었다. 첫 유배에 대한 심정 토로는 이런 갈등과 고민을 드러내고 있었다.

> 십 년을 친히 붉은 도포빛 대하다가
> 홀연히 남쪽 하늘 만리 밖에 떨어졌네
> 이미 흥패가 다 꿈인 줄 알았으니
> 이제부터 다시는 진퇴(進退)를 따지지 않으리
> 역졸마저 내몰아서 머물지 못하게 하니
> 몸은 내 몸인데 자유롭지 못하구나
> 붓으로 글 쓰던 옛날 노닐던 곳인데
> 이제는 도리어 늙은 죄인 되었네[38]

라고 하여 스스로에 대한 실망감을 감추지 않고 있다. 이규보는 권력자 최우의 비호로 출세에 대한 기대가 컸다가 갑자기 유배 신세로 전락했기 때문에 그 심리적 충격이 컸을 것이다. 그가 시에서 '다시는 진퇴를 따지지' 않겠다는 것은 출세 지향적이었던 자기 모습에 대한 반성이다. '붉은 도포를 입던 자신'(관료의 모습)과 '늙은 죄인'(유배자)의 대비는

---

38) 『東國李相國全集』권17, 庚寅十一月二十一日將流猬島路次扶寧郡寓宿故人資福寺堂頭宗誼上人方丈明日作詩二首示之時尙書左丞宋恂知御史臺事王瓛等皆同流于各島. "十年親對楮袍光 忽落蠻天萬里長 已信升沉都是夢 從今不復算行藏 驛人驅逼不容留 身是吾身未自由 管記昔年遊歷地 如今反作白頭囚."

현재 처지를 잘 대변해 주는 이미지이다.

그래서 섬에 들어간 그는 자신의 미래에 대해 불안하게 느끼고 있었다.

옛날에 『이소경(離騷經)』을 읽고 초신(楚臣)을 슬퍼하였는데
어찌 오늘에 내가 이럴 줄 알았으리
선비 되기 틀렸고 중 되기는 늦었으니
알지 못해라 종내 어떤 사람 될 것인지[39]

이규보는 『이소경』에 등장하는 유명한 굴원(屈原)과 자신을 동일시하였다. 그에게 예상치 못한 유배는 자신의 정체성에 대한 혼동을 가져왔다. 그래서 그는 선비[儒]와 승려, 즉 관료와 은둔의 길 사이에서 확신을 하지 못하고 있다.

그럼에도 그는 몽골의 침입으로 인하여 다시 문학 능력을 발휘하여 정부의 외교문서를 작성하게 되었고,[40] 이를 통해 관직에 복귀할 수 있었다. 이규보에게 '은일'이란 하고 싶지 않은 경험이었다. 다만 젊은 시절부터 그가 유학자로서 지녔던 경세(經世)의식과 민에 대한 애정을 모두 잊어 버렸던 것은 아니다.

이규보는 당시 청주 금지령에 대해 다음과 같이 통렬하게 비판하는 시를 작성하였다. 이 시는 몽골 침략으로 인해 내려진 것으로 보인다.[41]

장안의 부호한 집에는

---

39) 『東國李相國全集』 권17, 入島作, "舊讀離騷悼楚臣 豈知今日到吾身 爲儒已誤爲僧晩 未識終爲何等人."
40) 『東國李相國全集』 권25, 辛卯十二月日君臣盟告文.
41) 김호동, 2003, 『고려 무신정권시대 문인지식층의 현실대응』, 경인문화사, 245쪽.

구슬과 패물이 산같이 쌓였는데
절구로 찧어낸 구슬 같은 쌀밥을
말이나 개에게도 먹이며
기름처럼 맑은 청주를
종들도 마음껏 마시네
이 모두 농부에게서 나온 것
하늘로부터 받은 것이 아니로세
남들의 손힘을 빌고는
망녕되이 스스로 부자가 되었노라 하네
힘들여 농사지어 군자를 봉양하니
그들을 일컬어 농부라 하네
알몸을 단갈로 가리고는
매일같이 얼마만큼 땅을 갈았던가
벼 싹이 겨우 파릇파릇 돋아나면
고생스럽게 호미로 김을 매지
풍년 들어 천종의 곡식 거두어도
한갓 관청 것밖에 되지 않는다오
어쩌지 못하고 모조리 빼앗겨
하나도 소유하지 못하고
땅을 파 부자(鳧茈)를 캐 먹다가
굶주림에 지쳐 쓰러진다오
노동할 때 아니라면
어느 누가 이들에게 좋은 음식 먹여줄까
목적은 힘을 취하기 위해서이지
이들의 입을 아껴서가 아니라오

희디흰 쌀밥이나
맑디맑은 청주는
모두가 이들의 힘으로 생산한 것이니
하늘도 이들이 먹고 마심을 허물치 않으리
권농사(勸農使)에게 말하노니
국령(國令)이 혹 잘못된 것 아니오
높은 벼슬아치들은
주식에 물려 썩히고
야인들도 나누어 갖고는
언제나 청주를 마신다오
노는 사람들도 이와 같은데
농부들을 어찌 못 먹게 하는가[42]

고려시대 금주령은 가뭄 때문에 내려진 것이 대부분인데, 『고려사』 등의 기록에 등장하는 시기는 원간섭기 이후이다.[43] 이보다 앞서 내린 위 시의 금지 명령은 청주와 백반에 대한 것이기에 엄밀하게는 금주령이 아니다. 이규보가 지적한 문제는 농사를 짓는 민에 대한 사회적 대우이다. 그는 지배층인 군자와 농민을 계층적으로 구분한 것에는 이의가 없다.

---

42) 『東國李相國後集』 권1, 聞國令禁農餉淸酒白飯, "長安豪俠家 珠貝堆如阜 春粒瑩如珠 或飼馬與狗 碧醪湛若油 霑洽童僕味 是皆出於農 非乃本所受 假他手上勞 妄謂能自富 力穡奉君子 是之謂田父 赤身掩短褐 一日耕幾畝 才及稻芽靑 辛苦鋤稂莠 假饒得千鍾 徒爲官家守 無何遭奪歸 一介非所有 乃反掘凫芷 飢仆不自救 除却作勞時 何人餉汝厚 所要賭其力 非必愛爾口 粲粲白玉飯 澄澄綠波酒 是汝力所生 天亦不之咎 爲報勸農使 國令容或謬 可矣卿與相 酒食厭腐朽 野人亦有之 每飮必醇酎 游手尙如此 農餉安可後."

43) 『고려사』에는 1282년 처음 금주령 기사가 등장한다(『고려사』 권30, 세가30, 충렬왕 12년 9월 壬辰). 그 이전에는 금주령이 잘 보이지 않는다. 이것은 기록의 미비만으로 볼 수 없다.

이 점은 『맹자』의 인식과 동일하다. 『맹자』에서는 '노력자(勞力者)'와 '노심자(勞心者)'로 이를 구분하였다.

이규보는 농부의 힘이 국가와 지배층을 받드는 원천이라는 점을 인정한다. 그는 민본론(民本論)적인 인식에 바탕을 두고 있는 셈이다. 그들은 자신들의 노력으로 얻은 곡식을 모두 빼앗기고 굶주리는데, 그나마 일할 때만이라도 먹여야 한다고 이규보는 주장한다.

그가 이 시기 다른 문인들과 다른 점이 여기에 있었다. 즉 그가 가진 유학적 관료로서의 정체성이 드러나는 대목이다. 그는 이 금령에 대해 매우 흥분했는지, 며칠 후에 이 문제에 대해 시를 다시 지었다.[44] 여기서도 그는 "청주와 백반은 그들이 부지런히 일하기 위한 것"이라면서 이 금령의 부당함을 다시 논하였다.

다음의 시는 같은 맥락을 지녔다.

> 한알 한알을 어찌 가볍게 여기겠나
> 사람의 생사와 빈부가 달렸으니
> 나는 농부를 부처처럼 존경하건만
> 부처도 굶주린 사람은 살리기 어려우리
> 기쁘네 흰머리 늙은이가
> 금년의 벼 다시 보게 되었네
> 나는 죽어도 여한이 없으니
> 봄 농사의 혜택이 이 몸에 미치리[45]

---

44) 『東國李相國後集』 권1, 後數日有作.
45) 『東國李相國後集』 권1, 新穀行, "一粒一粒安可輕 係人生死與富貧 我敬農夫如敬佛 佛猶難活已飢人 可喜白首翁 又見今年稻穀新 雖死無所歎 東作餘膏及此身."

그는 곡식과 이를 생산하는 농부에 대한 존경을 시에서 드러내고 있다. 그는 농업 생산이 삶의 기반이고, 그 생산을 담당하는 농민의 보호를 전제하고 있는 것이다. 따라서 이들의 통치를 제대로 시행하는 관료라는 직분(職分)에 대한 윤리가 그의 의식 속에는 존재하였다. 따라서 이를 제대로 수행하지 못하는 관료에 대해 그는 비판적이다.[46] 이에 대해 그는 동물에 비유하여 시를 지었다.

고양이 기르는 것은 너희들을 잡으려는 게 아니라
네가 고양이를 보고 스스로 겁내어 숨기를 바라서인데
너희들은 왜 숨지 않고
도리어 벽과 담을 뚫고 들락날락 하느냐
나와서 노는 것도 완악한데
하물며 광란을 부린단 말인가
시끄럽게 싸워 잠을 방해하고
약삭빠르게 사람의 음식을 훔치네
고양이가 있는데도 너희들이 날뛰는 건
실은 고양이의 재주가 없어서이다
고양이가 제 구실 다 못했다 하여도
너희들의 죄는 역시 많네
고양이는 매질로 쫓아낼 수 있지만

---

46) 이규보는 전주목사록을 그만두고 개경에 있을 때, 전주의 屬郡인 雲梯가 큰 장마에 떠내려갔다는 말을 듣고 이를 애도하는 시를 지었다. 이 시에서 그는 "그중에 교활한 아전들이야 / 비록 죽더라도 이치에 당연한 것이 / 평소에 그 얼마나 침탈하여 / 백성의 고혈로 제 몸 살찌웠던가 / 하지만 어리석은 백성이야 무슨 죄인가 / 하늘의 뜻 참으로 모르겠네(『東國李相國全集』권11, 七月三日聞雲梯縣爲大水所漂)."라고 하였다. 이 시는 젊은 시절에 지어진 것이지만 이런 인식은 인생 후반까지 버린 것이 아니었다.

너희들은 잡아 묶기 어려우니

쥐야 쥐야 그 버릇 고치지 않는다면

다시 사나운 고양이로 너희들을 다스리겠다[47]

그가 집안의 쥐들에게 괴로움을 당하는 것을 사실적으로 표현한 시이다. 그렇지만 쥐라는 존재를 민을 괴롭히는 '이서(吏鼠)'로 본다면, 시는 당시 현실을 비유적으로 표현한 것이라 할 수 있다.[48] 따라서 고양이는 이를 막아내야 할 책임이 있는 관료들일 것이다.

이규보는 이에 대한 구체적인 방안 제시를 자신의 글에서 표현하지 않았다. 그것은 문인과 지배층으로서의 이규보의 한계로 지적되기도 한다.[49] 그의 한계는 개인적 욕망과 관료로서의 책임 사이에서 주로 전자에 그 초점이 있다는 점에서 찾을 수 있다.

이규보에게는 자신의 일상적 삶이 더욱 중요하게 의식되고 있었기 때문이다.

얼마 전엔 재상 자리에 있으면서

---

47) 『東國李相國後集』 권1, 鼠狂長短句, "畜猫非苟屠爾曹 欲爾見猫深自竄 胡爲不遁藏 穴壁穿墉來往慣 出遊已云頑 矧復狂且亂 鬪喧妨我眠 竊巧奪人饌 猫在汝敢爾 實自猫才緩 猫職雖不供 汝罪亦盈貫 猫可鞭而逐 汝難擒以絆 鼠乎鼠乎若不悛 更索猛猫懲爾慢."

48) 그가 지방관의 장물죄에 대해 시를 지은 것도 같은 맥락일 것이다(『東國李相國後集』 권10, 聞郡守數人以贓被罪二首).

49) 그의 농민시는 한 개인의 청백이 사회와 유리되어 존재하기 때문에 큰 의미를 부여받지 못하였다. 특히 이규보는 학문의 출발이 지배층의 일원으로 중세체제 유지를 위한 이념으로서의 유학을 익혔기 때문에 농민의 입장을 기대할 수 없는 관조적 태도를 지녔다는 것이다(김호동, 2003, 앞의 책, 248~249쪽). 이런 주장은 타당하지만 그나마 비판적 지적이 당시까지 많지 않다는 점에서 그의 시를 평가할 만하다.

나라 일 그르칠까 두려워했지

평생 조그만 공도 없거늘

받는 녹 해마다 몇 섬이런가

입으로 만백성의 고혈 허비하며

몸은 편히 방안에 엎드렸네

늙은 이 몸 그래도 버리지 않고

이렇게 많은 쌀을 주었네

반봉으로도 스스로 여유 있으니

뱁새 몇 알 곡식으로 족하네

늙은 아내에게 하는 말은

옛날 같은 눈으로 보지 말고

쓰는 것도 함부로 하지를 말며

손은 반드시 하늘로 하여 단속해 주오

남은 목숨 구차히 살아 있는 한

해마다 이 녹은 이어지리니

모든 일은 형편에 맞추면

먹을 것은 아예 걱정 없으리

다만 한 가지 걱정이라면

술통 속의 녹주가 끊기지 않을는지[50]

이규보가 재상으로서의 책무보다 그로 인한 녹봉의 중요성에 대해

시에서는 말하고 있다. 물론 그 자신의 반성적 태도가 이 시에서 제시된다. 그렇지만 그는 몽골 침입 이후 줄어든 반봉(半俸)의 고마움과 함께 술에 대한 욕구를 솔직하게 표현하고 있다.

그는 인생의 후반기에 대부분의 사람들처럼 자신의 나빠진 건강과 무력함에 괴로워했다. 그래서 이규보는 스스로 남헌거사(南軒居士)라고 호를 짓고 집안에 조그만 남헌에서 생활하였다.[51] 자신에 대한 반성이 자주 있게 되는 시점이었다.

이불 속에서 웃는 것 한 가지 일만은 아니다
제일 먼저 소리내어 웃는 일 무엇인가
글재주 졸렬해서 평시에는 꾸물대던 사람이
귀인 앞에서 붓을 잡고 날렵한 척하는 걸세

웃는 중에 넷째는 바로 내 자신인데
세상살이 잘못 없음은 순전히 요행 덕택일세
곧고 모나고 어리석음 누구나 알건만
스스로 원만하여 이 지위에 올랐다 하는 걸세[52]

앞의 시는 남에 대한 이야기일 수 있지만 이규보 자신을 비웃는 내용일 것이다. 그리고 그의 처신에 대한 두 번째 시 부분은 자신에 대한 반성을 통하여 스스로를 객관화시키는 것이다. 이를 통해 그는 스스로의 삶에

---

51) 『東國李相國後集』 권2, 南軒戱作.
52) 『東國李相國後集』 권2, 衾中笑, "……衾中所笑雖非一 第一呵呵孰最先 文拙平時遲澁者 揮毫示捷貴人前……笑中第四是予身 涉世無差僥倖耳 直方迂闊人皆知 自謂能圓登此位……."

대한 평가를 하고 있다.

　반성하기 어렵고 반성하기 어렵나니
　성현이 아니면 뉘 이를 알 것인가
　자신을 반드시 타인으로 인정하고
　그 사람의 행동거지를 보듯이 하여
　스스로 자신을 용서하지 않아야
　능히 두 글자의 뜻을 실행하리라
　비유컨대 거울에 내 얼굴 비춰보면
　타인의 얼굴로 여겨짐과 같음이니
　누군들 남의 얼굴 보고서
　추하고 아름다움을 모르랴
　그래도 알지 못한다면
　눈먼 소경과 무엇이 다르랴
　모든 선비들은 이를 마음에 새기라
　귀중한 건 자신에 돌이켜 반성함이로다[53]

　그의 반성은 타인들에게 대한 것이 아니고 오히려 자신에 대한 결과였
다. 다른 선비들에게 남기는 이 말은 이규보 자신에 대한 회한일 것이다.
그의 유학자로서의 정체성을 이해할 수 있는 부분이다. '자신을 용서할
수 없는 것'은 그의 인생 후반기의 회한이지만, 그는 이제 무력한 퇴직
관료일 뿐이다.

---

53) 『東國李相國後集』 권10, 反觀難幷序, "反觀難反觀難 非聖非賢誰會此 必當反己作他
　　身 如見其人動靜與行止 不自私其身然後 能行二字義 譬如吾面形於鏡 即與他面似
　　孰有觀人面 竟莫知醜美 然猶未得知 何異盲瞽類 凡百士子銘於心 貴能反觀因省己."

대머리가 된 이규보는 50대 중반부터 자주 아팠다. 그의 치아는 빠지고 귀마저 어두워졌다. 이런 그에게 말년은 육체적 고통 속에서 많은 반성을 요구하는 정신적 괴로움까지 부여했다.

이규보는 개인적 삶의 소망인 관직과 술, 그리고 시를 쫓았던 인생을 살았다. 그가 유학자로서의 정체성을 가지고 경세적 인식을 했지만, 그것은 철저하게 개인적 범주를 벗어나지 못했다. 그가 술을 마시면서 토로했던 광적인 언어나 행동은 사회화될 수 없었다. 왜냐하면 그의 인식은 문학에 바탕을 둔 것이면서, 어릴 때부터 자신에게 주어진 책임인 관료로서의 출세를 버릴 수 없었기 때문이다. 설사 그가 이를 버리는 길을 택하였다고 해도, 당시 이규보가 선택할 수 있는 길은 안치민(安置民)과 같이 처사(處士)로서 은거하는 것뿐이었다. 그러나 현실주의자였던 이규보는 이런 길을 선택할 수 없었다.

2. 한수의 자아정체성과 정서 세계

한수(1333년, 충숙 복위 2~1385년, 우왕 11)는 고려후기 문벌 출신의 문인이다. 그의 자(字)는 맹운(孟雲), 호는 유항(柳巷)인데, 그의 호는 자신이 만년에 살던 마을 이름에서 따왔다. 한수는 목은 이색(李穡)과 함께 이 마을에서 거주했는데,[54] 이곳에는 버드나무가 많았던 모양이다. 그는

---

54) 權近, 『柳巷集』, 유항한선생문집서.

호에서 이름을 빌린 시문 위주의 『유항시집(柳巷詩集)』을 남겼다.[55]

그의 집안은 문벌 중에 하나인 청주 한씨였다. 그의 고조부는 충렬왕 당시에 찬성사 등을 역임한 한강(韓康)이고, 증조부는 한사기(韓謝奇)로 원의 독로화가 되어 가족들과 함께 원에서 생활하였다. 조부인 한악(韓渥)은 충숙왕이 즉위한 직후 국왕을 따라 원에 갔으며, 당시 심왕(瀋王) 왕고(王暠)의 음모를 차단하여 1등 공신이 되었다. 그는 네 아들을 두었는데, 그 중에 둘째 아들이 한수의 아버지인 한공의(韓公義)이다.[56] 한공의는 청성군(淸城君)에 책봉되었다.

이처럼 한수는 문벌에서 태어난 귀족 출신 중의 한 사람으로 볼 수 있다. 따라서 그의 성향에 대한 이해는 고려후기 귀족의 정체성과 정서를 이해하는 바탕일 수 있다.

한수에 대한 기존 연구는 역사학계에서는 거의 이루어지지 않았다. 단지 국문학 분야에서 그의 시집의 번역과 연구가 일부 이루어졌을 뿐이다.[57] 아마도 역사학계에서는 그의 글이 대부분 시문이라는 점 때문에 연구가 되지 않은 측면이 있다. 특히 그의 시는 당시 현실에 대한 문제의식을 투영하기보다 주로 서정적인 면에 중심을 두고 있다. 이 점에서 역사학적 연구의 대상이 되기 어려웠을 것이다.

그러나 한수의 시가 담고 있는 서정적 측면은 오히려 그가 지닌 귀족적 정서를 대변하고 있는지 모른다. 그는 당시 이색을 중심으로 하여, 시를 통해 다양한 교류를 하였다. 우리는 그의 시를 통해 당시 귀족적 감성과

---

55) 이 문집에는 현재 147題, 218首의 시가 실려 있다. 현존하는 그의 시는 모두 문집에 실려 있다(박경신, 2004, 「한수와 그의 시세계」 『한수와 그의 한시』, 국학자료원). 이후 시의 번역은 전적으로 이 책에 의거하였으며, 따로 각주를 부기하지 않는다.

56) 『고려사』 권107, 열전20, 韓康.

57) 성범중·박경신, 2004, 『한수와 그의 한시』, 국학자료원.

정서, 그리고 그의 정체성에 대한 이해를 해 볼 필요가 있다. 다만, 현재 남아 있는 그의 시는 45세인 우왕 3년(1377) 경부터 52세로 사망하던 우왕 10년(1384) 사이의 것들이다.[58] 그러므로 이 시들에 대한 분석만으로는 생애 전반에 걸친 생각, 사상이나 정서의 변화를 담아 낼 수 없다는 한계를 지녔다.

1) 가문과 인적 관계

한수의 청주 한씨 가문은 고려의 삼한공신인 한란(韓蘭)으로부터 연유하지만,[59] 고려중기에는 크게 부각되지 못하였다. 이후 그의 가문은 고종대 과거에 급제한 한강 때부터 다시 성장하였다. 한수의 고조부인 한강은 과거 급제 이후 감찰어사가 되어 금주(金州 : 김해)수령으로 파견되어, 둔전 정리를 통한 세금 수입 개선 등으로 좋은 평가를 받고 중앙 관직인 예부낭중으로 복귀하였다. 이후 그는 공부시랑, 간의대부, 국자대사성, 한림학사 등을 거쳐 충렬왕 때에 지밀직사사와 판삼사사를 역임하였다.[60]

그의 관력을 볼 때, 한강은 전형적인 엘리트 관료의 길을 걸었다. 한강은 과거 급제 후 지방관을 거쳐 중앙의 중요 요직을 거쳤다. 이후 그는 문하시중의 아래인 첨의시랑찬성사(종2품)로 치사했다가[61] 다시

---

58) 박경신, 앞의 글, 31쪽.

59) 趙從耘, 1991, 『氏族源流』, 보경문화사, 481쪽.

60) 『고려사』 권107, 열전20, 韓康. 이하 역사적 사실은 여기에 근거하였으며, 각주를 따로 붙이지 않는다.

61) 『고려사절요』 권21, 충렬왕 14년 6월. 그가 찬성사에 임명된 것은 충렬왕 14년(1288)의 일이다(『고려사』 권30, 세가30, 충렬왕 14년 1월 경인).

중찬(종1품, 이전의 문하시중)으로 승진하였다가 은퇴하였다.

이후에도 한강은 충렬왕에게 불려가 개혁 방안을 제시하기도 하였다.[62] 그의 방안은 충렬왕이 환갑을 맞이하여 원로들을 초빙한 자리에서 나온 것이지만, 이를 통해 우리는 한강과 충렬왕과의 밀접한 관계를 알 수 있다.[63] 이처럼 한강은 충렬왕의 환관, 통역관 출신 등과는 다른 유형인 과거 출신인 정통 관료로서 정치적으로 성장하여 상당한 고위직까지 오를 수 있었다. 그 바탕에는 충렬왕과의 개인적인 밀접한 관계와 당시 정통관료 세력으로서 활동상황이 내재해 있었다.[64]

이후 그의 가문은 관료로서만이 아니라 원과의 관계를 통해 성장하였다. 한강의 아들 중 하나인 한사기는 독로화로 원에 들어갔는데, 그의 아들인 한영(韓永)이 원의 인종황제 아래에서 하남부(河南府) 총관까지 지내게 되었다. 다른 아들인 한악은 충숙왕 즉위 후에 선부전서와 지밀직사사를 맡으면서 원에 들어가는 충숙왕과 동행하였다.

그는 앞서 말했듯이 심왕 왕고의 참소 문제를 해결하여, 공신과 함께 상당부원군이 될 수 있었다. 한악이 심왕의 참소 문제를 해결하는 것에는 형제인 한영의 원나라 인맥이 도움이 되었을 것이다. 또한 본인의 몽골어와 한어(漢語) 실력도 문제 해결의 한 요인이 되었을 수 있다. 한악은 충혜왕 초년에 중찬으로 승진하여, 최고 관직에 오를 수 있었다. 이처럼

---

62) 『고려사절요』 권21, 충렬왕 21년 2월.

63) 그의 방안은 『고려사절요』와 『고려사』의 韓康列傳에 실려 있지만, 약간 차이가 있다. 방안들은 유교, 풍수지리, 불교에 입각한 개선론인데, 특히 『고려사』의 경우에 풍수지리와 불교적 입장이 강조되어 있다. 여기에는 『고려사』 편찬자들의 불교 비판적인 시각이 엿보인다.

64) 한강은 許珙, 元傅 등과 함께 『古今錄』을 편찬하였다(『고려사』 권29, 세가29, 충렬왕 10년 6월 병자). 이 책은 무신정변 이후 정치 사회적 혼란 등에서 미래를 훈계할 개별적 사례를 모은 책으로 추정되고 있다(김철준, 1990, 『한국사학사연구』, 서울대 출판부, 291쪽). 그 외 한강은 3차례의 지공거를 거치는 등의 많은 활동을 했다.

청주 한씨 가문은 원과의 관계를 통해 계속 성장할 수 있었다. 이러한 가문의 성장 과정은 몽골어 실력으로 입신했던 조인규와 대비된다.[65]

한수의 아버지인 한공의는 한악의 둘째 아들이다. 한악은 동지밀직 전리판서(同知密直 典理判書)였던 원경(元卿)의 딸과 결혼하였다. 원경의 아버지 원부(元傅)는 원주 출신의 9대조 원극유(元克猷)의 후손이다. 원래 원극유는 태조 왕건을 보좌하여 삼한공신이 되었다.[66] 원부 역시 과거에 급제하여 최고 관직인 중찬까지 오를 수 있었다. 그런 점에서 한악과 원경의 가문은 비슷한 사회적 위상을 지녔다. 즉 두 가문은 유사한 경로를 거치면서 가문의 위상을 높일 수 있었다.

한악은 5명의 아들을 두었다. 맏아들인 한대순(韓大淳)은 벼슬이 지도첨의사사를 역임했고, 한중례(韓仲禮)와 한방신(韓方信)은 모두 정당문학을 지냈다.[67] 아버지인 한공의는 청성군(淸城君), 그리고 동생인 한중례는 계성군(繼城君)에 임명되었다는 점에서,[68] 한수의 가문은 아버지 대에도 문벌로서의 정치 사회적인 위상을 유지할 수 있었다. 이와 같은 문벌의 지위는 한수의 정서와 사고에 일정한 영향을 주었다.

한편 한수의 작은 아버지 중의 한 사람은 조계종(曹溪宗)에 투신하여 각성(覺星)이란 승려가 되었다. 고조였던 한강이 불교의 교리를 좋아했던 것과 이를 결부시킬 필요는 없지만, 이 시기 문벌 가문에서 승려가 되는 일은 흔한 일이었다. 각성과 한수가 어느 정도 교류가 있었는지는 자료에서 확인되지 않는다. 그렇지만 한수의 불교 이해나 생각에 나름의 도움이

---

65) 조인규는 과거 합격이 아닌 몽골어 실력으로 정치적 성장을 하였으며, 이후 아들인 조련(趙璉)은 심왕 왕고의 편에서 충숙왕의 참소에 노력하였다(『고려사』 권105, 열전18, 趙仁規 附 趙璉).
66) 『고려사』 권107, 열전20, 元傅.
67) 金龍善 편저, 1993, 「한공의 묘지명」『고려묘지명집성』, 한림대 출판부, 569쪽.
68) 『고려사』 권107, 열전20, 韓康.

되었을 가능성이 있다. 한수는 공민왕의 신돈 등용에 반대하였으며, 이 문제는 그의 불교 이해와도 관련이 깊다.

한수의 어머니는 밀직사 좌대언 겸 감찰집의인 경사만(慶斯萬)의 딸이다. 경사만은 충숙왕이 원에 머물러 있을 때, 왕명을 칭탁하여 그의 복위와 환국을 요청하는 글을 작성하였다.[69] 따라서 그의 정치적 입장은 한수의 할아버지인 한악과 같다. 이런 일로 인해 양 가문은 혼인 관계를 맺었을 것이다. 단, 경사만은 고위직에 오르지는 못했기에 이후 한수는 외가의 도움을 크게 받지는 않았을 것이다.

아울러 한수는 문벌 가문답게 나름의 경제적 기반을 확보했을 것이다. 그의 경제적 기반이 어느 정도였는지는 정확히 알 수는 없다. 그렇지만 한수 자신이 경제력 확보를 위해 크게 노력하지는 않았던 것으로 보인다. 우선 그는 개경에서 주로 거주했는데, 만년에는 유항(柳巷)에서 거주했다. 그의 집은 이색의 말처럼 개경의 용수산을 배경으로 하여 높은 누각이 있을 정도로 좋은 편이다.[70] 따라서 한수의 집이 경제적으로 궁핍할 정도는 아니었다.

우선 한수는 자신의 본관인 충청도 청주에 토지를 갖고 있었다.

청주의 방정리(方井里)를 못 본 지가 십여 년이네
이웃에는 새 얼굴이 많고 띠는 옛 집을 덮었네
밤나무 숲은 이제 심은 것인데 소나무는 유독 예전과 같네
힘을 다하여 그 주인을 받드니 평두(平頭)의 아름다움을 적을 만하네[71]

---

69) 『고려사』 권31, 세가31, 충숙왕 9년 1월.

70) 이색, 『목은시고』 권15, 유항(柳巷)을 찾아갔다가 만나지 못하고 회포를 읊으면서 돌아오다. "유항의 높은 누각 마을을 누르고 있는데 / 용수산 푸른빛은 그림도 그만 못하겠네."

71) 韓脩, 『柳巷詩集』, 宿夫金家書其壁, "淸州方井里 不見十餘年 隣曲多新面 茅茨敞古居

한수가 청주의 방정리에 있는 자신의 노비집에 방문하여 지은 시다. 시에서 보면 한수가 가장 최근에 이곳을 방문한 것은 10여 년 전이다. 아마도 방정리의 집은 그 이전부터 한수 가문에서 물려받았을 것이다. 이곳 노비집의 방문은 자신이 방정리 근처에 소유하고 있던 토지 등을 둘러보기 위함이었다.

그는 '어랑(於郞)의 집'에서도 숙박을 하였다. 이 집은 앞의 시에 뒤이어 배열되어 있어 청주 지역에 소재했을 가능성이 크다. 어랑의 경우도 앞 시의 부금(夫金)처럼 한수의 노비로 보인다. 주목할 점은 어랑의 집이 새로 지은 기와집이라는 사실이다.[72] 이 기와집의 완공은 그만큼 한수의 경제적 부가 일정하게 있음을 시사해준다. 그만큼 이곳 토지에서의 소득이 적지 않았을 것이다.

아울러 한수는 적성(赤城)에 별서(別墅)를 가지고 있었다.[73] 이곳이 이색과 같이 연꽃을 감상하려고 했던 자전(藉田)의 전사(田舍) 즉 시골집과 같은 곳인지는 분명치 않다.[74] 이색은 자전의 시골집이 남쪽에 있다고

栗林今所植 松木獨如初 盡力奉其主 平頭美可書." 시의 번역문은 성범중·박경신, 2004, 앞의 책 참조. 이하 번역문은 모두 같으며, 일일이 각주를 부기하지 않는다. 특히 이 시에서 平頭는 노비를 말하므로(성범중 외, 2004, 앞의 책, 264쪽), 한수가 청주에 있는 자신의 노비집에 방문했음을 알 수 있다.

72) 『柳巷詩集』, 宿於郞家 "瓦屋新成壁未乾."

73) 『柳巷詩集』, 在赤城別墅 次韓山君詩韻. 여기서 적성의 위치가 경기도 안성군 양성면으로 보는 견해가 있다(성범중 외, 2004, 앞의 책, 285쪽). 그 근거는 『신증동국여지승람』 권10, 경기 양성현 조목이다. 그 내용에 따르면 적성은 신라 경덕왕대의 명칭이고, 고려초기에 양성현으로 변경되었다. 고려초기에 변경되었다는 점에서 볼 때, 오히려 고려말의 적성은 양성현이 되기 어렵다. 또한 이색과 같이 시를 지은 것을 볼 때, 오히려 현재의 경기도 적성이 거리상으로 유력하다.

74) 『柳巷詩集』, 初有日往藉田田舍荷花始開使人奉邀牧隱先生先生以疾不至使其子副使 垂示佳作依韻奉答二首. 이곳 역시 이색을 불러서 연꽃을 같이 감상하려고 할 정도이기 때문에 먼 곳은 아니다.

하였다.75) 이를 감안하면 적어도 한수는 청주 이외에 한두 군데에 토지를 소유하고 있었다. 시골집은 단지 별장의 역할만이 아닌 주변에 토지를 보유하고 있는 경우가 많기 때문이다. 이러한 경제 기반이 일시적으로 마련되지는 않았을 것이다. 또한 한수는 자신의 집이 가난하다고 하였다.76) 그의 말은 상대적 빈곤을 뜻한다. 이러한 경제적 기반은 한수가 관직에 있지 않아도 살아갈 수 있으며, 귀족적 삶과 여유를 지니는데 도움을 주었을 것이다.

한수의 인적 관계는 시를 주고받은 상대방으로 어느 정도 파악이 된다. 그는 전체 218수의 시문 가운데 105수를 타인과의 관계 속에서 시를 지었다. 전체 시문의 50% 가까이가 다른 사람에게 주고받았던 것으로 보아 상당한 분량을 차지한다. 물론 이 시 중에서는 의례적인 관계나 친지의 부탁으로 시를 주었던 경우도 많을 것이다. 예컨대 권희안 (權希顏)의 장모인 홍씨에 대한 만사(挽詞)의 경우는 한수 자신이 홍씨와 직접적인 인적 관계가 없었다고 보인다. 그렇지만 권희안의 아버지인 권렴(權廉)의 경우는 이색이 지은 묘지명77) 등에 근거하면 권희안이 이색과 가까운 관계였다. 또한 권렴이 만든 운금루(雲錦樓)라는 누각은 한수의 스승인 이제현78)이나 이색 등이 연꽃을 구경하기 위해 자주 들렀던 곳이다.79) 따라서 한수는 이색의 부탁으로 이 만사를 지었을 것이다.

---

75) 이색, 『牧隱詩藁』 권19, 유항(柳巷)이 주식(酒食)을 가지고 와서 이 늙은이를 먹여 주면서, 오늘은 적전(籍田)의 별장으로 놀러 나가자고 하다, "술동이 갖고 동쪽 이웃 찾아왔다가 경쾌히 말 몰아 남쪽 교외로 나가네."

76) 『柳巷詩集』, 西海按部金震陽賀兒輩登第次韻答之二絶, "況致嘉肴兼水陸 不憂賓客到貧家."

77) 『東文選』 권126, 重大匡玄福君權公墓誌銘 幷序.

78) 두 사람의 관계에 대해서는 후술할 예정이다.

79) 李齊賢, 『益齋亂藁』 권6, 雲錦樓記 ; 이색, 『목은시고』 권17, 나가고는 싶으나 나가지 못하고 운금루를 생각하며 짓다.

그러나 이런 경우를 제외하고 상당수의 시문은 한수의 직접적인 인적 관계를 보여준다. 당시 시를 주고받는 행위는 상호 간의 인적 네트워크를 유지하는 수단이었다.[80] 이 점에서 한수 역시 예외가 아니었다. 그가 가장 많은 시를 주고받는 인물은 단연 이색(李穡)이다.[81] 특히 만년에는 이색과 같이 유항(柳巷)에 살면서 많은 교류를 하였다.[82] 이색은 한수보다 나이가 5살 위였다. 한수는 자주 이색과 만나서 교유 관계를 맺었다. 예컨대 1378년 경(우왕 3) 4월 초파일에는 경기도 여주 금사령(金沙嶺)에서 같이 연등을 구경하였다.[83] 두 사람은 이색의 근거지가 있는 경기도 여주에 자주 방문했다. 또한 한수는 자신의 문생들을 모아놓고 이색을 초빙하기도 했다.[84] 이색과 한수는 자식들을 데리고 같이 놀러갈 정도로[85] 개인적 관계도 깊었다. 이색은 한수의 아들 4명의 이름과 자(字)에 대한 설을 지어줄 정도였다.[86]

두 사람은 공민왕의 추모 사업 중에 하나인 광암사(光巖寺)의 비문을 작성하고 글씨를 쓰는 작업을 맡았다.[87] 이 작업의 공로로 이색은 정계에 다시 복귀할 수 있었고,[88] 한수 본인은 첨서밀직사사에 임명되었다.[89]

---

80) 채웅석, 2006, 「『목은시고(牧隱詩藁)』를 통해서 본 이색의 인간관계망」, 『역사와 현실』 62.
81) 이색과 관련된 시는 총 29편이다. 전체 시에서 차지하는 비중은 약 13%, 교유 관계를 볼 수 있는 시의 약 27%이다. 상당히 많은 비중이라고 할 수 있다.
82) 『목은집』의 경우에도 한수와 관련된 글이 총 59편에 달한다.
83) 『柳巷詩集』, 四月八日陪牧隱先生觀燈金沙嶺明日先生示詩謹次韻呈.
84) 『柳巷詩集』, 爲門生設酌邀牧隱先生.
85) 『牧隱詩藁』 권28, 踏靑歌.
86) 『牧隱詩藁』 권8, 韓簽書四子名字說.
87) 공민왕 추모 사업에 대해서는 박종기, 2007, 「이색의 당대사 인식과 인간관」, 『역사와 현실』 66 참조.
88) 김인호, 2006, 「이색의 자아의식과 심리적 갈등」, 『역사와 현실』 62, 69쪽.
89) 李穡, 『牧隱文藁』 권15, 韓文敬公墓誌銘并序.

양자는 정치적 입장도 유사했을 것으로 보인다.

한수는 이색의 제자인 권근과 교류가 있었지만, 정도전과는 개인적 관계가 없었다. 실제 두 사람이 알고 있는 사이라고 해도 서로 간에 시문을 남기는 어려웠을 것이다. 우선 한수는 정도전과 9살의 나이 차이가 있었다. 아울러 정도전은 우왕대 초반 북원 사신 영접과 관련해 유배를 갔다. 현재 남아 있는 한수의 시가 우왕대의 것이 대부분이라는 점으로 볼 때, 정도전과 관련된 시가 남겨졌을 가능성이 많지 않다. 다만 한수의 아들인 한상질은 정도전과 인적 관계가 있었다.[90]

한편 한수는 우왕대 권신이었던 염흥방(廉興邦)의 처남이었다. 염흥방은 한수와 가까웠던 이색과 밀접하게 교류하였다. 이색은 1378년(우왕 4)부터 1383년(우왕 9) 무렵까지 염흥방에게 57수의 시를 보냈으며, 이는 한수에게 보낸 130수 다음으로 많은 것이다.[91] 나아가 염흥방은 한수의 아들 한상질의 과거 시험의 지공거였다.[92] 이런 관계로 한수는 염흥방과도 교유했지만, 그와의 관계는 깊지 않았던 것 같다. 그에 관한 시는 1제 2수만이 전해지고 있기 때문이다.[93] 그것도 이색의 시에 대한 답으로 보내면서, 염흥방에게 같이 보냈다. 아마도 세 사람이 모인 자리였기에, 한수가 같이 시를 지었을 가능성이 있다. 이처럼 한수는 권세가로 변화하고 있던 염흥방과 가깝지 않았다.

그 외 한수의 인적 관계에서 주목되는 것은 불교계 인사들과의 교류이

---

90) 鄭道傳, 『三峰集』 권1, 竹所.

91) 도현철, 2008, 「고려말 염흥방의 정치활동과 사상의 변화」『동방학지』 141, 190쪽.

92) 『고려사』 권73, 지27, 선거1 과목1, 우왕 6년 5월 ; 『정종실록』 권3, 정종 2년 1월 을해.

93) 『柳巷詩集』, 用前韻寄呈廉東亭二首. 여기서 한수는 염흥방을 10년 동안 재상으로 있으면서 다시 儒風을 떨치게 한 인물이라고 평가하였다.

다. 고려시대에 당연한 얘기지만, 지식인들은 승려들과 많은 교류를 하였다. 지식인들 자체가 불교 신앙과 문화에 심취하거나 많은 관심을 가지고 있었고, 이는 중세 동아시아 불교권의 보편적 문화현상이었다.94) 이 시기 대표적 지식인 이색은 1377년(우왕 3)부터 1389년(창왕 1) 사이에 불교 관련 소재와 함께, 승려들과의 교류한 작품 수가 각각 426제, 163제로 전체의 80% 정도가 된다.95)

마찬가지로 한수 역시 이색과 마찬가지로 27편의 불교 관련 시를 남기고 있다. 한수의 경우는 이색만큼은 아니라고 해도, 12%가 넘는 비중을 차지한다. 물론 이색은 명성 때문에 시문 청탁을 받아 지어준 글이 상당히 많이 있다는 점을 감안해야 한다.

한수는 일찍이 천태사(天台寺)에서 독서하였던 경험 때문인지,96) 천태종 승려들과의 관계가 깊었다. 승려 료원(了圓)의 경우에는 원선사(圓禪師) 등으로 불리면서, 이색과도 교유관계가 있었던 인물이다.97) 료원은 경상도 밀양의 엄광사98)에 거주하면서 한수에게 차(茶)를 보내주었다. 한수는 과거 개경의 묘련사에 있던 시절부터 차에 맛을 들였던 모양이다.

차를 따는 일이 바닷가에서 다 회복되었다고 하지만
오직 엄광사(嚴光寺)의 물건이 가장 아름답네
나는 묘련사(妙蓮寺)에 있을 적부터 이 맛을 알았는데
번거롭게 스님이 멀리 보내어 나의 회포를 달래 주네99)

---

94) 남동신, 2006, 「목은 이색과 불교 승려의 시문(詩文) 교유」『역사와 현실』 62, 113쪽.
95) 남동신, 2006, 앞의 글, 135쪽.
96) 『柳巷詩集』, 書懷寄呈天台大禪師了圓, "賴我天台讀書客 白雲香飯屢過門."
97) 성범중 외, 2004, 『한수와 그의 한시』, 국학자료원, 218쪽.
98) 『신증동국여지승람』 권26, 경상도 밀양도호부 고적.

당시 왜구의 침탈로 인해 바닷가 지역은 많은 피해를 입었다. 이 때문에 차를 재배하는 일도 거의 중단되었다. 한수는 묘련사에서 어린 시절 공부하면서 차를 마셨다. 료원이 보내준 차는 한수에게 과거 공부했던 시절의 추억과 함께, 현재 자신의 기호를 충족시켜주는 매개체였다. 또한 이 일은 한수의 인적 교류로 인해 가능한 경제적 증여와 이익이 되었다.

그 외 한수는 승려였던 절간(絕磵) 륜(倫),[100] 환암(幻菴) 혼수(混修)[101] 등과 같이 교유했는데, 이들은 모두 이색과 관계가 있는 인물들이다. 아울러 그는 일본 승려였던 천우(天祐)와도 교류하였다.[102] 승려들과의 교유는 이들 이외에도 여러 명이 시에 등장하는데, 이런 교류는 당시 지식인들의 일반적 모습이었다.

아울러 한수가 개인적으로 전오륜(全五倫)과의 관계가 깊었던 것으로 보인다. 그와 관련된 시가 5편이나 된다. 한수는 합주(陜州)에 있는 전오륜에게 시를 보내기도 했으며,[103] 이후 그에게 차를 받기도 하였다.[104] 전오륜은 한수가 경상도 합주로 1376년(우왕 2) 유배를 갔을 당시에 만났다.[105] 전오륜의 경우에도 이색과 관계가 있는 인물이다.[106] 이색과

---

99) 『柳巷詩集』, 嚴光大禪師寄惠芽茶, "採茶雖復海邊皆 唯有嚴光品最佳 我自妙蓮知此味 煩師遠寄慰予懷." 한수가 어린 시절에 묘련사에 있던 사실은 이색의 「韓文敬公墓誌銘幷序」에서도 확인된다. 이색은 자신의 나이 16, 17세에 시승(詩僧)을 따라 묘련사에 갔던 경험을 말했다. 그는 그곳에서 차를 마시면서 연구(聯句)를 지었는데, 당시 한수가 12, 13세의 동자로 매번 대구를 지어 사람들이 경탄했다고 한다(성범중 외, 2004, 앞의 책, 340쪽).

100) 『柳巷詩集』, 松豊軒 ; 絕磵.

101) 『柳巷詩集』, 幻菴.

102) 『柳巷詩集』, 贈日本僧天祐.

103) 『柳巷詩集』, 代書寄全陜州五倫.

104) 『柳巷詩集』, 慶尙道按廉使寄新茶復用前韻答之. 여기서 경상도 안렴사가 전오륜이라는 사실은 『柳巷詩集』, 代書寄慶尙道按廉伯至契友에서 알 수 있다. 즉 伯至는 전오륜의 字이다(성범중 외, 2004, 앞의 책, 328쪽).

105) 『柳巷詩集』, 全陜州見和吾詩復用元韻荅之. "往時身寄一州安 刺史達逢元次山." 여기

한수 중에 누가 먼저 전오륜과 만났는지 단언하기 어렸지만, 이색이 한수에게 합주에 가게 되었을 때 그를 소개시켜 주었을 것이다. 이처럼 한수의 인적 관계는 이색과 중복되는 경우가 많았다. 다만 그의 인적 관계가 곧바로 정치세력화와 연결되지는 않는다.

2) 학문 경향

한수는 어린 시절 절에서 공부했지만, 기본적으로는 유학을 익혔다. 그가 학문을 익히는 데는 가문의 도움도 컸다. 그는 문벌의 혜택으로 일찍부터 벼슬을 할 수 있었다. 한수는 아버지인 한공의가 문음(門蔭)으로 남부녹사(南部錄事)가 되었듯이,[107] 진전직(眞殿直)과 별장(別將)이 되었다.[108] 그 결과 그는

> 그렇기 때문에 다시 벼슬길을 구하지 않은 채 고대의 전적(典籍)을 토론하면서 익재(益齋) 선생을 따라 『춘추좌전』과 『사기』, 『한서』를 독파하였으며, 또 글씨 쓰는 법을 익혀서 진서(眞書, 해서)와 초서(草書)에 모두 오묘한 경지를 이루었다.[109]

이색은 한수의 묘지명에서 그의 학문에 대한 관심과 능력 배양이 문음에 의한 벼슬에서 가능했다고 하였다. 말하자면 한수는 관직을 구하

서 원차산은 전오륜을 가리킨다.
106) 이색은 전오륜의 字에 대한 해설을 지어주었다(『牧隱文藁』, 仲至說).
107) 金龍善 편저, 1993, 「한공의 묘지명」『고려묘지명집성』, 한림대 출판부.
108) 李穡, 『牧隱文藁』 권15, 韓文敬公墓誌銘幷序.
109) 이색 지음·이상현 옮김, 『국역 목은집』 11, 한 문경공의 묘지명, 169~170쪽.

기 위해 과거 합격을 위한 공부에 매진하지 않아도 되는 환경을 지녔던 셈이다. 물론 한수는 15세인 1347년(충목왕 3)에 이색의 부친인 이곡(李穀)이 지공거를 맡았을 때, 과거에 합격하였다. 따라서 한수는 15세 이전에 음직을 받았던 것이다. 당시에 가문의 도움이 없이 벼슬을 하기 위해서는 과거 시험이나 군공(軍功)에 대한 노력이 필요했지만, 한수는 여기에 구애받지 않고 학문 탐구에 매진할 수 있었다.

또한 그는 경제적 어려움을 겪지 않았기에 귀족적 취향까지 쌓아갈 수 있었다. 귀족 취향과 관련해 그의 글씨 공부는 의미가 있다. 글씨 공부와 수련은 종이, 먹, 붓 등에서 고급품을 이용해야 하고, 이는 경제적 뒷받침과 수련 기간이 없으면 불가능하다. 이렇게 익힌 서예 능력은 그의 정체성을 이해하는데 하나의 요건이 될 수 있다.

그는 학문적으로 『춘추좌전』이나 『사기』, 『한서』와 같은 역사서를 주로 익혔다. 특히 그는 이제현 문하에서 공부하였기에 그의 역사인식에서 많은 영향을 받았을 것이다. 이제현은 『춘추』에 입각하여 군주와 신하 사이의 의리(義理)에 입각한 명분과 올바른 정통(正統)의 확립을 중시하였다. 그 결과 이제현의 역사인식은 군주, 왕실, 관료 등과 같은 지배층의 역할과 위상에 대한 원칙, 그리고 규범에 대한 감계에 바탕을 두었다.110) 한수가 『춘추좌전』 등을 그에게 배웠다는 점에서, 이제현의 역사인식에서 일정한 영향을 받았다고 할 수 있다.

또한 간과할 수 없는 점은 이제현을 통해 주자성리학에 대한 이해를 높였을 것이라는 사실이다. 우왕은 한수가 사망한 후에 교지를 내렸다. 교지에는

---

110) 김인호, 2001, 「이제현의 정치활동과 역사인식」『실학사상연구』19·20합집, 144~147쪽.

한수의 학문은 염락(濂洛 ; 周濂溪와 二程子)의 전통을 받았고, 필법은 종요
(鍾繇)와 왕희지(王羲之)를 이었다. 일찍이 선친(공민왕)의 지우(知遇)를
받아 곧 대언(代言)의 직책을 맡았으니 들어가 임금에게 고하면 반드시
세상을 다스리는 계책을 말했으므로, 신중히 동료 중에서 선택되어
나의 스승으로 삼으라는 명령을 받게 되었다.[111]

한수의 학문이 주염계와 정호, 정이 형제를 이었다는 것은 성리학을
익혔음을 말한다. 여기서 주자학에 대한 언급은 없지만, 그는 이제현을
통해 이를 이해하였을 것이다. 이를 간접적으로 알 수 있는 것이 권근(權近)
과 있었던 일화이다.

공(역자 주 : 한수)이 전선(銓選)을 맡았을 때에 나는 후진(後進)으로 요좌
(寮佐)가 되었다. 일찍이 하루는 함께 대궐에서 숙직하는데, 내가 바야흐
로 밥을 먹으면서 책을 보니, 공이 웃으며 말하길, "나는 그대가 경(敬)을
주로 하지 않음을 알겠네. 입에는 밥이 들어 있고 눈으로는 보는 것이
있으니 마음이 전일(專一)할 수 있겠는가?" 하므로, 나는 그 말을 듣고
송구하였다.[112]

이 일은 한수가 '경(敬)'에 대해 어떻게 이해하고 있는가를 보여준다.
주지하듯이 권근은 예의 실천을 위해 '경'을 익혀야 한다고 강조하였
다.[113] 그는 자신의 저서인 『예기천견록』에서 '무불경(毋不敬)이 예(禮)의

---

111) 權近, 『동문선』 권24, 敎判厚德府事韓脩.
112) 權近, 『柳巷詩集』, 柳巷韓先生文集序, "公之典銓選也 予以後進忝爲寮佐 嘗一日同直
闕下 予方食觀書 公笑曰 我知君不主敬 口有食 目有觀 心主一乎 予聞地悚然."
113) 강문식, 2008, 『권근의 경학사상 연구』, 일지사, 261쪽.

전체를 말하는 것'114)이라고 했다. 이처럼 '경'의 개념에 주목하고 있던 권근은 한수와의 일화를 잊지 않았을 것이다. 권근은 일상적 행위의 실천과 수양에서 '경'을 중시하였다. 한수의 '경'에 대한 지적은 권근과 같은 맥락이고, 이는 결국 '마음의 전일(專一)'을 통한 일상에서의 수양이다.

이처럼 일상에서의 수련과 '경'을 결합시키는 이해는 주자성리학과 통한다. 주희는 학자들이 '경'을 알고, 이를 함양해야 한다고 주장했다. 그래서 그는 '경'을 붙잡는 것, 즉 지경(持敬)이 천리(天理)로 가는 길로 여겼다. 앞서 성리학자인 정이(程頤)는 '경'을 '주일(主一)'한 것으로 이해했다.115) 한수는 비슷한 맥락으로 일상 속의 '경'의 실현을 권근에게 권유하였던 것이다. 이처럼 그는 주자성리학을 자신의 학문 기초로 삼고 있었다.

한수는 다음과 같이 생각하고 있었다.

도를 배우는 것은 효와 충을 구하는 것이니
이 마음은 순(舜)과 주공(周公)을 표준으로 삼았네
면밀하게 공안(公案)을 제시하고
다시 공부를 하여 목옹(牧翁)에게 질의하였네116)

---

114) 權近, 『禮記淺見錄』 권1, 曲禮 上.

115) 候外廬 외 지음·박완식 옮김, 1995, 『송명이학사』 2, 이론과실천, 148쪽. '하나로 하는 것이 경'이라는 개념은 주희의 제자인 진순(陳淳, 1159~1223)에 의해 보다 체계화된다. 진순은 자신의 저서 『性理字義』에서 '主一之謂敬'과 이를 통한 '存心' 등으로 敬의 개념을 정리하였다(박완식 역, 1993, 『성리학이란 무엇인가』, 여강출판사, 95~98쪽).

116) 『柳巷詩集』, 贈李壯元伯中牧隱先生作說李文和字伯中, "學道求爲孝與忠 此心標準舜周公 綿綿密密提公案 更把功夫質牧翁."

그는 유학자답게 도의 목적이 효, 충을 구하는 것에 있다고 하였다. 그의 인격적 모델은 중국 고대의 인물인 순과 주공이었다. 이 두 사람은 유학에서 각기 효와 충의 상징적인 인물이다. 특히 주공은 공자가 중시했던 인물이고, 이색의 경우에도 「주공조(周公操)」[117) 외에 자신의 글에서 많이 언급하였다. 따라서 그는 "공자와 안자(顏子 : 안회)는 비록 멀리 있어도 나의 스승"[118)이라고 하였다.

그의 학문은 유학의 입장에 기초하고 있었다. 나아가 그는 스승인 이제현이 주장한 '경서에 밝고 덕행을 닦는 선비(經明行修之士)'의 가르침을 계승했다고 보인다. 이제현은 '글귀나 다듬는 무리'가 아닌 경전과 수양을 위주로 하는 선비를 지향했다.[119) 한수는『춘추좌전』과 같은 유학 경전에 유의하면서 경(敬)에 따른 수행에 유의했다는 점에서 이제현과 비슷하였다.[120)

그는 유학적 사유의 기초를 두었지만, 고려시대 다른 지식인들처럼 불교에 대해 배타적이지 않았다.

　지난해 강양(江陽)에서 나그네 회포가 너그러웠던 것은
　온 천지에 부처님의 도가 평안하였기 때문이네[121)

한수는 편지를 대신하여 인각사 주지에게 시를 보냈다. 첫 구절의 '지난해 강양에서의 나그네 회포'라는 것은 자신이 1376년(우왕 2) 강양

---

117) 『牧隱詩藁』 권1, 周公操.
118) 『柳巷詩集』, 書全掌令伯至字說後五倫字, "孔顏雖遠是吾師."
119) 李齊賢, 『櫟翁稗說』 前集1.
120) 그는 자신의 시에서도 이제현의 문하에서 공부했음을 밝혔다(『柳巷詩集』, 宋判事 妻李氏挽詞, "……況予受業益齋門").
121) 『柳巷詩集』, 代書寄麟角住持, "江陽去歲旅懷寬 賴有彌天釋道安."

즉 경상도 합주에 유배를 갔음을 말한다. 당시 한수는 인각사 주지에게 어떤 신세를 졌을 것이다. 이와 같은 인적 관계 속에서 그는 불교를 배타적으로 보지 않았다. 하지만 일본 승려 천우에게 보내는 시에서는 '오유(吾儒)'라고 표현하여,[122] 한수는 승려와 다른 도를 추구하는 존재임을 밝혔다.

그가 불교에 대해 배타적이지 않았던 것은, 어린 시절 묘련사에서 공부했던 기간이 길었기 때문일 수 있다.

> 어렸을 때 묘련사에 나아가
> 다섯 해 동안 글을 읽었네
> 당시에 천태종에 노닐며
> 나와 함께 하지 않음이 없었네
> 휴공(休公)은 무엇을 하는 사람이기에……
> 물외(物外)에서도 오히려 영위하는 게 있으니
> 그나큰 사은(四恩)에 보답하기 위함이네[123]

이와 같은 그의 경험이 불교 경전 등에 대한 이해에 도움이 되었을 것이다. 그렇기 때문에 그는 불교에서 쓰는 부모, 중생, 국왕, 삼보의 사은(四恩)에 대한 용어 등을 시구에 넣을 수 있었다.

그럼에도 그가 지향했던 학문이 유학이었다는 점은 앞서 말한 바와 같다. 특히 그는 성리학에 바탕을 두면서 자신의 정체성을 어떻게 이해했는지를 살펴보아야 할 차례이다.

---

122) 『柳巷詩集』, 贈日本僧天祐.
123) 『柳巷詩集』, 題休上人詩卷得擧字, "少小就妙蓮 讀書五寒署 當時遊天台 未有不我與 休公何爲者……物外尙有營 爲報四恩去."

3) 현실 인식과 정체성, 그리고 정서 세계

한수는 앞서 말했듯이 문벌 가문에 태어나 삶에서 커다란 어려움을 겪지 않았다. 그는 15세 때 과거에 급제하기 전에 이미 음직으로 진전직(眞殿直)과 별장(別將)을 맡았다. 그렇지만 본격적인 입사는 충정왕이 즉위하면서부터였다. 당시 그는 17세라는 어린 나이에 덕녕부주부(德寧府注簿)와 정방(政房)의 필자적(必闍赤)이 되었다.[124] 그는 젊은 시절부터 권력과 가까운 곳에서 근무할 수 있었다.

덕녕부는 충혜왕의 왕후인 덕녕공주를 위해 세워진 관서일 것이다. 덕녕공주는 원의 무정왕(武靖王) 초팔(焦八)의 딸로, 아들인 충목왕 즉위 이후 정계에 커다란 영향력을 행사하였다.[125] 따라서 한수가 덕녕부에 배속되었다는 것은 상당한 정치적 배려를 받았음을 뜻한다. 실제 덕녕부 주부로 임명된 인물들은 한수와 마찬가지로 김구용(金九容)[126], 김자수(金子粹)[127]와 같은 과거 합격자들이다. 덕녕부 임명은 이후 엘리트 관료로 출세할 여지가 생긴 것이다.

이와 함께 그는 인사 행정을 맡았던 정방의 필자적을 맡았다.[128] 당시 정방은 충목왕 즉위년 12월 이제현 등의 개혁안에 따라 폐지되었다가 한 달 만에 부활하였다. 아울러 정방에는 제조(提調)를 두었는데, 한수는

---

124) 李穡,『牧隱文藁』권15, 韓文敬公墓誌銘幷序.

125) 김난옥, 2010,「충혜왕비 덕녕공주의 정치적 역할과 위상」『한국인물사연구』14.

126) 김구용은 1355년(공민왕 4) 과거에 합격한 후에 처음으로 임명된 관직이다(『고려사』권104, 열전17, 김방경 부 김구용).

127) 김자수는 공민왕 말년에 과거에 장원으로 급제한 후에 역시 처음으로 여기에 임명되었다(『고려사』권120, 열전33, 김자수).

128) 한수는 정방의 필자적이란 직함으로 처음 확인되는 인물이다(김창현, 1998,『고려후기 정방 연구』, 고려대 민족문화연구원, 131쪽).

실무를 맡은 필자적이 되었다. 당시 정방의 실무진은 한수를 제외하고 대개 중간가문이며, 과거 시험 출신이 대부분이었다.129) 이 정방의 제조가 정방이 혁파된 이후에 다시 만들어진 것이다. 즉 정방제조는 당시 국왕의 측근세력들이 왕후(王煦), 김륜(金倫)과 같은 개혁세력의 인사행정 장악에 대항하여, 덕녕공주를 움직여 정방을 부활시키고 이를 만들었다.130)

한수가 이곳에서 근무하게 된 배경에는 한수의 학문과 서예 능력 때문일 수 있다. 물론 한수가 문벌가문 출신이기에, 그의 가문과 덕녕공주와의 일정한 연계가 있었을 가능성을 배제할 수는 없다. 한수는 적어도 출사(出仕) 문제에 관해서 다른 지식인들과 달리 고민할 필요는 없었다. 이 점은 그에게 삶에 대한 태도에서 여유를 부여해 주었을 것이다.

이와 같은 여유는 그의 타고난 성격과 결합되었다. 그는 화려함과 수식적인 것을 추구하는 성격이 아니었다. 사실 귀족이라고 해서 반드시 화려함만을 추구하지는 않는다. 한수에 관해 이색은 다음과 같이 명(銘)을 지었다.

옥병에 담은 얼음처럼
공의 인품 맑았고
갑에서 꺼낸 거울처럼
공의 마음 밝았어라
부귀한 집안에서 자랐는데도
사치라는 말을 전혀 몰랐고
오직 시서(詩書)의 세계에 노닐면서
이익은 추호도 좇지 않았어라

---

129) 김창현, 1998, 앞의 책, 152쪽.
130) 김창현, 1998, 앞의 책, 146쪽.

효우와 충신은 타고난데다

염정(廉靜)과 관화(寬和)로 일관하였으니[131]

이색의 평가가 과장된 것임을 감안해도, 한수가 문벌 가문의 화려함을 추구하는 성격이 아니었음을 이를 통해 알 수 있다. 특히 이색은 한수가 유교 도덕적 성향이 강하다는 점을 높게 평가했다. 이 점은『고려사』의 평가와도 일치한다. 즉『고려사』에는 한수가 의리에 맞게 행동했다고 하였다.[132] 실제로 한수는 충정왕이 왕위에서 물러나 강화도에 가게 되자, 그를 수행하였다. 이러한 행동으로 인해 그는 의리가 있는 인물로 평가되었을 것이다. 또한 이 일로 인해 공민왕이 그를 소환했음에도 즉시 등용하지 않았던 이유가 될 수 있다.[133]

그러나 한수는 다시 1353년(공민왕 2) 전의주부(典儀注簿)로 복귀하면서 정방의 필자적이 될 수 있었다. 이후 그는 성균사예, 국자좨주, 우문관직제학 등과 같은 학문, 문장과 관련된 직책이나 대언(代言) 등과 같이 국왕의 측근으로 인사 행정과 같은 중요한 일을 맡았다.

그의 순탄한 관직 생활에서 처음 국왕과 충돌한 문제는 1365년(공민왕 14) 신돈의 등용이었다. 그는 신돈의 행적 등에 대해 조사를 한 후에 공민왕에게 다음과 같이 건의하였다.

신돈은 올바른 사람이 아니니 국가에 변란을 초래하게 될까 걱정되니, 상께서 이 점을 깊이 생각해 주셨으면 합니다. 이런 일을 신이 아니면

---

131) 李穡,『牧隱文藁』권15, 韓文敬公墓誌銘并序, "玉壺置氷 惟公之淸 塵匣開鏡 惟公之明 長于紈綺 無華靡事 游於詩書 絶絲毫利 孝友忠信 廉靜寬和."

132)『고려사』권107, 열전20, 한강 부 한수.

133) 李穡,『牧隱文藁』권15, 韓文敬公墓誌銘并序. 이하 한수의 관직 임명에 관련된 내용은 모두 이 글을 참고하였다. 별도로 각주를 부과하지 않는다.

누가 감히 말씀드리겠습니까.134)

평소 한수의 불교 승려에 대한 우호적인 태도로 볼 때, 그의 신돈에 대한 배척이 불교를 비판하려는 유교적 사유에서 배태된 것은 아니었다. 그의 입장은 자신의 스승인 이제현과 같았다. 이제현 역시 공민왕에게,

신이 일찍이 신돈을 한 번 보았는데, 그의 골격이 옛날의 흉악한 사람과 비슷하여 반드시 후환이 있을 것이니 임금께서는 가까이 하지 말기를 바랍니다.135)

라고 건의하였다. 한수의 말은 표현상에서 이제현보다 완화된 것이지만 사실상 같은 것이라고 할 수 있다. 따라서 한수의 건의는 자신만의 생각이 아닌, 이제현과의 논의 끝에 나왔을 것으로 보인다. 신돈에 대한 평가가 부정적이었던 것은 한수와 이제현 뿐만이 아니었다.

신돈이 집권하기 이전에 이승경(李承慶)136)이나 정세운(鄭世雲)137) 역시 한수, 이제현과 같은 생각이었다. 이승경, 정세운은 신돈이 '나라를 어지럽히는 요승(妖僧)'이라고 비판하였다.138) 이 두 사람은 모두 공민왕 8년 홍건적 침입 당시 활약했던 경험이 있다. 결국 이와 같은 의견은

---

134) 李穡, 『牧隱文藁』 권15, 韓文敬公墓誌銘并序, "頓非正人也 恐致亂 願上思之 非臣誰敢言."

135) 『고려사』 권110, 열전23, 이제현, "臣上一見旽 其骨法類古之凶人 必貽後患 請上勿近."

136) 이승경은 이조년의 조카로서 공민왕 6년 등용되어 문하시랑평장사가 되었다(『고려사』 권109, 열전22, 이조년 부 이승경).

137) 정세운은 光州 長澤縣 출신으로 공민왕을 따라 원에 가서 숙위하였다(『고려사』 권113, 열전26, 정세운).

138) 『고려사』 권132, 열전46, 반역6, 신돈.

공민왕 주변의 유학적인 정통 관료나 무신(武臣)들의 생각을 반영하고
있다.

물론 한수는 대언이라는 자신의 직책에 충실하기 위한 것일 수 있다.
그렇지만 한수는 공민왕에 대한 권유 이후에 관직에서 스스로 물러나지
않았다. 공민왕은 몇 달 뒤에 한수를 판서예의(判書禮儀)로 임명한 뒤에
군부(軍簿)로 바꾸어 임명하였고, 이색은 이 조치를 한수의 정치적 소외라
고 해석했다.[139] 하지만 그의 정치적 퇴출은 뜻밖에 다른 일로 이루어졌다.
같은 해 10월 부친상을 당하자 한수는 3년상을 마치려 했기 때문이다.
그는 3년상을 마친 이후에도 관직에 복귀하지 못했다. 신돈의 존재가
그의 복귀를 방해했다.

3년상의 준수는 한수의 유학자적 삶의 자세를 보여준다.[140] 그렇지만
한수는 자신의 정치적 견해의 실현을 위해 노력한 흔적이 보이지 않는다.
그는 스스로 관직에서 사퇴하거나, 정도전과 같이 자신의 정치적 견해를
고집하여 정계에서 축출된 경험도 없었다. 이런 측면 역시 그의 평탄한
삶과 문벌적 배경, 그리고 개인적 품성과 일정한 연관이 있다.

한수는 1371년(공민왕 20) 가을에 신돈의 정치적 몰락과 함께, 인사
관리를 하는 승선(承宣)에 임명되었다. 이후 우왕이 즉위한 후에는 과거
시험의 동지공거로 참여하여 정총(鄭摠) 등 33인의 선발에 관여하였다.
그러나 한수는 1376년(우왕 2) 공민왕을 죽인 한안(韓安)의 일족(一

---

139) 李穡, 『牧隱文藁』 권15, 韓文敬公墓誌銘幷序.

140) 삼년상 준수에 대한 논의는 이제현 등에게서 보인다. 이제현은 1277년(충렬왕
3) 충렬왕이 김방경에게 장모의 복상을 공제하는 명령에 대해, 3년상과 오복제의
원칙을 강조하는 史論을 썼다(『고려사절요』 권19, 충렬왕 3년 1월). 아울러
한수와 가까운 이색은 1357년(공민왕 6) 삼년상 시행을 주장하였다(『고려사』
권39, 세가39, 공민왕 6년 10월 신사). 그렇지만 삼년상은 1360년(공민왕 9)
用人을 이유로 폐지되었다(『고려사』 권39, 세가39, 공민왕 9년 8월 병술). 따라서
공민왕이 한수를 등용하려고 했다면, 삼년상을 준수할 이유가 없다.

族)[141]으로 합주(陝州)로 유배를 가게 된다. 합주로의 유배는 그에게 정신
적 충격을 주었다. 평탄했던 관료 생활에 처음 있는 경험이었기 때문이다.
그는 이에 대해

> 동행한 지 열흘이 넘어
> 정의(情意)가 절로 서로 친해졌네
> 이별에 임하여 눈물이 없으랴
> 산골 성(城)에는 친구가 없네
> 늙은 어머니는 병으로 일어나지 못하시는데
> 세 아들은 각각 천리 밖에 있네
> 평소 꿈꾸지도 못한 일인데
> 무엇이 잘못되어 이 지경에 이르렀는가?
> 하늘이 마음을 아는지
> 밝은 달은 두 곳을 비추네
> 그대를 보내며 말을 하지 못하는데
> 눈물은 쏟아지는 물과 같네[142]

라고 쓰고 있다. 그는 합주로 가는 10여 일 동안 가까워진 압송관을
보내면서 자신의 심경을 밝힌 것이다. 이 시에서 한수는 아는 사람이
아무도 없는 경상도 산골 지역에 남겨지는 걱정을 솔직하게 표현하고
있다. 개경에 남겨진 늙은 모친과 사방으로 흩어진 삼형제의 가족 상태는

---

141) 한안은 한방신의 아들로 공민왕 시해에 관여했다. 한방신이 한수의 작은 아버지
　　이므로, 사촌간이다.
142) 『柳巷詩集』, 謫至陝州送押送官趙光甫還京, "同行踰一旬 情意自相親 臨別得無淚 山
　　城無故人 老母病未起 三男各千里 平生所不夢 何失以致此 皇天知村心 明月照兩地
　　送子不能言 有淚如瀉水."

그에게 가장 큰 걱정이었다.

그런데 그는 이런 사태가 있을 것이라는 예상을 하지 못했고, 시에서 밝히듯이 자신의 잘못도 아니었다. 한수가 눈물을 흘렸던 것은 단순히 조광보와의 이별에 대한 아쉬움 때문만은 아니었을 것이다. 현재 자신의 처지에 대한 슬픔과 개경으로의 복귀에 대한 절망이 당시 그의 심정 속에서 교차하고 있었다.

그런데 한수는 이후 원망보다 현실적응에 긍정적이었다. 그의 희망은 가족들이 다시 모이는 것에 있었다.

　　올 때는 참으로 눈과 서리의 위세가 두려웠는데
　　지금은 벌써 바람에 꽃이 반이나 날리는 것을 보네
　　하늘 끝에서 타향살이 하는 것도 응당 한 맛이련만
　　어느 때나 노래자(老萊子)의 옷을 입을까?[143]

첫 행의 '눈과 서리의 위세'는 겨울에 자신이 이곳에 도착했음을 알려준다. 나아가 그 위세란 것이 자신을 유배 보냈던 정계의 분위기를 상징하는 것일 수 있다. 계절이 지나 봄이 된 현재, 그는 개경의 분위기가 바뀌어가고 있음을 감지했는지 모른다.

그렇지만 그의 복귀가 이루어질 것이라는 소식은 없었음에도, 한수는 유배의 현실을 긍정하였다. 그에게 유배된 장소는 "쇠잔한 시골이라 궁벽해서 황금을 뿌릴 만한 술집이 없는"[144] 곳이다. 다시 말해서 손님에

---

143) 『柳巷詩集』, 寄舍弟判書 時判書亦貶在光州, "來時正怕雪霜威 今見風花半已飛 流落天涯應一味 何時共着老萊衣." 이 시는 호부판서를 지낸 자신의 동생 韓齊에게 보낸 것이다(성범중 외, 앞의 책, 182쪽).
144) 『柳巷詩集』, 次韻荅李子庸, "慚愧殘鄕大幽僻 酒家無處可揮金."

게 대접하기도 어려운 곳이며, 개경과 비교가 되는 시골이라는 의식이 여기에 내재해 있었다. 그의 희망은 개경으로 돌아가 모친을 만나는 일이었다.

한수가 유배 이전과 달라진 점은 개경 시절과 다르게 지방 현실을 인식하기 시작했다는 사실이다. 특히 이 시기 지방 사회를 괴롭혔던 문제 중 하나는 왜구였다.

> 내가 경상도에서 도착하자
> 그대는 이제 벼슬길을 떠나려 하네
> 마음속에 몰래 느낌이 있는데
> 입은 한 자라도 다 말하기 어렵네……
> 왜구가 자주 침노해 오니
> 군관(軍官)의 왕래가 잦네
> 고달픈 백성들은 수자리가 길고
> 항산(恒産)은 가렴주구(苛斂誅求)에 비네
> 가뭄이 심하여 흉년이 들면
> 두루 진휼하느라 창고가 비네……
> 백성들에게 끼치는 폐해를 없앨 수 있다면
> 두루 그윽한 곳을 찾는 것도 해롭지 않으리[145]

한수는 경상도 합주에 유배된 후에 왜구 문제를 처음 거론하였다. 그가 개경 시절 지방 사회의 문제 등을 본격적으로 거론한 경우는 없었다.

---

145) 『柳巷詩集』, 宋慶尙道按廉姜副令, "我自慶尙至 君今將宦遊 寸心潛有感 尺喙未能 收……水賊侵陵數 軍官來往稠 疲民長戍役 恒産罄誅求 旱甚歲仍惡 倉虛賑得周……如 能祛樊瘼 不害縱冥搜."

지방의 현실은 왜구 문제로 인한 군대 동원뿐만 아니라, 맹자가 이야기 했던 '항산(恒産)' 즉 경제 현실 역시 좋지 않았다. 당시 유교적 지식인이라 면 누구나 주목했던 문제이기도 했다. 이 시는 권근이 지은 익위군(翊衛軍) 을 보고 지은 문제의식과 발상이 유사하다. 권근은 한수의 시보다 1년 앞선 우왕 원년에 개경 방위를 위해 동원된 경상, 양광, 전라도의 군병들을 본 후에 시를 지었다.146) 그는 고향을 떠나 고생하고 있는 익위군 병사들의 처지와 그에 따른 경제적 어려움 등에 대해 개탄했다.147)

중요한 것은 한수가 왜구 문제로 고통 받는 현실에 대한 개혁 의지를 보이고 있으면서도, 책임 주체 등에 대한 반성이 보이지 않는다는 사실이 다. 그와 같은 해인 1333년(충숙왕 복위 2)에 태어난 정추(鄭樞)와는 이런 점에서 차이가 있었다. 정추는 1360년(공민왕 9) 왜구가 강화도에 들어왔 다는 소식을 듣고 다음과 같이 썼다.

어찌하여 이렇게 왜구가 돌아가지 않는 데까지 이르렀을까
왜구의 깃발이 또다시 화산성(花山城)에 모였네
금은으로 칠한 사찰의 향불이 차가운데
일하는 백성들이 불상을 만드나 쓸데없이 위태롭구나(선원사와 용장사를
　　말한다)
왕의 군대는 피를 수초에 뿌려 피비린내가 나는데
왕의 노여움은 어찌 격렬한 천둥 같지 않을까
끝내 군대는 약해 장수를 요청하는데
반초(班超)는 붓을 던져 아름다운 이름을 흘리네

---

146) 權近, 『陽村集』 권4, 錄翊衛軍語.
147) 김인호, 2012, 「『양촌집』 시문으로 권근의 자아정체성」 『역사와 현실』 84,
　　39쪽.

썩은 유자(儒者)은 한갓 눈물 흘리지만

힘이 없어 경영할 수 있을까

옛적부터 안전과 위험은 묘당(廟堂)에 있었는데

강호(江湖)가 하필이면 백성을 걱정하랴[148]

그는 왜구에 대처하는 국가의 무능력과 자신을 반성하고 있다. 이처럼 정추는 불교의 힘에 의지하려는 국가, 그리고 현실을 감당해야 할 유학자로서의 무능력에 대해 비판하였다. 결국 그는 '강호(江湖)'로서 백성을 걱정해야 할 이유까지 묻고 있다. 백성에 대한 책임은 '묘당(廟堂)'인 정부에게 있다는 의미이다. 그렇다고 정추가 문제의 책임을 모두 정부에 미루겠다는 의미는 아닐 것이다. 하지만 이런 책임감과 각성이 고려말 성리학자들의 국가 의식과 개혁을 낳게 한 요인이었다.

정추와 한수는 우왕 즉위 후에 밀직사에서 같이 근무했던 경험이 있다.[149] 정추는 이색과 과거 동년(同年)으로, 이색은 정추가 죽은 후 보법사(報法寺)에서 있었던 49재에 참석할 정도로 가까운 관계였다.[150]

그러나 한수의 시는 정추와 비교해 볼 때, 현실 인식과 반성의 차원에서 차이가 있었다. 그의 시는 정추보다 현실적 주체로서의 인식이 미약하기 때문이다. 다시 말해서 관료적 책임의식이 부족해 보인다. 그래서 일본 승려로 방문한 천우(天祐)에게 주는 시에서도,

---

148) 鄭樞, 『圓齋先生文藁』권상, 聞倭賊破江華郡達朝不寢作蝰夜鳴以舒懷 庚子五月作, "如何寇至不旋踵 倭檣又集花山城 金銀佛利香火冷 勞民像設空崢嶸(謂禪源 龍藏二寺) 王師血濺水草腥 王怒豈不如雷霆 終軍弱冠請長纓 班超投筆流芳名 腐儒空有淚 無力能經營 自昔安危廟堂在 江湖何必憂蒼生."

149) 『柳巷詩集』, 奉寄呈靑城君鄭, "一時誥院幾相從 屈指天星已再終."

150) 李穡, 『牧隱詩藁』권33, 赴圓齋七齋于報法寺.

국가에는 성군(聖君)이 이어져서

백성을 기르니 은혜가 다 갖추어짐에 이르네

풍속은 협문(夾門)을 뚫는 도적이 없어

도서(島嶼)에는 모두 부유하고 실속 있는 사람이네

어찌하여 수적(水賊)이 번창하여

해마다 빠뜨리지 않고 내왕하는가?

틈을 타서 제멋대로 살략(殺掠)하니

바닷가에는 사람 사는 집이 없네

크게 병사를 일으켜 원한을 갚고자 하지만

사당에 사는 쥐를 어찌 파내겠는가?[151]

우선 이 시는 일본 승려에게 주는 것이라는 점을 감안해야 한다. 따라서
첫째 행, 둘째 행처럼 국가의 편안함이 강조되어 있을지 모른다. 여기서
'수적(水賊)'이 왜구임은 말할 나위가 없다. 이로 인해 현재의 상황은
바닷가에 인적이 없어진 상태이다. 그럼에도 이 시에는 한수의 적극적
대처가 보이지 않는다.

결국 한수의 시에서는 적극적인 현실개혁 의지가 잘 드러나지 않는다.
물론 시는 매체로서의 한계성이 있다. 즉 시는 자신의 주장을 적극적으로
표현하기에 적합하지 않는 매체이다. 그보다 시는 자신의 감성을 표현하
는 것에 더 적합하기 때문이다.

한수는 삶에서 자신의 정체성을 유자(儒者)에 두었다. 앞서 보았듯이
그는 학문에 대해 "도를 배우는 것이 효, 충을 구하는 것"[152]이라고

---

151)『柳巷詩集』, 贈日本僧天祐, "國家聖聖繼 養民恩至悉 風俗無穿窬 島嶼皆富實 奈何水
賊繁 來往歲不闕 乘間恣殺掠 濱海無居室 大擧欲脩怨 社鼠安可掘."
152)『柳巷詩集』, 贈李壯元伯中牧隱先生作伯中說李文和字伯中.

했으며, 또한 "공자와 안자(顔子)는 비록 멀리 있어도 나의 스승"[153]이라고 했다.

세속의 일은 끝이 없고
사람의 마음은 처음을 회복하기 어렵네
절차탁마하니 이로운 벗이 기껍고
함께 모이니 좋은 계책이 미쁘네……
서로 바라보아도 부끄러움이 없으니
우리의 도[吾道]는 참으로 즐길 만하네[154]

그는 이색과 마찬가지로 '우리의 도[吾道]'인 유학(儒學)을 추구하였다. 따라서 그가 공민왕을 높게 평가했던 점도 이와 같은 유학적 가치에 기초했기 때문이다.

공경하는 현릉(玄陵 : 공민왕)께서 유술(儒術)을 중히 여겨
종묘와 학궁(學宮)이 쌍으로 우뚝하였네
우리의 도[吾道]를 강명(講明)하여 생도에게 은혜를 베풀고
또 제도(帝都)에서 아악(雅樂)을 가져와 번성케 하였네……
사문(斯文)이 쇠퇴하니 책임이 누구에게 있는가?
허물을 이끌어 자기에게 돌리니 진정한 나의 스승이네
외람되게 주사(主司)에 참여하여 내가 부끄러워하는데
이러한 헛된 이름을 나처럼 많이 차지한 사람이 없네……

153) 『柳巷詩集』, 書全掌令伯至字說後五倫字.
154) 『柳巷詩集』, 陪牧隱先生訪尹文仲先生有詩次韻二首, "世故罔有極 人心難復初 切磨欣
益友 會合信良圖……相看無愧負 吾道固堪娛."

해동(海東)에는 천년이 지나도록 공의 시가 전해지리155)

한수가 본 공민왕은 유학을 중시했던 군주였다. 그는 공민왕이 추진했던 성균관 부흥 정책 등에 깊이 공감했을 것이다. 물론 이 시는 한수가 이색과 함께 개경 근처 자하동(紫霞洞) 근처에 있는 안심사(安心寺)에 가서 9재 학생들의 각촉부시(刻燭賦詩)를 한 후에 지은 것이다.156) 9재 학당은 성균관과는 다른 사학 기관이다.

그럼에도 한수는 하과(夏課)의 각촉부시를 보고, 공민왕의 유교 진흥책을 떠올렸다. 한수 역시 이색 등과 마찬가지로, 유학(儒學)을 '우리의 도[吾道]'로써 철저하게 인식하고 있었다. 주목되는 점은 한수가 유학의 중요성을 강조하는 것이 대개 이색과 관련된 시에 나타난다는 사실이다. 여기서도 그는 이색을 진정한 자신의 스승으로 치켜세우고 있다. 그리고 한수는 이색과 같이 과거 시험의 고시관으로 참여하여, 헛된 이름을 얻었다고 주장한다.

한수의 이색에 대한 존경은 다른 시에서도 많이 드러난다. 이 시에서 한수는 이색의 시가 해동(海東)에서 영원히 전해질 것이라고 결론짓고 있다. 즉 한수는 유학의 도가 문장으로 표현되는데, 이색의 시가 이를 담고 있다고 보았다. 즉 도를 담은 시는 영원함을 간직한다고 생각했던 것이다.

이처럼 한수의 시에는 '이색의 절대화'와 '자신의 왜소함'을 대비시킴

---

155) 『柳巷詩集』, 陪牧隱先生至安心寺見九齋諸生刻燭賦詩明日先生示長篇次韻奉呈, "於穆玄陵重儒術 寢廟學宮雙崒屼 講明吾道惠生徒 便蓄雅樂來帝都……斯文陵替責在誰 引咎歸己眞所愧 濫與主司予所愧 此般虛名莫予宄……海東千古傳公詩."

156) 각촉부시를 한 사정은 李穡이 지은 '昨至九齋坐松下……日已高矣'(『牧隱詩藁』권18)라는 시에 자세하게 나와 있다. 당시 같이 참여했던 인물은 한수 이외에 光陽君인 李茂芳, 閔安仁 등 여러 명이었다.

으로써 자신의 존재를 이색의 위대함에 결부시키려는 심리가 깔려 있다. 다시 말해서 한수는 자아 정체성을 유학에서 찾았지만, 그에 따른 현실적 모델로 이색을 제시하는 셈이다. 그에 따라 자신의 존재는 '위대한 이색'과 결부되기에 스스로 왜소하지만 현실에서는 오히려 커져 보이는 심리적 위안을 얻게 된다.

이렇게 한수는 자아(自我)의 모습을 겸손하게 표현하는 경우가 많았다. 예컨대 그는 정여계(鄭旅溪)의 집에서 지은 시에 "시를 짓고 구름과 연기가 부끄러우니 올바른 시가 대개 나에게 없기 때문"[157]이라고 하였다. 그만큼 한수는 자신의 시와 문장에 대해 겸손함을 가지고 있었다. 따라서 그는 세속적 가치나 정치적 욕구의 추구를 경계했다. 한수가 아들인 한상질, 한상경의 시에 차운하여 지은 작품에는 이러한 특징이 잘 드러나 있다.

오늘은 음기가 얼마나 성한가?
유인(幽人)은 생각이 홀로 깊네……
본래 시절을 바로잡을 책략이 없으니
진실로 문을 닫고 읊조림이 마땅하네
동방삭(東方朔)이 괴이하다고 말이 많은데
어찌하면 천심(天心)을 살필 수 있으랴?

날이 가면 권세가 항상 줄어드는데
근년에는 자리가 더욱 깊어지네
오직 아버지의 업(業)을 이어받음을 기꺼워하고
장차 유림(儒林)에 보탬이 됨을 보겠네……

---

157) 『柳巷詩集』, 鄭旅溪家次簡齋韻, "題詩慚雲烟 騷鴉盖吾闕."

문장이 어찌 귀하지 않으랴 마는

성현의 마음을 알아야 하리158)

　이 시는 비록 두 아들의 시를 차운해서 지은 것이지만, 자신의 심정과 정서를 표현하고 있다. 시가 지어진 시점은 1378년(우왕 4) 이후로 추정된다.159) 한수는 둘째 행에서 '유인(幽人)' 즉 어지러운 세상을 피해 숨어사는 사람으로 자신을 표현한다. 그는 시절을 바로잡을 책략이 없기 때문에 벼슬에 나가지 말아야 한다고 말한다. 또한 그가 제시한 목표는 '유림(儒林)'에 보탬이 되는 것이다. 이 목표는 자식인 한상질, 한상경에게 제시한 것으로 보인다. 이처럼 한수는 '경세제민(經世濟民)'하는 벼슬길의 추구에서 벗어나는 세계를 지향한다. 그래서 그는 현실 문제에 적극적 개입과 해결보다 여기서 한발 비껴서길 원한다.

　가련하구나, 저 백성들이 밭에 있지 못하고

　남쪽과 북쪽의 요역(徭役)이 한창 이어져 있으니

　낭자하게 채찍질하여 가구를 계산하는데

　누가 기꺼이 천리(天理)에 생각이 미치겠는가?

　원망을 거두고 이에 하늘의 아름다움을 맞으려는데

　술수(術數)와 이단(異端)에 나는 우매해지네

---

158) 『柳巷詩集』, 人日次二子詩尙質尙敬, "此日陰何盛 幽人念獨深……素乏匡時畧 端宜閉戶吟 多言怪方朔 何得見天心 日往權常減 年來坐愈深 唯欣肯堂構 將見補儒林……文章豈不貴 要識聖賢心."

159) 그 이유는 위에서 인용하지 않은 세 번째 시에서 "합주에서 있던 날을 돌이켜 생각하며 잠시 스스로 내 마음을 위로하네."라고 하였다. 따라서 이 시는 합주 유배 이후에 지어진 것이고, 시의 제목인 '人日'은 음력 정월 초이렛날을 말한다. 또한 시의 주석에서 스스로 정사년(1377년, 우왕 3) 정월 초엿샛날에 합주에 도착했다고 하였다. 그러므로 이 시의 제작 연대는 우왕 4년 이후가 될 것이다.

대궐의 구중문(九重門)은 이미 소원해져서

비록 좁은 소견이 있어도 억지로 떠벌리기 어렵네

한가롭게 살아도 비방과 참소가 이는 것이 또한 두려워

자취를 감추고 입을 닫아 구차하게 살기를 꾀하네[160]

　그가 이런 시를 남겼다고 해서 스스로 벼슬을 그만둔 적은 없다. 그의 농민에 대한 현실 인식은 심각한 수준이다. 하지만 그는 이 문제의 해결을 위해 적극적인 노력을 할 생각이 없다. 이 시를 지은 시점은 공민왕대 신돈에 대한 간언 이후 1371년(공민왕 20) 사이일 것이다. 자신이 한가롭게 살고 있다고 하는 것이 현재 관직에 있지 않음을 시사하기 때문이다. 한수가 이 시기 신돈 일파에 의해 비방을 받았기에 위와 같은 시가 지어졌던 것이다.

　한수는 현실 개혁을 위해 적극적으로 행동하는 유학자가 아니었다. 이 점은 정도전과 차이가 있었다. 그의 정서 세계는 현실 세계를 정면으로 직시하는 것이 아닌, 이를 피해나가는 심정에 바탕을 두었다. 또한 그의 시가 평이하고 간결한 특징을[161] 지닌 것은 자아를 과장하거나 드러내려는 감성을 지니지 않았기 때문이다. 자신의 현시적 과시만이 실제 귀족적 특성은 아니다. 오히려 한수와 같이 현시적 과시를 억제하는 것이 역설적으로 귀족적 자아(自我)를 드러내는 표현이 될 수 있다. 그런 점에서 한수는 이 시기 문벌의 심성적 특징의 한 부분을 보여주는 사례가 될 수 있다.

---

160) 『柳巷詩集』, 奉次牧隱先生風雨篇, "可憐彼氓不在田 南北徭役方連延 鞭朴狼籍箪家口 誰肯念及天之天 歛怨乃欲迎天休 術數異端吾懍然 閶闔九門旣契闊 雖有管見難强聒 閑居亦畏謗讒興 屛跡閉口圖苟活."

161) 성범중, 2004, 앞의 책, 59쪽.

한수는 고려후기 문벌 출신으로『유항시집』을 남겼다. 그의 시집은 42세 이후의 글이 대부분이기에 말년의 작품집이다. 한수는 경제적으로나 입사(入仕)에 대한 어려움을 겪지 않았다. 그는 청주와 그 밖의 지역에 농장을 가졌던 것으로 추정된다. 이와 같은 주변 여건은 한수의 개인적 성격과 결부되어, 세속적 가치나 권력에 대한 추구가 필요치 않는 삶의 여유를 주었다.

한수와 가장 가까운 사이는 이색이었다. 그와는 많은 시를 주고받았으며, 한수는 이색을 크게 존경하였다. 한수는 이제현 아래에서 공부하면서 성리학을 익혔을 것이다. 따라서 그의 기본적 사유는 유학을 바탕으로 한다. 비록 불교에 대한 배척이 드러나지 않지만, 그는 불교와 유학의 차이를 의식하고 있었다.

한수는 정치적 좌절을 겪지 않았지만, 결국 공민왕의 시해 사건의 영향으로 유배를 가게 되었다. 이 유배는 그에게 지방 사회의 현실 등에 대해 인식하게 되는 계기가 되었다. 그럼에도 유배 이후 그의 정서 세계는 현실의 개혁에 대한 노력이 아닌, 타협과 관조(觀照) 속에 있었다. 그는 이색의 위대함과 자신의 왜소함을 대비시키면서, 자아의 정체성을 이색과 일치시키려 하였다. 이러한 의식 세계는 모순적으로 보이지만, 현실과 부딪치지 않고 자아를 지켜내는 귀족적 성향을 지녔다.

그의 시는 한수 자신의 겸손함을 부각시키고, 또한 현학적인 꾸밈없이 만들어진 경우가 많았다. 그의 상대적 대척점에는 이색의 학문과 문장이 있었으며, 한수는 그 아래에 자신을 위치시켰다. 이색의 문장이 영원히 남을 것이라는 확신 속에서, 한수는 이색을 깊게 추종하는 심리가 내재해 있었다. 그는 현실과의 대결 없이 자신의 귀족적 위상을 정립할 수 있었던 것이다.

3. 이색(李穡)의 자아의식과 심리적 갈등

이색(1328년, 충숙왕 15~1396년, 태조 5)은 고려말 대표적 유학자이며 문인이다. 그에 대한 연구는 역사학계뿐만 아니라, 국문학, 철학, 교육학 분야 등에 이르기까지 많은 부분에서 이루어져 왔다.[162]

여기서 우리가 보려고 하는 것은 이색의 자아의식과 이와 관련되어 겪었던 심리적 갈등 문제이다. 역사학계는 지금까지 어떤 인물이 지닌 의식에 대해 많이 다루지 않았다.[163]

이색은 아버지 이곡(李穀)과 함께 원 과거에 급제하여 기신(起身)한 인물이다. 이색의 자아의식은 이와 같은 아버지 이후 2대에 걸친 학문 능력에 대한 자부심과 결부되었을 수 있다. 따라서 그의 의식은 기존의 세족 자제이면서 귀족적으로 성장한 사람들과 달랐을 것이다.

그의 자아의식은 자신의 정체성과 관련되면서 젊은 시절부터 형성되었을 것이다. 이색의 정체성은 젊은 시절부터 생각했던 자신의 욕구와 목표, 그리고 사회적 역할에 대한 고민 속에서 만들어져 갔다. 물론 이와 같은 정체성과 고민은 시간에 따라 달라지기도 했을 것이다. 지식인으로서의 이색 역시 때로는 자기 합리화라는 과정을 거치지 않을 수

---

162) 현재까지의 연구 성과는 정리하기 어려울 정도로 많다. 그 중 단행본으로 발간된 것은 다음과 같다. 여운필, 1985, 『이색의 시문학 연구』, 태학사 ; 목은연구회, 1996, 『목은 이색의 생애와 사상』, 일조각 ; 신천식, 1998, 『목은 이색의 학문과 학맥』, 일조각 ; 정재철, 2002, 『이색시의 사상적 조명』, 집문당 ; 도현철, 2011, 『목은 이색의 정치사상 연구』, 혜안 ; 이익주, 2013, 『이색의 삶과 생각』, 일조각.

163) 이와 관련된 연구가 2000년대 이후 나오고 있다. 대표적으로는 문철영, 2004, 「정치가 정도전에 대한 역사심리학적 고찰」『정치가 정도전의 재조명』, 경세원 등이 있다.

없었다.

현재 그가 남긴 『목은집』에서 젊은 시절의 글은 상대적으로 빈약한 편이다. 1349년(충정왕 1) 그의 나이 21세 정도에 쓴 시가 가장 이른 시기의 것이기 때문이다. 이때 그는 원의 국자감에서 생활하였다. 이후 그의 시는 한 해에 몇 편 정도씩 등장하고 있다. 따라서 우리는 이 시들을 통해 그의 젊은 시절의 정체성에 대한 지향과 고민을 살펴보려 한다.

다음으로 이색의 시가 집중적으로 등장하는 시점은 장년을 넘어선 52세 때(1379년, 우왕 5)이다. 그는 이 시절에 상당히 많은 시를 써서 일기처럼 남겼다. 당시 그에게는 자신을 돌아보는 회고의 시간이 많은 시점이었다. 스스로 이색은 이 시점을 '노년'이라고 보았다. 당시 그가 지은 시문 약 986수에는 그의 욕구와 이상, 그리고 좌절감과 희망이 뒤섞여 나타난다. 신체의 병, 사소한 일상의 불편과 괴로움뿐만 아니라, 이색을 괴롭히던 여러 현실이 그의 시 속에 담겨 있다.

또한 이색은 우왕 5년 정계에서 한 걸음 물러나 있었다. 우왕 즉위 이후 그는 벼슬길에 나아가지 않았다. 이 시기는 자신의 삶에 대해 여러 가지로 돌아볼 기회였다. 또한 그는 같은 해 벌어진 왜구, 명나라 문제, 우왕의 유모 장씨 사건 등을 겪으면서 고민해야 했다. 그의 심리적 갈등은 다양하게 일어났고 자신의 기억과 의식 등이 여기에 섞이면서, 이것이 시로 나타났다. 그래서 우리는 우왕 5년을 전후한 그의 시 속에 담긴 의식과 심리에 관심을 갖는 것이다.

1) 젊은 시절의 지향

이색은 본관이 충청도 한산(韓山)이다.[164] 그의 집안은 한산에서 호장직을 역임해 왔지만, 아버지 이곡이 원의 과거에 합격한 이후 중앙 정계에 진출할 수 있었다. 이곡은 아들 이색의 출세를 위해 원의 국자감에 생원으로 머물게 하였다. 그의 나이 21세(1348년, 충목왕 4)때의 일이다. 이후 그는 1350년(충정왕 2) 11월에 잠시 귀국했다가, 다음해 1월 국자감에 다시 돌아갔다. 그리고 그는 1352년(공민왕 1) 1월 부친의 사망으로 귀국하였다. 이처럼 원에서 공부했던 이색의 지향은 무엇이었을까?

우선 우리는 다음의 시에서 그의 자아상(自我像)을 더듬어 볼 필요가 있다.

> 네 몸뚱이 왜소하고 못생겼음이여
> 남이 보기에 곧 넘어질 것 같으리
> 보는 것이 짧은데다 듣는 것도 어두워
> 남의 소리 들으려면 좌우를 돌아보네……
> 천지 사이에 내 한 몸을 살펴보건대
> 아홉 마리 소에 털 하나 붙기와 같거니
> 그 누가 나 같은 사람 들먹여나 주리오
> 또한 부당하게 여김도 알기 어렵도다
> 어찌 나의 덕이 거짓되는가
> 나는 순일한 마음만 품어 왔노라
> 어찌 나의 행실이 부정한가
> 나는 정직하게 여길 뿐이로다
> 어찌 나의 말이 거짓되는가
> 나는 진실함만 본받았을 뿐이네

---

164) 그의 생애는 도현철, 2011, 앞의 책을 참고하였다.

어찌 나의 학문이 거치는가

나는 궁극의 경지에 이르렀다오

어찌 나의 정사가 흠이 많은가

나는 법도만 좇아서 할 뿐이로다

오직 나만 전도하고 낭패함이여

선을 주로 삼는 순일함을 몰랐어라[165]

이 시는 젊은 시절이 아닌 말년에 쓴 것이다. 시의 제목처럼 자신에 대한 송사, 즉 일종의 반성에 대한 글이다. 시의 내용으로 볼 때 만들어진 시기는 이색에 대한 비난이 쏟아지던 때로 추정된다.

그는 자신의 육체적 왜소함과 존재감에 대해 스스로 비하하고 있다. 특히 사람들이 자신을 알아주지 않으며, 스스로를 9마리의 소에 붙은 털 하나로 비유하고 있다. 이렇게 그는 자신의 존재감을 미약하다고 보고 있다. 하지만 스스로를 낮춤으로써 우리는 역으로 이색의 강한 자존의식을 이 시에서 엿볼 수 있다.

한편 이색은 타인이 자신에게 향한 비난에 대해 열심히 변명한다. 그가 변명을 하는 근거는 자신의 덕(德), 행실, 말, 학문, 그리고 정치 행위이다. 이런 요소들은 그의 자아정체성을 구성하는 기본적인 것들이라고 할 수 있다. 이색은 순일한 덕, 행실의 정직, 말의 진실, 학문의 경지, 법도에 따른 정치에서 나름의 자부심을 지녔다. 이것은 자신의 존재가

---

165) 『牧隱詩藁』 권1, 自訟辭, "汝之軀矮而陋兮 人視之若將仆也 視旣短而聽又聾兮 中人聲而左右顧也……觀吾身於霄壤兮 吹毛一於牛九 疇其置齒牙間兮 抑難知其所否 豈予德之回譎兮 予則懷其純一也 豈予行之奇邪兮 予則視其正直也 豈予言之訐詐兮 予則師其悃愊也 豈予學之鹵莽兮 予則至于其極也 豈予政之多疵兮 予則蹈夫繩墨也 惟吾之顚頓狼狽兮 莫知主善之克一也." 시에 대한 번역문은 이색 지음·임정기 옮김, 2000, 『국역 목은집』, 민족문화추진회를 이용하였다. 이에 대한 각주는 생략할 예정이다.

'아홉 마리 소에 털 하나'와 같은 존재는 아니라는 변명의 근거다. 이색은 이런 가치를 위해 젊은 시절부터 노력해 왔을 것이다.

그가 원나라 태학(太學)에 갔던 것은 자신의 의지와 관계가 없었다. 아버지 이곡의 뜻이겠지만, 이색은 이를 거부하지 않았다. 그는 아버지의 소망과 자신의 지향을 일치시켰다. 이색이 고려로 귀국하는 이곡을 전송하면서 쓴 시에는

> 만리 밖에 원유함은 부모 생각 때문인데
> 어버이 동으로 가시니 코가 절로 시큰하네
> 천지 사이의 한 몸은 온통 꿈만 같은데
> 풍진은 사면에 어두워 심신을 상하누나
> 학문은 어디에나 아직도 길을 헤매고
> 벼슬길은 끝없어 시험 삼아 나루를 묻네
> 노력하여 스스로 일초의 시각을 아껴서
> 좋은 공업을 태평한 시대에 세우리다166)

이곡이 고려에 돌아간 시기는 정확치 않지만 1348년(충목왕 4) 4월 말에서 6월 초로 보인다.167) 따라서 이 시는 당시에 쓴 것이다. 이 시기는 이색이 4월에 국자감에 들어간 직후였을 때이다. 이로 인해 그의 의지와 결심이 시에서 잘 드러나 있다.

물론 이색은 아버지와의 이별을 슬퍼하고 있고, 자신의 현재 처지에

---

166) 『牧隱詩藁』권2, 東門送家君, "遠游萬里爲思親 親却東還鼻自辛 天地一身渾似夢 風塵四面暗傷神 書林底處猶迷路 宦海無涯試問津 努力分陰當自惜 好將功業樹昌辰."

167) 이성규, 1998, 「가정 이곡 선생(1298-1351) 연보고」『가정이곡선생탄신700주년기념학술대회발표논문집』, 237쪽.

대한 외로움을 토로한다. 현재 자신의 몸이 꿈만 같으며 풍진이 사면에 어둡다는 표현이 이를 말해준다. 그럼에도 학문에 대한 정진과 이를 통한 '태평한 시대'를 꿈꾸고 있다. 이를 실현하는 방법은 '벼슬길' 즉 관료가 되는 일이다. 따라서 그의 사유는 기본적으로 유학자의 경세(經世) 의식에 바탕을 두고 있다.[168] 그 결과 그는 앞 시에서 말했듯이 학문에서의 '궁극의 경지'에 오르려 하였다.

유학 시기에 이색은 부모에 대한 그리움과 자신의 능력에 대한 회의로 고민했다. 그는 "후일에 잘 봉양하게 될지는 모르겠으나 지금 부모 떠나 있는 게 한스러울 뿐"[169]이라면서 자신에게 이렇게 말한다.

터진 옷 꿰맨 곳엔 모친의 손때가 남았고
책이 많아 고인의 글은 다 읽기 어려워라……
아득해진 성인의 학문을 얻을 수 있을까
천릿길을 가려고 문을 나선 처음일세
여상의 비바람은 등잔 앞의 꿈이고요
태학의 세월은 책상 위의 서책이로다
처음엔 가을 하늘 나는 매가 되려 했더니
점차 대나무 오르는 메기임을 알았네
때로 일어나는 분화와의 싸움을 끝내고
새 봄엔 하락에 자리잡아 살고 싶어라[170]

---

168) 김인호, 1999, 『고려후기 사대부의 경세론 연구』, 혜안.
169) 『牧隱詩藁』 권2, 與同舍同賦 "未識他年榮養否 只今深恨阻趨庭."
170) 『牧隱詩藁』 권2, 自詠, "……衣綻尙餘慈母線 帙多難盡古人書……聖學茫茫可得歟
欲行千里出門初 黎床風雨燈前夢 槐市光陰按上書 始擬橫秋如鷙鳥 漸知緣竹有鮎魚
時時罷却紛華戰 河洛新春願卜居."

이색은 모친을 그리워하면서 책을 읽는 일이 쉽지 않음을 토로한다. 그래서 그는 '성인의 학문'에 도달할 수 있을지 의심한다. 그래서 이색은 '가을 하늘 나는 매'처럼 높은 위상을 갖는 자리에 올라가는 일에 의구심을 갖지만, '대나무에 오르는 메기'가 될 수 있게 노력해야 함을 의식한다. 결국 그는 '분화와의 싸움' 즉 공자의 제자인 자하(子夏)가 '세속의 화려함'과 '공자의 도' 사이에서의 갈등을 극복했음을 표방한다. 이런 그의 결심을 드러내는 일은 현실적 욕구인 귀향(歸鄕)과 원 유학에서의 성취 사이에서 갈등하고 있음을 보여준다.

그의 갈등은 자신의 성취에 대한 초조함에서 비롯된 것일 수 있다. 그는 자신의 중국어가 서툴다고 하면서,[171] 부친 이곡의 사망으로 귀국하는 길에 이렇게 말한다.

황제가 즉위한 지 십팔 년 만에
빛나게 오만 광경이 모두 새로워져서
고기직설 현신(賢臣)들이 천도를 삼가 밝히어
온 세상을 요순의 백성으로 올려놓았네……
책을 지고 태학에 와서 유학을 했으나
수년 동안 학문을 제대로 닦지 못하고
오늘 아침 빈 주머니로 고향을 향하여
말에 올라 유유히 봉성을 나가는구나[172]

원 황제 순제(順帝)가 즉위한 지 18년이 되었다. 이색이 원에 온 지도

---

171) 『牧隱詩藁』 권2, 謁成誼叔侍郎名邀先君同年乙未拜中書參政.
172) 『牧隱詩藁』 권2, 出鳳城, "皇帝龍飛十八春 赫然萬目俱更新 虁皋稷契效寅亮 躋世唐虞堯舜民……負笈來游壁水下 數年聽瑩絃誦聲 今朝垂橐故山去 騎馬悠悠出鳳城."

이미 3년이 되었는데 아직 과거에 합격하지 못했다. 그는 당시 원의 치세 기간을 긍정적으로 보았고 유학의 도가 실현되는 시기로 생각했다. 이런 시기 유학자라면 당연히 입사(入仕)해야 한다. 그렇지만 이색은 스스로 학문의 성취를 이루지 못했다고 한다. 물론 그는 학문이란 입사(入仕)만을 위한 것이 아니라고 하였다. 그가 향거(鄕擧)에 응시하려고 가면서 지은 글에 그는 "관록 구하는 학문은 부끄러우나 우선 글 읽은 공이나 시험하려고"[173] 한다고 하였기 때문이다.

이색은 학문적 성취와 자아의 완성을 연결시켜 보았다. 이 두 요소는 그에게 분리될 수 없는 문제였다. 이와 관련해 1353년(공민왕 4)에 지은 다음의 시가 주목된다. 이색은 이때 원 태자 책봉에 하례하는 서장관(書狀官)이 되어 연경(燕京)에 회시(會試)를 보러 가는 길이었다.

> 오래도록 조용히 앉아 천하를 다스리니
> 끝없는 큰 은택에 해가 자주 새로워지네……
> 고려의 거자(擧子)는 참다운 재사라 할지라도
> 다만 운남성과 서로 상대가 될 뿐인데
> 더구나 나는 글 못해 남들이 낮게 여기니
> 운이 설령 좋더라도 남들이 응당 시기하리[174]

이 시에서 이색은 자신을 낮게 평가한다. 그는 중국어 능력 때문인지 알 수 없지만, '고려의 거자(擧子)'의 수준을 중국 변방인 운남성(雲南省)

---

173) 『牧隱詩藁』 권2, 將如京應鄕擧途中作, "頗慙干祿學 且試讀書功."

174) 『牧隱詩藁』 권2, 予將會試京師會國家遣金判書希祖入賀立東宮因以書狀官偕行途中 有作, "萬年垂拱御楓宸 鴻澤無邊鳳曆新……高麗擧子縱眞才 只與雲南作對來 況我不 文人共鄙 雖天有命衆應猜."

정도로 여겼다. 특히 과거 시험에 합격하더라도 타인들은 자신의 문장 실력 때문에 시기할 것이라고 짐작하고 있다. 이는 낮은 자존감의 표현이 지만 오히려 자신이 추구하려는 자아상(自我像)과의 괴리 때문에 나온 것일 수 있다. 즉 이색이 도달하려는 자아가 높은 수준에 설정되어 있고, 여기에 이르지 못하는 현실과의 괴리이기 때문이다. 어쩌면 이 괴리는 이색을 평생 괴롭히게 될 문제가 될지도 모른다.

그의 과거 급제는 결국 아버지의 뜻, 가업(家業)을 잇는 일이었다. 그가 급제 후에 고향에 이르면서

나는 가업을 잘 지켜 전하기만 원했으니
과거 급제 한림학사는 우연일 뿐이라오
표문 받들어 사은하여라 대궐의 아래요
술잔 들어 축수 올려라 술동이 앞이로세
촌 늙은이는 연이어 급제함을 의아해하고
마을 친구는 모두 일찍 출세함에 놀라네
눈에 가득한 강산이 수려한 경치 더하니
맑은 날에 북당의 원추리 곱기도 하여라[175]

라고 하였다. 그의 여유 있는 심경과 과거 급제에 대한 자부심이 은연 중에 시에 드러나고 있다. 이색은 이를 가업과 관련시켜 보았지만, 이것은 자신의 성취라는 점에서 볼 때 시험 급제 이전과 분명하게 다른 태도를 지닌 것이다. 그래서 그는 한산의 훌륭한 경치를 8수의 시로 표현하였다. 제목에서 그는 한산(韓山)이 작은 고을이지만 이곡 부자가 중국 제과(制科)

---

175) 『牧隱詩藁』 권3, 至韓山, "箕裘只願守家傳 桂苑蠻坡是偶然 拜表謝恩雙闕下 擧觴獻壽
一樽前 村翁但訝連登第 里友皆驚早著鞭 滿眼江山增秀氣 北堂萱草媚晴天."

에 합격하여 이름이 알려졌다는[176] 자부심을 갖는다.

이처럼 이색은 젊은 시절 원의 과거 급제로 높은 자존감을 가지게 되었다. 하지만 높은 자존감을 가지게 되었을 때, 이것은 도달해야 할 자아상과 현실과의 모순 속에 빠지도록 만든다. 따라서 이색이 현실적 문제로 좌절한다면, 이상적 자아상과 현실과의 괴리로 인한 고민이 커지게 될 것이다. 어쩌면 그의 노년의 고민은 젊은 시절부터 배태된 것이었다.

2) 노년의 반성과 고민

(1) 회고 : 유자(儒者)로의 길

이색은 1379년(우왕 5) 자신의 과거에 대해 많은 회고를 하고 있었다. 그 해 2월 그는 자신의 삶을 이렇게 말했다.[177]

A. 내 인생은 하늘 땅 사이에서
   정처 없어 떠돌아다녔으니
   연경에 가서는 시서(詩書)를 공부하여
   명유(名儒)를 항상 본받으려 생각하고
   문장의 종사를 모시고 따르면서
   문장 꾸미는 데에 전심했기에

---

176) 『牧隱詩藁』 권3, 吾家韓山雖小邑 以予父子登科中國 天下皆知東國之有韓山也 則其勝
   覽不可不播之歌章 故作八詠云.
177) 이색의 시는 일부를 제외하고 시간별로 편찬되었다. 위 시는 『牧隱詩藁』 권14에
   「二月一日郎家饋粘飯」 이후, 그리고 권15의 「三月三日」 이전에 지어졌다.

도학의 경지엔 비록 어둡지만

여기서 발신의 계제를 얻었네

관등을 뛰어넘어 삼공에 올랐다가

노년에 물러나서 조용히 지내니

좋은 친구들이 자주 찾아와서

향기로운 술까지 가져다 주네

취해 노래하며 형해를 잊노라면

과연 누가 구름이고 누가 진흙이랴

유유히 하늘이 준 나이로 끝내니

찬바람만 굽은 시내에서 일어나네[178]

젊은 시절에 그가 원의 연경에서 공부했던 것은 성리학이다. 그의
나이 21세(충목왕 21)에 시작한 국자감 생원시절의 공부의 내용이었다.
그는 명유(名儒)를 본받으려 하였다. 그가 생각한 명유(名儒)가 구체적으로
누구인지는 알 수 없지만, 여기에는 주희와 같은 성리학자들이 포함되었
을 것이다. 하지만 그는 시에서 '도학(道學)'보다 '문장'에 대한 공부가
우선이었음을 밝힌다. 그는 문장 짓는 능력으로 과거 시험에 합격하여,
이후 '발신(發身)' 즉 출세의 길을 걷게 되었다고 말한다.

이 시절은 그에게 포부와 자부심을 안겨준 때였다. 그의 자부심의
원천은 자신이 학문과 문장의 엘리트라는 점이다. 그에게 '발신(發身)의
계제'가 된 수단이 학문과 문장이었다.

---

178) 『牧隱詩藁』 권15, 悠悠篇, "吾生乾坤中 飄蓬無東西 游燕攻詩書 名儒常思齊 追隨文章
宗 冥心之而兮 雖然迷門墻 於妓爲階梯 超遷陞台司 衰遲安幽棲 良朋頻來過 芳醪仍携
提 酣歌忘形骸 誰雲而誰泥 悠悠終天年 寒風興回溪."

중국 천자가 학교를 중하게 여겨

태학의 진신(縉紳)들이 한창 토론할 때

동인(東人)으로 유학한 이가 매우 적어

조관의 자제는 어찌 존귀했던지

나는 선군이 봉훈의 반열에 오른 관계로

전례에 따라 태학에 유학할 수 있었는데

배추벌레의 변화는 한 해도 안 걸리고

글 지으면 이따금 뛰어나단 칭찬 들었네[179]

5월 말 무렵에 지은 시에서도 같은 면이 엿보인다. 요컨대 '동인(東人)'인 고려인이 원에 유학한 경우가 드물다는 것이다. 그의 자부심은 남과 다른 유학을 했다는 점에서 시작한다. 그는 자신을 배추벌레에 비유하면서 스스로의 문장력을 치켜세웠다. 이색은 다른 글에서도 고려인으로 원 대부(大夫)에 이른 사람이 이인복(李仁復)과 자기 부자뿐이라고 하였다.[180]

그의 자부심의 원천은 원 관료 생활과 문장력의 탁월함이었다. 이 자부심이 그의 정체성을 구성하는 핵심요소이다. 원의 관료 생활은 이색이 경험할 수 있는 문명세계의 중심부에서 자신을 인정받았다는 의식을 갖게 했다. 또한 이는 중국 문명을 보편가치로 인식하게 만드는 계기가 되었다. 또한 이는 자신이 배운 성리학적 가치가 그의 의식세계에서 판단 기준으로 작동한다는 의미였다.

당연히 그는 원에 대해 호의적 감정을 가지고 있었다. 예컨대 그는

---

179) 『牧隱詩藁』 권17, 讀書處歌幷序, "中朝天子重學校 璧水縉紳方討論 東人鼓篋亦甚少 朝官子弟何其尊 先君簉跡奉訓列 援例得以游橋門 螟蛉變化不閱歲 綴文往往稱高騫."
180) 『牧隱文稿』 권15, 有元奉議大夫征東行中書省左右司郞中……樵隱先生李公墓誌銘.

원의 '연도(燕都)를 생각하다'는 시에서, "인심과 천명을 내가 그 어찌 하리오. 연도(燕都)에 머리 돌리니 눈물 줄줄 흐르네."[181]라고 하여, 우왕 5년 당시 원의 몰락을 아쉬워하고 있다. 그만큼 이색은 원에서 얻은 가치와 추억을 깊게 간직하고 있었다. 특히 당시에 그는 명(明)의 등장으로 의식의 혼돈을 겪고 있는 상태였다.

그는 부친 이곡에 대한 커다란 자부심이 있었다(A). 앞서 출세란 학문에서 기인한다고 스스로 말했다. 그에게 학문이란 문장력으로 드러나며, 이는 가문보다 출세에 중요한 요소라고 보았다. 그래서 이색은 진사에 급제한 후에 출사하지 못한 사람이 있다는 말을 듣고,

> 벌열(閥閱)은 귀중하지만
> 문장이 어찌 궁한할 뿐이랴
> 요순 때는 버려진 현자 없었기에
> 내 지금 비로소 크게 탄식하노라[182]

라고 하여 벌열보다 문장력의 중요성을 주장한다. 이런 생각은 자기 능력으로 출세한 신진 관료출신들에게 공통된 의식이었을 것이다. 그의 탄식은 현재 자신의 처지를 반영한 것으로 느껴진다. 자신처럼 능력 있는 사람들의 출사가 보장되지 못하는 사회, 그것이 현실에 대한 불만이었다. 그의 시에서 말하는 요순(堯舜) 시절과 현자(賢者) 이야기가 이를 말해준다. 그의 불만은 우왕 5년 당시 그의 현실적 처지에서 나온 것이다.

---

181) 『牧隱詩藁』 권15, 有懷燕都, "人心天命奈吾何 回首燕都涕淚沱."
182) 『牧隱詩藁』 권19, 有感 進士及第有不得出謝者賦此, "閥閱諒貴重 文章豈窮寒 堯野無 遺賢 我今方永嘆."

(2) 정체성 : 명유(名儒)와 성리학

이색이 젊은 시절부터 추구한 이상은 이름난 유학자[名儒]였다(A).
그는 명유가 되기 위한 방법 중에 하나로 문장 공부를 생각했다.[183]
문장 공부를 추구하는 그의 논리는 『대학』의 '격물치지(格物致知)' 같은
수양법과 약간 거리가 있어 보인다. 왜냐하면 인격적 수양이 중시되지
않아 보이기 때문이다.

그러나 이색이 생각하는 시서(詩書) 공부는 문장만을 익히는 것이 아니
었다. 그는 '시서가 성리(性理)를 궁구'하는 것이라고[184] 하여, 우왕 5년
2월에 자신의 소망을 이렇게 말한다.

> 염락(濂洛)을 좇아 진실한 근원에 오르고 싶어라
> 하늘과 땅이 깜깜한 것 같음을 염려하네
> 다만 남은 생애 다시 잘 요리하여
> 도덕과 문장을 영원토록 전해야 하리[185]

그의 지향은 성리학과 문장의 전수였다. 그래서 그는 한밤중에 꿈에서
깨어나 탄식하면서 평생 16글자를 가슴에 새겼다.[186] 그가 '영원히 전해야
할 것'으로 생각한 만큼, 그것은 이상이었다. 자신의 이상이 높은 만큼
현실 앞에 선 자신에 대한 무력감은 그만큼 크게 느껴졌다.

사실 이색은 재상의 지위까지 올랐었지만 현재에는 주로 친구들과의

---

183) 『牧隱詩藁』 권1, 觀魚臺小賦.
184) 『牧隱詩藁』 권15, 逃懷三首, "詩書窮性理."
185) 『牧隱詩藁』 권15, 伊川歌, "欲從濂洛泝眞源 直恐乾坤似豐蔀 只向殘年更料理 道德文
　　章垂不朽."
186) 『牧隱詩藁』 권15, 半夜歌. 16글자는 요, 순, 우가 전수한 心法을 의미한다.

만남을 즐거움으로 삼고 있었다(A). 여기서 그는 관직에서 얻는 성취감과 현재의 무력감을 마지막 시구에서 드러내고 있다. '굽은 시내에서 부는 찬바람'이란 말은 이색이 느끼는 무력감과 쓸쓸한 처지를 대변한다.

이색은 이러한 무력감 속에서 남은 생애를 잘 보내야 한다고 촉구한다. 그가 추구해 온 것은 명유가 되기 위한 인간상, 즉 군자의 길이었다.[187]

> 군자의 길은 가정을 바르게 하는 데에 있으니, 가정을 바르게 하려면 먼저 마음을 바르게 해야 하고, 마음을 바르게 하려면 먼저 방심(放心)을 거둬들여야 하는데, 방심을 거둬들이는 방도는 '털끝만큼도 감히 방자하지 않는 것'이 바로 그것이다. 이것이 위의 삼장에 다 갖추어졌으니, 보는 이들은 소홀히 하지 않기를 바라는 바이다.[188]

우왕 5년에 그는 이렇게 다짐하고 있다. 그래서 군자는 '추향(趨向)' 즉 물욕과 현상에 따라 마음을 쓰면 바르게 되기 어렵다고 한다. 그의 주장은 자신을 안정하는 것[自靜]부터 힘을 쏟고, 모든 것에의 대응은 '무불경(無不敬)'으로 하라는 것이다.[189] 이런 주장은 제도개혁보다 각 개인의 수양에 목표를 두고 있는 사유에서 나온다.

그는 수신(修身)과 제가(齊家)가 격물치지(格物致知)에서 출발한다고 보았다.[190] 주자학의 전형적인 생각이었다. 이러한 자기 수양에 대한

---

187) 이색은 옛 사람을 스승으로 삼아 끊임없이 노력하여 군자형 인간형에 도달하려는 자아확립 내지 자기실현의 의지를 지녔다고 한다(여운필, 1995, 『李穡의 詩文學 硏究』, 태학사, 110쪽).

188) 『牧隱詩藁』 권14, 偶題, "君子之道 在於正家 欲正家 先正心 欲正心 先收放心 收放心 一毫不敢肆是已 三章備矣 觀者幸無忽焉."

189) 『牧隱詩藁』 권14, 君子愼所趨.

190) 『牧隱詩藁』 권15, 卽事, "始信修齊由格物 靈臺方寸配蒼穹."

다짐은 당시 불운한 처지와 그 속에서의 개인적 지향을 보여준다.

(3) 우리 도〔吾道〕와 이상

이색은 이름난 유학자가 되기 위해 도(道)를 추구했다. 이 도는 주로 '우리의 도〔吾道〕'라고 표현했고 우왕 5년 전후하여 그의 시에 자주 등장한다. 물론 '오도'란 말은 추상적이긴 하지만 통상적으로 유학(儒學)의 도를 말한다. 이 말은 불교, 도교와 대비하여 유학의 정체성을 표현하는 단어이기 때문이다. 이색은 구체적으로 "도를 구하는데 오직 성리서(性理書)에 의탁한다."[191]고 하여, '우리의 도'와 관련하여 성리학적 도덕을 염두에 두었다. 우왕 4년 9월 경에[192] 그는 다음과 같이 말한다.

> B. 옛 사람은 도를 따르길 귀하게 여겼는데
>   지금 사람은 시세에 따르길 중하게 여기네
>   포희씨는 주역의 괘를 그렸고
>   문왕은 처음으로 계사를 붙였고
>   주공 공자는 서로 기술함이 있으니
>   군자는 의당 이것을 생각해야 하리
>   변동하는 것은 흐르는 물과 같고
>   천리는 작은 것에서 나뉘는 것이니
>   어긋나면 진정 천리와 멀어지니
>   경(經)을 지켜 스스로 위태롭게 말지어다
>   고인은 배움에 법이 있었는데

---

191) 『牧隱詩藁』 권13, 卽事.
192) 이 점은 앞에 「十三日」(『牧隱詩藁』 권11)이란 제목의 시에서 추정된다.

지금 사람은 배움에 스승이 없네
자득함은 참으로 타고난 재주이니
선을 하는데 마땅히 힘써야지
내 스스로 우리 도에 뜻을 두면
밖의 근심으로 어찌 옮기랴
아침저녁으로 삼가서 지켜야만
거의 닳거나 검어지지 않으리
서리 이슬이 날로 슬퍼지게 하니
심하여라 나의 쇠해짐이여193)

　여기서 이색은 옛사람[古人]과 현재[今人]를 대비시켰다. 이는 현재와 과거를 대비하는 사유방식이다. 옛 사람은 유학의 성인이고, 현재 사람은 자신을 포함한 당대인이 된다. 과거는 이상이고, 현실은 그 반대이다. 이때 옛 사람의 구체적 사례가 포희(복희), 문왕, 주공, 공자 등이다. 이들은 사물의 변화, 즉 도의 흐름을 알게 해주는 『주역』과 관련된 인물들이었다.

　그러나 변화 속에서 지켜야 할 것, 즉 천리와 경(經)이 있다. 현실의 시류만을 따를 때, 위기가 온다는 것이 그의 생각이다. 이색은 그래서 배워야 한다고 했다. 나아가 '오도'에 뜻을 두고 아침저녁으로 지키라고 주장한다. 이때 도(道)는 현재의 변화 속에서 지켜야 하는 영원한 가치이다. 여기서 그는 학문과 수양의 중요성을 생각한다.

---

193) 『牧隱詩藁』 권11, 擬古, "古人貴從道 今人重趣時 庖義畵大易 文王初系辭 周孔迭有術 君子當念玆 變動如流水 天理分毫釐 差之信千里 守經無自危 古人學有法 今人學無師 自得信天挺 爲善當孜孜 自我志吾道 外患何曾移 朝夕惕以守 庶不磷而緇 霜露日惻惻 甚矣吾之衰."

하지만 현재의 그는 이를 추구하기에 노쇠하다고 보았다. 이색은 현실의 자신을 빈번하게 그런 식으로 말했다. 그의 표현은 유학적 이상을 실현하지 못하고 있는, 사회적 무력감의 소산이다.

이색은 '우리 도'의 쇠퇴 원인을 외부에서 찾았다. 그는 이씨(二氏) 즉 불교 및 도교의 등장이 그 원인이라고 본다. 우왕 5년 4월에 그는 상서 박총과 삼교에 대해

이씨(二氏)가 들어온 이래 우리 도가 쇠해져서
천하에 도도하게 흘러 어디로 가려나……
그 누가 알리오 이씨의 적멸과 허무가
폈다 말았다 하는 뜬 구름과 똑같은 줄을
백발에 곤궁히 살다가 뜻과 기가 쇠해지니
늙은이는 편케 해야 함을 분명히 알겠네
요순의 덕화는 참으로 즐거움직 하건만
불노(佛老)의 기관은 모두 의문투성이라네[194]

라고 했다. 이 시에는 유학의 우월성과 불교, 도교와의 차이가 깔려 있다. 이색은 불교의 적멸과 도교의 허무가 뜬 구름 같다고 했다. 주자가 말하는 유학이 '실학'이란 주장과 마찬가지다. 그래서 그는 불교와 도교보다 '요순의 덕화'가 더 우월하다고 주장한다.

그런데 '오도'란 관념은 이를 지키려는 정통의식과 사람들을 만들게 마련이다. 후일 정치적으로 대립하는 정도전 역시 이색과 같은 생각을

---

194) 『牧隱詩藁』 권16, 朴叢尙書談三敎 旣去 吟成三篇, "二氏以來吾道衰 滔滔天下欲何之 靜……誰知寂滅虛無處 政似浮雲舒卷時 白髮窮居志氣衰 明知老者在安之 唐虞聲敎眞 堪樂 佛老機關儘可疑."

하고 있었다.

이는 우리 도의 흥하고 쇠하는 것이 인재에 달려 있고, 천하의 인재는
옛날부터 얻기가 어렵다 하니 역시 하늘이 하는 바이며, 사람이 능히
할 바가 아닌 것이다. 목은 선생께서 우리 도의 주맹(主盟)이 되어 유학을
흥기시킴을 자기 임무로 삼아 이에 대해 근심을 한 지 오래되었다.[195]

정도전은 이색을 우리 도의 주맹이라고 인정한다. 이색 또한 우왕
5년 1월에 정도전에 대한 안타까움을 드러내고 있다.

세상 인정은 이전의 각박함을 따르니
우리 도는 지금 잘못되었네
후일 서로 만날 곳은
참선하는 방이나 낚시터일 것이네[196]

두 사람은 나중에 정치적으로 대립하게 되지만, 이 시점까지는 '오도'의
실현 목표가 같았다.[197] 이러한 동지의식은 집단적 정체성이 될 수 있었다.
이들의 집단적 의식은 '오당(吾黨)'이나 '오배(吾輩)' 등의 표현으로 드러난
다. 예컨대 이색은 "시가(詩歌)란 정사의 아름다움을 형용하여 인심을
바르게 하고 세도(世道)를 붙들어 세우는 것이니, 우리 무리[吾黨]가 마땅히

---

195) 『三峰集』 권4, 題跋李牧隱送子虛詩序卷後題, "是吾道之興喪 在於人才 而天下之才
    自古以爲難 天也 非人之所能爲也 牧隱先生主盟吾道 以興起斯文爲己任 有憂於此
    其亦久矣."
196) 『牧隱詩藁』 권14, 有懷鄭道傳, "世情依舊薄 吾道至今非 他日相從處 禪窓與釣磯."
197) 이색은 우왕 4년 3월 경에 정도전이 提州에서 생도를 가르친다는 말을 듣고
    시를 지어 격려하고 있다(『牧隱詩藁』 권11, 聞鄭司藝道傳在提州村莊授徒六韻).

힘써야 할 것이다."198)라고 하였다. 이처럼 그는 자신들의 정체성을 문학 및 세도와 관련시켰다.

이색이 우왕 6년에 정추와 술을 마시면서, '우리 무리[吾輩]'의 출처에 대해

우연히 서로 만났지만 전혀 격의가 없어

거울로 거울 비추듯 빛이 서로 통했었네

전조의 정당문학은 내가 먼저 지냈으나

금상(今上)의 서연엔 세 동년이 함께 하였네……

시국이 어려워 장수가 재상직을 맡아

학문의 길 끊겼으니 누가 다시 탐구하랴

우리 도 글러서 초옛샛날 두꺼비 같지만……199)

라고 하여, 역시 '우리 도[吾道]'와 연결짓고 있다. 여기서 이색은 자신들의 존재를 왜구 침입 등으로 부각된 군벌과 다른 부류라고 보았다. 그는 '우리 도'가 초옛샛날 두꺼비처럼 무용지물이 되고 있음을 아쉬워하였다. 그의 무력감은 우왕 6년까지 계속되고 있었다.

이색은 '오도'를 드러내는 장치로 생각한 것이 '문장'이다. 우왕 5년 가을에 그가 "오도는 오직 문자"200)라고 말한 것은 이런 의식의 산물이다.

---

198) 『牧隱詩藁』 권11, 予年二十八拜內書舍人……夫歌詩 所以形容政事之美 正人心扶世 道 吾黨所宜勉焉 而予之不幸也 如此聊賦短篇 以告後來君子云.

199) 『牧隱詩藁』 권21, 圓齋示酒頌僕略述吾輩出處歸飮中,"萍水相逢無機緘 如鏡照鏡光相 涵 前朝政堂我先占 今上書筵同榜三……時艱節鉞膺具瞻 經籍道息誰更探 吾道非矣六 日蟾……." 圓齋는 정추의 호다. 이 시는 우왕 6년 3월 경에 지은 것으로 보인다.

200) 『牧隱詩藁』 권18, 秋興三首.

익재(이제현) 문하가 해동을 압도하였으니

북두처럼 하늘에 솟아 천개에 의지했네

문장의 원기는 사시를 참작하여

화풍(華風)을 토해 해외에서 불었네

우리 집안 부자는 광석 가운데 금인데

한 번 주조해 내시니 커다란 소리 펼쳤네

환히 서로 빛나 남의 눈을 놀라게 했는데

은의가 천지처럼 깊기 때문이네

내 감히 아첨하는 말을 자네에게 이르랴

내 속맘을 다 꺼내서 보여주는 것일세

만 권 서책을 읽어서 또한 어디에 쓰랴?

본체 밝혀서 충효를 실천할 뿐이네

우선 『대학』 한 부의 책에 마음을 두어

정정(靜定)을 한 다음 나머지를 구하게나

격물치지 제가 평천하가 다 여기 있으니

뒷날에 내 말을 소홀히 하겠는가[201]

우왕 5년 5월경에 지은 이 시는 이색의 정체성과 지향을 잘 보여준다. 이색은 26세 때인 공민왕 2년(1353) 5월 과거 시험 을과에서 장원으로 급제하는데, 당시 시험관이 이제현과 홍언박이다. 이때 그는 두 달 전에 아버지 이곡의 상을 마친 상태였다.[202]

201) 『牧隱詩藁』 권17, 題宗孫詩卷, "益齋門墻壓東海 斗柄插天天倚蓋 文章元氣酌四時 吐出華風吹海外 我家父子鑛中金 一被鑄出宣洪音 炳然相輝動人目 恩義所以天地深 敢把諛辭進吾子 我出肺腑肉相示 讀書萬卷亦安用 明體達之忠孝耳 且心大學一部書 靜定然後求其餘 致格齊平盡在此 他日吾言其忽諸."
202) 이중구 번역, 1985, 『국역 목은선생연보』, 한산이씨대종회, 55쪽.

이제현은 부친 이곡의 지공거이기도 하다. 결국 이곡과 이색 부자가 모두 이제현과 좌주문생 관계가 된다.[203] 이 점은 '우리 부자를 주조했다'는 표현으로 나온다. 결국 문장의 도는 좌주문생관계로 연결된다는 얘기다. 그러나 실제 표시는 불교에서 의발을 전수하는 것처럼 '서대(犀帶)'로 이루어진다.

> 불가에서 도를 전수함에 의발이 있었으나
> 유림의 성대한 일은 차츰 누가 전했던고
> 문풍의 소중함은 과거를 주관함에 달렸고
> 좌주와 문생 사이의 은의가 온전하니[204]

라고 하여, 이색은 이제현의 좌주 조간이 충렬왕에게 서대를 받은 이후에 전해져 온 것이라고 했다. 그래서 이색은 이제현이 사망한 7월 29일 제사에 아파서 참석하지 못함을 안타까워했다.[205]

이렇게 이색은 자신의 정체성을 성리학과 이를 따르는 사람들 속에서 찾으려 했다. 그것은 학문으로 가문을 일으키고 출사할 수 있었던 그가 기댈 수 있는 믿음이었다. 비록 현실에서 그가 겪는 좌절이 클수록, 이상을 추구하는 심리가 강해지는 이유가 여기에 있었다. 그런 만큼 심리적 갈등과 좌절이 만만치 않았다.

---

203) 『稼亭集』 稼亭先生年譜.
204) 『牧隱詩藁』 권14, 犀帶行烏犀紅鞓二腰益齋松亭所傳, "僧家授受有衣鉢 儒林盛事初誰傳 文風所重在主擧 座主門生恩義全."
205) 『牧隱詩藁』 권8, 七月二十九日 益齋先生明忌 病不能與祭 感舊述懷三首.

3) 심리적 갈등과 모색

(1) 육체적 고통과 현실

이색은 우왕 5년에 많은 심리적 갈등을 느끼고 있었다. 이 갈등이 상대적으로 젊은 시절이나 그 이후보다 더 컸던 것인지를 확인하기는 어렵다. 왜냐하면 그가 남긴 글의 대부분이 이 시기에 집중되어 있기 때문이다. 그가 심리적 갈등을 느꼈던 요소는 여러 가지다.

삶의 과정에서 느끼는 갈등은 자신의 욕구 불만부터 사회적인 관계까지 다양하다. 욕구 불만은 자신이 원하는 것을 얻지 못하는 현실과 이상의 추구에서 비롯된다. 이상과 꿈의 좌절은 불만족스러운 현실과 결합되면서 심리적 갈등을 유발시킨다.

우왕 5년에 여러 가지 불만스러운 현실은 이색을 괴롭혔다. 그는 이때 질병에 시달렸고, 자신의 육체적 고통만큼이나 현실을 불만스러워 했다.

주공 공자가 세상에 안 나오니
이단들이 분잡하게 일어나네
대의는 날로 어두워져만 가는데
하얀 머리털은 의관을 내리덮고
내 몸은 또 병까지 많은 터라
날이 흐리면 더욱 쑤시고 아프네
......
옛사람은 목격(目擊)을 중히 여겼기에
세도가 대동으로 오르게 됐는데
지금 사람은 말만 번드르르할 뿐

마음속엔 산과 바다가 막혔네

이런 때문에 목은자(牧隱子)는

세상일을 보지도 듣지도 아니하고

흥겨우면 붓으로 뱉어낼 뿐이거니

감히 궁하여 공교한 시에 비기리오[206]

이색의 육체적 고통은 현실과 대비되고 있다. 그는 탕약을 먹으면서, 밤에는 눈이 어두워 글 읽기도 어려워했다.[207] 그리고 치통과 함께,[208] 눈병까지 매 해 생기고 있었다.[209] 또한 그는 허리가 아프고 다리마저 절뚝이고 있어[210] 스스로 자신이 늙었다는 표현을 이즈음에 자주 하는 것이 당연할 지경이다. 그는 이 해 5월 26일 서연에 나가 진강한 후에 우왕이 내린 술을 마시고 곧장 돌아와서는 피곤해 누워 있을 정도였다.[211] 그 달에는 기력이 약해져서 개선하는 군사들을 맞이하러 가지도 못했다.

자신의 육체가 병이 들었던 것처럼, 세상은 이단이 판을 치고 있었다. 이처럼 세상은 갈수록 어지러워진다고 느끼는데, 이색은 여기에 대처할 자신감을 잃어가고 있었다. 그래서 그는 현실에서 세상과 단절하고 싶어 했다. 그의 유일한 도피처는 시를 짓는 일이었다. 자신은 세상을 보지도

---

206) 『牧隱詩藁』 권15, 古風三首, "周孔不世出 雜然多異端 大義日以晦 霜雪沾衣冠 我骨又 多病 天陰彌辛酸……古人重目擊 世道升大同 今人口瀾翻 山海方寸中 是以牧隱子 收視仍塞聰 有興吐以筆 敢擬窮詩工."

207) 『牧隱詩藁』 권15, 卽事三首.

208) 『牧隱詩藁』 권16, 齒痛. 그래서 이색은 부드러운 음식을 좋아하게 되는데, 당시 全羅按部가 洗鱗을 보내주자, 아픈 이에 먹기 좋다고 하였다(같은 책, 謝全羅按部送 洗鱗).

209) 『牧隱詩藁』 권16, 自詠, "眼疾年年發."

210) 『牧隱詩藁』 권13, 卽事, "夜深腰痛睡難安"；권16, 又題, "病軀偏畏熱 蹇步祇求安."

211) 『牧隱詩藁』 권16, 五月卄六日上在書筵臣稽進講……於是親賜酒拜飮趨出還家困臥 久而方起.

듣지도 않는다는 것이다. 이것은 육체적 무기력만이 아니라, 자신의 한계에 대한 직시(直視)였다.

그러나 단절할 수 없는 사회현실은 그에게 심리적 갈등을 불러일으켰다. 물론 이색은 스스로 사회와 단절하지 않았다. 단지 그 통로가 출사 같은 활동이 아닌, '공교한 시[詩工]'로 바뀌어 있을 뿐이다.[212] 그는 자신의 곤궁한 처지와 감당할 수 없는 현실 사이에서, 오래도록 남을 문학을 기대했다. 우왕 5년을 전후한 시기의 대량으로 남긴 시는 이런 의식의 산물인지 모른다.

물론 이것은 현실에서의 무력감에서 출발한다. 그는 자신의 쇠약해진 상태와 당시 정치현실을 동일하게 보고 있었다. 그의 무력감은 몸이 아픈 것 때문만은 아니었다. 거기에는 가난하다고 느끼는 자신의 경제적 처지와 사회적 역할에 대한 불만이 더해지고 있었다.

이색은 우왕 4년 당시 말이 없어서 빌려 타고 다닐 정도였다.[213] 당시 그는 땅을 얻고자 희망하고 있었다. 그 자신 역시 이런 행동에 대해,

> 땅이 있어도 안 가는 건 심히 말이 안되지만
> 땅이 없이 가려 함은 망녕된 사람일 뿐이리
> 오호라 대장부가 백발이 되도록
> 아직 이름 날리며 이익을 가까이 했으니
> 당시에 조소 받고 낯은 이미 붉어졌거니와
> 후일의 비난 평판은 역사에 부칠 뿐이로다[214]

---

212) 이 말은 송나라 구양수가 한 것으로, 곤궁한 사람의 시가 공교해진다는 뜻이다(임정기 옮김, 『국역 목은집』 4, 민족문화추진위원회, 2001, 89쪽 註45).

213) 『牧隱詩藁』 권11, 無馬 ; 권16, 借馬發病.

214) 『牧隱詩藁』 권12, 求田歌, "有田不歸甚亡謂 無田欲歸安人耳 嗚呼丈夫鬢髮白 尙爾馳名近於利 當時非笑已赤面 他日譏評付靑史."

라고 했다. 그는 토지를 구하는 자신의 행동에 스스로 부끄러워하면서 경제적 이익과 현실적 타협을 하고 있다. 결국 이색은 그 해 10월에 토전을 받고 가노(家奴)를 보내서 답험(踏驗)까지 하게 된다.215) 그의 가난은 상대적인 것이지만 이로 인한 마음의 갈등을 겪어야 했다. 이런 면은 같이 어울렸던 한수(韓脩)와 같은 문벌 출신과 달랐다.

그래서 그는 우왕 5년에 봉록을 받으면서

신하의 몸 살찌운 건 임금의 봉록인데
차마 편히 먹고 걱정 없이 지낼 수 있나
한 톨의 쌀이 한 가지 일만큼 중하거니
감히 청컨대 배불리 먹고 깊이 생각하세나
깊이 생각하면 절로 등에 땀이 흐르건만
처자들은 잘 먹고 입어 한창 유희하누나216)

라고 말한다. 자기 역할에 대한 반성과 다른 관료들에 대한 당부가 섞여 있다. 그의 당부는 개인적 이익을 위해 관료 생활을 추구하는 것이 아닌, 군주에 대한 충성의 실현을 촉구하는 것이다. 여기에는 자신들이 먹는 봉록이 '백성의 기름[紀綱國血脈 俸祿民膏脂]'이라는 의식이 들어 있다. 이런 책임의식이 자신의 현실적 처지와 맞물려 심리적 갈등을 일으키고 있었다.

---

215) 『牧隱詩藁』 권12, 得料色僉錄公緘撥賜土田 ; 將遣家奴踏驗新田.
216) 『牧隱詩藁』 권13, 受祿歌, "臣身肥腯是君祿 可忍退食徒委蛇 一粒重似一事重 敢請鼓腹時沈思 沈思自有汗洽背 妻子飽煖方游嬉."

(2) 은일과 출사

이 시기 이색은 자신의 출처(出處)에 대해 많이 고민했다. 출처란 이색의
사회적 역할에 대한 설정과 관련 깊다. 그의 고민은 은일과 출사 사이에
있었다. 물론 출사는 자신의 의지만으로 되지 않는다는 점에서 문제가
되었다. 우왕 5년 5월경에 그는 다음과 같이 말한다.

> 진퇴는 일찍이 범중엄을 배우려 했는데
> 돌아감은 도리어 진 나라 도잠(陶潛) 같구나……
> 백발은 처음 쇠하여 털이 막 짧아지고
> 충심은 늙어서도 늘 연연해 마지 않네
> 한산의 산 아래엔 잡초들이 하 많거니
> 끝내 띠집 짓고 돌밭 개간하련다[217]

그는 송(宋)의 사대부인 범중엄(范仲淹)의 출사와 도잠(陶潛), 즉 도연명
(陶淵明)의 은일 속에서 방황하고 있었다. 그렇지만 이색은 자신의 육체적
쇠퇴와 대조적으로 충심이 계속된다고 하여, 출사에 대한 의지가 본심이
었다. 시에서는 자신의 고향인 한산에 돌아감으로 끝을 맺고 있지만,
이것은 단지 내키지 않는 희망으로만 엿보인다.

도연명을 내세웠던 것은 당시 지식인 가운데 이색뿐만이 아니었다.
그는 이 시점에서 은일을 나름대로 의식하고 있었다. 이러한 이색의
마음을 대변하는 것이 연꽃과 국화였다. 특히 그는 연꽃을 좋아했다.
그가 연꽃을 좋아한 것은 개인적 취향 때문만이 아니었을지 모른다.

---

217) 『牧隱詩藁』 권17, 遺興, "進退曾期范仲淹 歸來却似晉陶潛……白髮始衰方種種 丹心
　　 到老尙懸懸 韓山山下多蒿艾 茅屋終當墾石田."

연꽃은 이색이 추구했던 '염락(濂洛)의 도' 즉 성리학을 내세운 중국 주돈이[주염계]가 좋아했던 꽃이다. 주돈이는「애련설(愛蓮說)」을 지었고, 이후 이 글은 군자의 태도에 대한 중요한 전거로 여겨졌다. 앞서 이제현은 곽충령이 만든 군자지(君子池)의 이름을 이「애련설」에서 본떴다고 밝혔다.[218] 그가 연꽃을 좋아했던 이유는 군자와 이 꽃이 같다는 인식 때문이었다.

이 무렵 이색은 연꽃을 보기 위해 용화지에 갔다. 그러나 때가 일렀는지 아직 꽃이 피지 않았다.[219] 용화지는 산 속에 있었다. 그럼에도 이색은 불편한 몸을 이끌고 갈 정도로 연꽃을 보고 싶어 했다. 한 달쯤 후에 광제사로 이를 보러간 그는

연꽃이 나를 보고 본래 서로 알았던 듯이
말은 못하고 제 생각 대신 말해주길 청하네
우리 동방은 인수한 군자 나라였는데
풍속이 바뀌어 모두 성색(聲色)에 빠졌지만
나는 진흙 속에 있어도 물들지 않거니
어찌 속이 통하고 겉이 곧을 뿐이리요……
나는 예산에 숨은 군자를 사랑한다오
공이 잠깐 머물러서 내 마음 위로하여라[220]

---

218) 李齊賢,『益齋亂藁』권9, 沔州臺堂亭銘.

219)『牧隱詩藁』권17, 將賞連龍化池花無開者.

220)『牧隱詩藁』권18, 賞蓮坐久兒子輩取米城中設食午後雨映東西山而不至坐上甚可樂也僅僕猶懼其或至也邀入寺中飮唉夜歸代蓮花語作, "蓮花見我如素識 花不能言請代臆 東方仁壽君子國 風移俗易迷聲色 我處汚泥亦不染 豈獨中通仍外直……我愛猊山隱君子 公其少留慰吾心."

라고 했다.

자신과 연꽃을 동일시한 이색은 현실에서 자신의 고독을 말한다. 그가 생각한 풍속변화에 대한 생각은 과거와 현재의 대비 속에서, 전자를 기준으로 하는 의식을 대변한다. 여기서 이색은 '예산의 숨은 군자'인 최해를 좋아한다고 했다.[221] 그 이유는 최해의 삶이 자신과 비슷하다고 느꼈기 때문일지 모른다.

최해 역시 충숙왕 때 원나라 과거에 급제하여, 요양로개주판관을 지냈으며, 귀국 후에 검교성균대사성까지 이르렀다. 이런 관력과 그의 문장력, 그리고 은자의 삶이 현재 이색 자신의 모습과 비슷하다고 보았던 것 같다. 그러나 이색은 끝내 귀향하지 못하고, 갈등해야 했다. 그는 마음의 고통이 은자적인 삶으로 해결될 수 있다고 희망했지만, 현재 자신의 해야 할 역할이 남아 있다고 느꼈다. 이것은 '성색(聲色)에 빠져 있는' 현실 상황에서 유학자로 느끼는 책임의식이었다.

(3) 공민왕과 자신

그가 돌아가지 못하고 갈등했던 것은 선왕인 공민왕에 대한 의리 때문이었다.

묻노니 너는 어느 날에나 돌아가려는가
노쇠와 가난, 질병에 비난까지 만나니
다만 선왕의 은덕을 갚지 못한 때문에
감히 초연하게 떨쳐 일어나질 못한다오

---

221) 『高麗史』 권190, 列傳22, 崔瀣.

묻노니 너는 지금 도를 꾀한 게 없기에

도의를 말하려면 문득 분명치 못하나니

다만 우리 부자(夫子)를 배움이 부족하기에

끝까지 마음밭이 무성하도록 놓아두지 않으리

묻노니 너는 지금 무엇을 하려는가

힘이 없는 병든 몸을 억지로 지탱하고 있네

다만 아직 충심이 남아 있기에

옛날의 원화성덕시를 잇고자 하네[222]

이색은 자문자답을 통해 현실적 곤란에 처한 상태와 미래에 대한 자신의 지향을 설명한다. 현실 속에서 노쇠, 가난, 질병과 사람들의 비난이 그를 괴롭히고 있었다.

그러나 선왕의 은덕 갚음과 공자의 도가 이색이 지향하는 것이었다. '원화성덕시'란 유학자 한유(韓愈)가 지은 당 헌종에 대한 장편시다.[223] 이색은 한유처럼 충심을 발휘하는 문장을 남겨 선왕의 업적을 후세에 알리고자 했다. 이 행위는 선왕에 대한 충심에서 나온다고 생각하였다. 이런 충성이 전형적 관료였던 그를 정신적으로 지탱시킨 유학적 가치였다. 그의 지향이 은일을 위한 귀향이 될 수 없는 이유가 여기에 있었다.

당시 그는 공민왕에 대한 많은 미련과 회고를 갖고 있었다. 이는 공민왕의 영전인 광암사에 비를 세우는 일과 관련 깊다.[224] 원래 이색은 광암사비

---

222) 『牧隱詩藁』 권18, 自詠, "且問汝將何日歸 老衰貧病更遭譏 只緣未報先王德 不敢超然便拂衣 且問汝今謀道無 欲談道義却含糊 只緣未學吾夫子 不放心田終歲蕪 且問汝何所爲 病軀無力强支持 只緣尙有丹心在 欲繼元和聖德詩."

223) 임정기 옮김, 2000, 『국역 목은집』 5, 민족문화추진회, 85쪽.

224) 광암사는 공민왕과 노국대장공주의 능이 있으며, 원래 이름은 운암사다(『高麗史』 권89, 列傳2 后妃2, 魯國大長公主).

의 문장을 맡았다. 이로 인해 공민왕에 대한 추억은 그를 사로잡고 있었다.

이색은 우왕 5년 4월에 대궐에서 열린 주연에 참여했다. 이때 그가 느낀 감격 속에서 선왕인 공민왕의 총애에 대한 기억을 떠올릴 정도였다.[225] 또한 서연을 진강하자, 그는 공민왕과의 추억에 잠겼다.[226]

그는 공민왕이 죽은 9월 23일이 되자

우리 넓은 하늘 현릉(공민왕)을 슬피 바라보니
온 집안 생명이 힘입어 완전해지니
시시각각 사모하는 마음은 하루 같은데
아득한 우주 안에 승하한 지는 육 년일세……
그 누가 알리요 신 색(穡)의 무궁한 뜻을
단정히 앉아 재계함이 곧 범연(梵筵)이네[227]

공민왕이 사망한 지 6년의 시간이 지났지만, 이색은 공민왕에 대한 마음이 한결 같다고 했다. 그는 절에 가서 재계하면서 자신의 뜻을 되새겼다. 그가 새긴 뜻이 무엇인지는 정확치 않다. 아마도 그것은 이 시점까지 마무리하지 못한 공민왕의 비를 세우는 일이나 자신의 충심을 영원히 드러내려는 것이 아니었을까. 당시 이색은 꿈속에서조차 선왕을 시종할 정도였다.[228]

---

225) 『牧隱詩藁』 권16, 昨承兩府差知印來招 至則入內庭赴宴 旣而中官傳王旨 賜坐坐于堂上西偏 二相以下列坐于庭 以次上壽 退而自省 眞如夢中 先王寵幸臣之餘澤 至今存焉 不勝感激 吟成長句四韻 以爲他日榮觀云.

226) 『牧隱詩藁』 권16, 明日當進講書筵 追念先王寵幸之恩 不勝感激 吟成.

227) 『牧隱詩藁』 권19, 九月二十三日玄陵忌旦無從赴齋筵獨坐有感, "悵望玄陵我昊天 閤門生聚賴完全 羹牆耿耿如一日 宇宙悠悠今六年……誰知臣穡無窮意 端坐淸齋卽梵筵."

228) 『牧隱詩藁』 권19, 對菊有感.

광암사비는 우왕 3년까지 그 준비가 되어 있었다.[229] 그 해 7월경에 한수가 비문의 글씨를 썼고,[230] 8월경에는 권중화가 전서를 맡아 작업이 일단락되었다.[231] 그럼에도 이 비는 만 2년이 넘도록 서지 못하고 있었다. 여기에는 공민왕에 대한 역사적 평가 등과 관련해서 여러 정치적 문제가 개재되어 있었다.

우왕 5년 10월, 이 문제는 해결의 기미를 보이게 된다. 결국 현릉비의 건립으로 이색은 그 공훈으로 인해 옛 관직에 복직된다.

소국이 대국 섬김은 예절의 떳떳함이요
조상 제사 경건히 함은 효의 돈독함이라
구중궁궐의 조서가 하루아침에 내리자
태평성대의 화기가 동방에 떠오르누나……
재상들은 선왕의 은혜에 깊이 감격하여
세월이 오래될수록 정성이 더욱 간절해
말하길 수년째 비문을 다 새기지 못한 건
다만 사방에 전쟁이 연달은 때문이라며……
3인이 함께 제수된 건 유자(儒者)의 영광이라
병든 뒤의 광영에 신은 기쁘기 그지없네
현릉 때의 정당(政堂)이 지금 몇이나 남았던고
9년 만에 재차 받음은 진정 큰 은혜라네[232]

---

229) 이색의 「廣通普濟禪師 碑銘」(『牧隱文藁』 권14)에 '今上 4년 정사년(우왕 3) 10월 초하루'에 윤환 등이 상서한다고 하였다. 이는 당시까지 비문이 작성되어 있음을 의미한다.

230) 『牧隱詩藁』 권8, 韓簽書在光巖書碑僕不能往觀聊迷所懷.

231) 『牧隱詩藁』 권8, 權政堂篆光巖碑 韓簽書邀予同往觀 適疾作 獨坐復用前韻 ; 권정당이 권중화임은 『高麗史節要』 권30, 辛禑 3년 5월 참조.

    제목에 따르면 조정이 강남진헌사로 가는 이무방의 관직을 더해주면서, 이색과 한수가 같이 복직이 되었다는 것이다. 이무방의 일로 시의 앞부분에 '이소사대(以小事大)'에 대한 찬양이 등장한다. 이색은 사대(事大)와 조상을 섬기는 일을 동질적이라고 보았다.

    조상을 섬김은 곧 현릉비를 통한 추모사업을 말한다. 그 결과로 '태평의 화기'가 일어난다고 이색은 보았다. 이 말은 국가와 국왕의 차원에서 유교질서와 도덕이 실현되는 것에 따른 새 시대에 대한 희망을 말한다.

    그런데 이색의 복직은 사신 파견과 관련이 있었다. 그 해 10월에 문하평리인 이무방과 판밀직 배언이 명나라 남경에 가서 세공과 진정표를 전달했다.[233] 이 일은 앞서 3월에 심덕부 등이 갖고 들어온 명나라 조서에 대한 대응이다. 명은 조정배신의 50% 조회, 말 1천 필을 바칠 것 등을 요구하였고, 특히 고려 왕위계승자에 대한 의심을 하고 있었다. 명의 어려운 요구에 대해 이색은 우왕과 왕대비의 진정표를 대신 작성해 주었다.[234]

    그의 관직 복귀는 이런 일에 대한 보상이란 의미도 있었다. 앞서 말한 '태평의 화기'란 이색 등과 같은 유자들의 임명으로 인해 생긴다고 이색은 생각했다. 시에 말하는 그의 기쁨은 의례적 표현일 수 있다. 그러나 이것은 출사와 은일 사이에서의 갈등을 해소되는 것에서 오는 것일지도 모른다.

    당시 그가 새벽에 일어나 지은 시구에서,

232) 『牧隱詩藁』 권20, 江南進獻使李宰相加官 故有宰批 穡與韓簽書以玄陵碑故 皆復舊職 明當謝恩 有感發詠, "以小事大禮之常 愼終追遠孝之篤 九重宣貯一朝下 太平和氣浮暘谷……廟堂深感先王恩 愈久愈遠誠彌加 迺曰數年不畢刻 只爲四境多兵戈……三人同拜儒者榮 病後光華臣喜極 玄陵政堂幾人存 九年再拜眞殊恩."
233) 『高麗史節要』 권31, 辛禑 5년 10월.
234) 『牧隱文藁』 권11, 陳情表 ; 王大妃陳情表.

여흥에 가는 길이 아직 더디고 더뎌짐은

다만 저 광암사의 타루비 때문이라네

두어줄 비문을 이제 새길 수 있다 하니

얼음이 녹는 때엔 내 호연히 돌아가련다[235]

　자신의 땅이 있는 경기도 여주로 가는 것과 광암사비를 사이에 둔 심리적 갈등을 여기서 엿볼 수 있다. 시에 등장하는 얼음은 현재 이색의 삶을 상징하는 단어이다. 이 얼음이 녹는다는 것은 심리적 갈등의 해빙이 아닐까 한다.

　이색은 선왕인 공민왕에 대한 긍정적 평가와[236] 그에 대한 추억으로 일관하고 있다. 그가 공민왕을 자주 회고했던 것은 자신의 정치적 성장과 활동이 그 아래에서 이루어졌다고 보았기 때문이다.[237] 그것이 앞 시에 나타난 '공민왕의 은혜'였다. 그 은혜에 보답하는 길은 자신의 문장력으로 공민왕을 기리는 일이다. 결국 광암사비 건립 실현은 이색의 입장에서 관료적 충의의 실현이었다. 또한 이 일은 자신의 사회적 역할을 다시 일깨워준 동기였다. 그 수단은 이색이 자부해온 문장이다.

　이런 이색의 갈등해소는 관료적 의식이 강한 유자로서 겪을 수 있는 일이다. 우왕 5년 이색은 육체적인 노쇠함과 병, 그리고 자신의 사회적 역할에 대한 좌절감 속에서 갈등하고 있었다. 공민왕비문 건립은 이런 갈등 속에서 자신의 자존심과 위상을 다시 일깨우는 일이었다. 과거의 활동과 현재의 불만 속에서 이색은 자신이 영원히 남길 문장에 희망을

---

235)『牧隱詩藁』권20, 曉起, "驪興行色尙遲遲 只爲光巖墮淚碑 見說數行今可刻 浩然歸志泮氷時."
236)『牧隱文藁』권14, 廣通普濟禪寺碑銘幷序.
237)『牧隱詩藁』권24, 短歌行.

걸었다.

 이색은 젊은 시절부터 많은 시를 남겼다. 물론 현재 남겨진 상당수의 시는 그의 후반기의 삶인 1379년(우왕 5)에 쓴 것들이다. 이색은 아버지의 영향으로 일찍부터 학문의 길에 접어들 수 있었다. 특히 그는 아버지 이곡이 원의 관리였던 덕분에 21세였던 젊은 나이에 원 국자감에 유학할 수 있었다. 그의 국자감 유학은 타국에서 인간적 외로움에 시달리게 했던 요인이었다.
 그는 자신의 외로움과 학문적인 성취 사이에서 고민해야 한다. 외국에서의 생활은 쉽지 않았고, 특히 언어에 대한 압박과 아버지의 기대감으로 인해 어려움을 겪어야 했다. 그 결과 이색은 낮아진 자존감에 시달려야 했다. 그의 낮은 자존감은 시에서 드러나고 있다. 그는 유학으로 인한 심리적 압박, 나아가 과거 합격에 대한 부담감을 상당히 느껴야 했다. 그것은 역설적으로 높게 설정하고 있던 자신의 자아상과 깊게 관련이 있었다. 그는 자신이 추구했던 유학자로서의 삶과 가치가 이와 같은 자아상에 깊게 침윤해 있었다. 그렇지만 현실에서 그는 과거 합격과 출사(出仕)라는 부담을 더 크게 안고 있었다. 따라서 양자의 모순과 괴리는 시에서 때로 낮은 자존감의 표현으로 등장하지만, 과거 합격 후에는 커다란 성취감과 자부심으로 나타난다.
 이색은 아버지 이곡 때부터 학문적 능력을 바탕으로 출세했다는 사실을 잊어본 적이 없었다. 그가 과거 합격 후에 지은 한산(韓山)에 관련한 시는 이를 잘 보여준다. 또한 자신의 자부심의 원천이 여기에서 잘 드러나고 있다. 원래 그는 학문 수련을 통한 문장 능력을 자부했지만, 자신이 배운 성리학적 가치들은 그의 의식 밑바탕에 자리 잡아 있었다. 그의 자아상의 원천은 여기에 있었다. 따라서 그는 자연스럽게 경세의식(經世意

識)을 지니고 있었다. 그렇지만 그의 경세의식은 출사를 바탕으로 이루어지는 것이었다. 결국 그는 전형적인 관료가 되려는 자아상과 의식적 지향을 지닌 인물이었다. 현실에서 자신의 문장 능력은 군주에 대한 충성으로 연결되며, 또한 그에게 문장의 전수는 영원함을 추구하는 방식이었다. 이를 통해 출세하는 것이 그가 택한 길이다.

그래서 생각한 이상적 인간형은 다른 유학자들과 마찬가지로 군자였다. 그에게 유명한 유학자가 되는 것이 곧 군자가 되는 길이다. 군자가 됨은 현실에서 고위직에 오르는 것 이상으로 이색에게 중요한 가치였다. 현실적 출세와 영원한 명예, 그것은 일치할 수 있어 보이지만 서로 다른 가치였다. 양자의 추구와 모순은 그에게 심리적 갈등을 불러일으킨 근본적 요인이었다.

이상적 과거와 불만스러운 현재는 항상 서로를 괴리시키는 동일한 양면성을 지니는 것이었다. 그 결과 옛사람들의 가치와 그에 대한 추구가 불만스러운 현실을 낳았다. 그래서 이색은 '오도(吾道)' 즉 유학적 가치를 추구했다. 이 시기 유학자들이 추구했던 불교와 다른 '오도'의 추구는 정통의식을 낳게 하는 요소였다. 이색은 이를 문장의 도와 연계시켜 보기도 하였다.

그는 우왕 5년에 신체적으로 많은 병을 앓았고, 스스로 노년에 접어들었다고 생각했다. 이런 점은 현실 속의 혼돈과 함께 그를 괴롭혔다. 당시 그는 중요한 관직에 있지 않았으며, 특히 자신이 존숭했던 공민왕 추모사업이 제대로 추진되지 못한 상태였다.

이색은 때로 은일한 상태로 살아가고 싶어 했지만, 항상 현실세계와 단절하려고 하지 않았다. 그것은 당시 유학자들의 보편적 성향이기도 했다. 그는 은일과 출사 사이에서 방황하면서 우왕 5년을 보냈다. 당시 '태평의 화기'가 생기길 기대하는 공민왕 추모사업은 이색이 해결해야 하는 최우선 과제 중에 하나였다. 이 일로 인해 군주에 대한 충(忠)이 현실에서 드러나게 된다고 믿었기 때문이다.

결국 공민왕 추모사업 문제가 해결되면서 이색의 복직이 이루어질 수 있었다. 그러나 그가 할 수 있는 일은 제한적이었다. 현실의 불만족은 이색에게 공민왕을 더욱 추모하도록 하는 요인이 되었다. 말하자면 과거 공민왕 시대에 대한 기억이 이색을 괴롭히고 있었다. 우왕 5년의 많은 시 작품은 그가 현실의 불만 속에서 영원히 남길 문장에 희망을 걸었기에 나온 것이었다.

이색의 심리와 그 갈등은 이후 등장할 전형적인 관료들의 보편적 모습을 원초적으로 보여준다고 할 수 있다. 이처럼 학문 능력을 바탕으로 출사한 관료들은 생애 동안에 이색과 같은 심리적 갈등을 겪게 될 것이다.

4. 권근의 자아정체성과 출사(出仕) 지향적 사유

권근(權近, 1352년, 공민왕 1 ~ 1409년, 태종 9)은 고려말 조선초기의 대표적 학자 중에 한 사람이다. 그의 본관은 안동 권씨이며, 그의 가문은 고려후기 대표적 문벌 중의 하나로 성장하였다. 이런 가문 출신의 권근은 왕조 교체기라는 시점 속에서 자아정체성에 대한 고민을 하지 않을 수 없었다.

지금까지 권근에 대한 연구는 국문학, 철학, 역사학 분야 등에서 다양하게 이루어져왔다.[238] 역사학계에서는 그의 불교관[239]이나 역사론,[240] 정치사상 등의 연구가 주로 이루어졌다. 또한 권근의『오경천견록』이나

『입학도설』과 같은 저술은 유학이나 철학 분야 연구에 기본 자료가 되었다. 그만큼 권근에 대한 연구는 지금까지 많이 축적되어 있는 편이다.

그러나 권근이 지은『양촌집』에 실린 시들은 역사학계에서 특별하게 다루어진 바가 없다.[241] 그의 시들이 뚜렷한 현실 인식이나 정치적 입장을 보여주지 않기 때문이다. 권근은 당시 중대한 현실문제를 다룬 시에서도 자신의 입장을 드러내지 않는 편이다. 예컨대 그는 공녀(貢女) 선발에 대한 시에서도 주로 이별이라는 감성적 차원에서만 이 문제를 다루었다.[242] 물론 시문이란 형식 자체가 자신의 생각을 뚜렷하게 드러내는 매체는 아니다. 또한 그의 개인적 성격과 현실을 대하는 태도가 이와 같은 감성적 시문을 주로 남기게 했는지 모른다. 여기에는 분명히 그의 세계관과 사유방식이 작용했을 것이다.

그렇다면 우리는 권근이 남긴 많은 시문을 역사학의 연구대상에서 제외시켜야 할 것인가?『양촌집』에는 전체 26권 중에 10권 분량의 748제의 시가 수록되어 있다.[243] 특히 이 시들은 권1의 응제시를 제외하고 대개 연대순으로 배열되어 편이다.[244] 이 시들은 타인들에게 보여주기

---

238) 권근에 대한 연구 중에 대표적인 단행본은 다음과 같다. 도광순 외, 1989,『권양촌사상의 연구』, 교문사 ; 강문식, 2008,『권근의 경학사상연구』, 일지사 ; 전수연, 1998,『권근의 시문학 연구』, 태학사. 그 외에 많은 성과가 쌓여 있다.

239) 이정주, 1998,「麗末鮮初 儒學者의 佛敎觀-鄭道傳과 權近을 中心으로」, 고려대 박사학위논문.

240) 김남일, 2005,『고려말 조선초기의 세계관과 역사의식』, 경인문화사.

241) 강문식의 연구에서는 권근의 일부 시가 자료로 활용되었다(앞의 책, 57~58쪽).

242) 권근,『陽村集』권10, 選女. 반면 그의 스승인 이색의 아버지 이곡은 이를 폐지하자는 상소를 올린 바 있다.

243) 전체 시문의 숫자는 제목만으로 계산된 것이기 때문에, 실제 시문의 숫자는 늘어날 수 있다. 전체 시문의 숫자는 전수연, 1998, 앞의 책, 78쪽 참조. 현재『陽村集』은 총 26권 중에서 10권이 시문이다. 그 밖에 記는 46개, 序는 66개, 說은 13개, 傳은 3개, 跋語는 21개, 銘은 7개, 讚이 8개, 祭文은 13개, 表箋은 15개, 文은 34개이다.

위한 것도 있지만 자신의 심경을 밝힌 것도 있다. 따라서 우리가 그의 시를 추적해간다면 권근이 지녔던 고민과 심성을 엿볼 수 있다.

권근은 고려에서 조선왕조로 변화하는 격변기에 살았다. 그는 이런 상황에서 어떤 심성적 변화를 겪었을까? 이 변화의 중심에는 권근이 추구했던 자아의 정체성 문제가 있다.

지식인은 자신의 삶 속에서 목표를 추구하고 그에 따른 성취를 고민한다. 이 고민의 과정 속에서 자아정체성은 만들어진다. 권근도 자신의 존재와 삶에 대해 고민하면서 정체성을 형성해 갔을 것이다. 그의 내면에 주목하는 것은 이런 정체성이 지식인의 정치와 사회적 활동으로 이어지기 때문이다. 따라서 우리는 이런 연구를 통해 권근의 활동과 정치적 지향에 대한 이해를 높일 수 있다.

권근의 삶은 네 시기로 나눈 후에 여기에 접근해 보려 한다. 첫째는 권근의 젊은 시절인데, 18세인 1369년(공민왕 18)부터 유배를 가기 직전인 1389년(공양왕 1)까지이다. 이때까지 그는 관료 생활에서 커다란 굴곡을 겪지 않았다. 그렇지만 권근이 정체성과 사회현실에 대한 고민이 없었던 시기는 아니다.

둘째 시기는 1389년(37세) 유배부터 1392년(공양왕 4) 이성계가 국왕이 되기 전까지이다. 이 시기 권근은 심리적으로 큰 좌절과 위축을 느꼈다. 문벌 출신이며 엘리트 관료로서의 자존감이 강했을 권근은 인생에서 유배라는 첫 정치적 실패를 경험하였다. 따라서 유배에 따른 심리적 갈등이 심각했던 시기였다.

---

244) 권1은 1396년(태조 5), 권2~권5는 우왕대, 권6은 창왕 원년, 권7은 공양왕~태조 3년, 권8은 태조 4년경~태종 2년 경, 권9는 태종 1년 경~태종 3년 경, 권10은 태종 5년~태종 9년이다. 시 중에는 연대를 확인할 수 없는 경우도 있고, 연대순으로 되어 있는 않는 시도 일부 존재한다.

셋째 시기는 조선왕조가 건국되어 1397년 왕자의 난이 발생할 때까지이다. 그의 나이 48세까지 해당 시기이다. 고려말 유배에 풀려난 권근은 조선왕조 건국 이후 출사를 위해 노력했다. 그의 출사 지향적인 변화와 고민이 이 시기를 살펴보는 주요한 초점이다.

마지막으로 우리는 권근의 말년을 살펴보려 한다. 이 시기는 이방원이 권력을 장악한 이후, 권근의 사회적 지위가 최고 자리였던 때였다. 그러나 권근은 육체적으로 많은 병으로 고생하면서, 자신의 삶에 대한 회한과 반성을 하였다. 이런 자신에 대한 성찰은 권근을 지탱해온 정체성 해명에 큰 도움을 줄 것이다.

1) 젊은 시절의 고민과 지향

권근은 1352년(공민왕 1)에 태어나 18세(1369년, 공민왕 18)부터 관직 생활을 시작하였다. 이른 나이에 시작한 그의 관직 생활은 1389년(공양왕 1)에 유배를 가기 전까지 순탄하게 계속되었다. 유배 전까지 청년 시절 권근은 과연 어떤 고민을 주로 했을까? 다음 시는 그의 청년 시절에 그가 했던 고민의 한 단면을 보여준다.

타고난 천성 게으르고 옹졸하여
세속의 번잡이 항상 싫었지
사립문엔 오가는 사람이 적어
외곬인 내 마음에 잘맞네
이따금 높이 올라 바라다보니
먼 산에 뜬 저 구름 한가로워라

이 산 속에 숨어 사는 선비가 있어

세상 싫다 어느 때나 돌아오려나[245)]

권근은 이 시에서 자신의 성격을 게으르고 옹졸하며 편벽되다고 하였
다. 이 말은 그의 실제 성격이 아닐 것이고 권근 자신이 추구하는 이상적
성격과 비교해서 나온 상대적 표현이다. 그는 학문과 인간관계, 그리고
관료 생활에서 부지런해야 한다는 생각을 평소에 갖고 있었다. 그는
'성실'이라는 유학적 가치에 맞추어 부지런해야 한다고 생각했다. 하지만
그는 자신이 설정한 성실한 자아상과는 거리가 있다고 본 것이다. 그래서
'게으르고 옹졸하다'고 보았다.

이 시에서 그는 자신의 성격이 세속과 맞지 않기에, 은일(隱逸)하는
선비가 적합하다고 주장한다. 시 속의 '세속의 번잡'이란 표현은 관료
생활을 하면서 생기는 현실적 문제와 인간적 교류의 번거로움을 점잖게
말한 것이다. 이 시만으로 단정하긴 어렵지만, 권근은 타인과의 교류나
접촉에서 일정한 거리감을 두는 부류로 보인다. 이 거리감은 자신의
고고함을 타인과 섞이면서 세속화되었을 때 잃어버리게 될 것이라는
두려움에서 비롯하였을 것이다. 그것이 '은일'을 위한 '산 속에 숨어
사는 선비'로 표현되었다.

은일과 세속적 삶과의 갈등은 이 시기 권근만의 문제가 아니었다.[246)]
그렇지만 이후 그의 삶 속에서 '은일'과 '출사' 사이의 모순은 권근을

---

245) 『陽村集』 권2, 擬古和陶, "我生性懶拙 常厭塵俗喧 衡門絶來往 適我心期偏 時乘高丘望
閑雲生遠山 山中有隱士 長往何時還." 시의 번역문은 모두 민족문화추진위원회에
서 발간한 『국역 양촌집』에 기초하였다. 필자가 번역문을 수정한 경우도 있다.
여기서는 번역문의 인용 쪽수를 생략하였다.

246) 당시 유명한 문인과 학자들이 자신들의 號에 '隱'을 붙이고 있어, 은일적 삶에
대한 추구가 유행했을 것으로 보인다. 권근의 스승인 목은 이색은 물론이고,
포은 정몽주, 도은 이숭인 등이 대표적 사례이다.

괴롭히는 문제가 되었다. 이후에도 그는 관료 생활 중에 자신의 정체성과 역할을 계속 고민하였다. 예컨대 그는 "위태로운 시대에 보탬은 없고 부질없이 관복에 큰 띠만 맸다."247)고 말한다. 자신의 사회적 역할에 대한 고민이 드러나는 구절이다. 권근은 직분을 올바로 수행하는 관료상(官僚像)을 추구했고, 이것이 그의 내면에 들어 있는 정체성 중 하나였다.

한편 권근은 젊은 시절부터 육체의 병으로 힘들어 했다. 그는 20대부터 병을 앓는 경우가 자주 있었다. 권근은 중국 귀화인이 왕이 내린 쌀을 받은 것을 축하한 시에서, "약관에 병을 앓아 배조차 곯고, 네 벽만 서 있으니 사람 축에 못낀다네."248)라고 하였다. 그리고 이후에도 병에 관한 이야기가 시에 여러 차례 등장한다. 예컨대 그는 선월사(禪月寺)에 묵으면서, "방탕한 몸이 병조차 많아, 연래에 온갖 일 게을러졌네."249)라고 주장하였다.250)

이처럼 권근은 자신이 게으른 이유로 병을 핑계 삼았다. 현재 우리는 젊은 시절 권근의 건강 상태가 어떠했는지를 정확히 알 수 없다. 그러나 위의 시들이 모두 핑계만은 아닐 것이며, 이런 건강 상태는 권근에게 때로 관료 생활에 회의감을 주거나, 관료로서의 직분 수행을 저해하는 요소가 되었다. 아울러 좋지 않은 건강 상태는 권근이 말년에 여러 질병을 앓는 원인이 되었을 것이다. 나아가 그의 건강 상태는 심리적 요소까지 영향을 주었다. 즉 권근이 현실 문제에 대한 회피적 또는 소극적 대응은

---

247) 『陽村集』 권2, 有感, "時危無補效 袍笏謾牙緋."
248) 『陽村集』 권2, 次韻全齋李先生賀樞齋李正尹蒙受賜米, "君不見弱冠抱疾腹空虛 四壁 獨立人不齒." 이 시는 권근의 나이 20세로 계산하면 1371년(공민왕 20)에 지어진 것이고, 당시 그는 선덕랑 장흥고사를 거쳐 조청랑 태상박사를 할 때였다.
249) 『陽村集』 권2, 宿禪月寺, "狂散仍多病 年來萬事慵."
250) 그 외에도 그는 政房에서 감회를 쓸 적에도 자신을 '병이 많은 게으른 나그네'라고 표현하였다(『陽村集』 권2, 政房書懷).

좋지 않은 육체적 건강의 결과일 수 있다. 건강에 대한 자신감 상실은 때로 상황에 대한 소극적 대응이나 회피로 나타날 수 있기 때문이다.

또한 권근은 자신의 재능과 업적에 대해 반성한다. 새해 시작에 권근은 동년(同年)인 김지(金摯)에게,

> 재능이란 한 시대 사람과 비슷하지 못해
> 금문(金門)이란 시종하는 신하, 너무 부끄럽고
> 벼슬살이 십년에 무슨 일을 이루었는가
> 그저 귀밑가의 청춘만을 더 얻었네[251]

여기서 권근은 재능이 뒤떨어지고, 출사 이후 한 일이 없다고 반성한다. 당시 그는 전 달에 조봉랑 삼사판관 예문응교 지제교에 임명되었다.[252] 권근은 종5품직으로 승진하여 재정과 문장에 관련된 일을 하게 된 셈이다. 그런데 자신이 시를 준 김지는 '동년'이라고 부르고 있어 당시 벼슬에 있지 않았다.[253] 따라서 이 시는 김지에 대한 미안함을 감추기 위해 자신을 낮추어서 오히려 스스로를 돋보이게 하는 수사법을 보여준다. 사실 권근은 은일을 지향한다고 했지만 평생 관료 생활을 포기하지 않았다. 이 점은 그의 출사 욕구가 은일보다 강했음을 보여준다. 그리고 출사에 대한 욕구는 당시 유학적 사유에 기반해서서 볼 때 당연한 일이었다.

---

251) 『陽村集』 권2, 元日退朝贈金同年摯, "才能不類一時人 深愧金門侍從臣 宦學十年成底事 居然添得鬢邊春." 이 시는 '벼슬살이 십년'이란 내용으로 볼 때 1379년(28세)에 지어진 것이 되어야 한다. 그러나 이어지는 시에서 본인이 24세라고 하고 있어 제작 연대는 1375년(우왕 1)이다.

252) 권근은 예문응교를 했기 때문에 『陽村集』 권2의 공민왕 만장을 비롯하여 여러 사람의 挽辭를 지었을 것이다.

253) 김지는 창왕 원년에 전농부정을 하고 있는 것으로 확인된다(『高麗史』 권137, 列傳50, 창왕 원년 8월).

특히 그는 문장 짓는 일에서도 마찬가지였다. 그는 "성품이 편벽되어 글귀 탐내니, 시 이루면 벼슬 얻는 것보다 낫다."[254]고 했다. 젊은 시절 권근은 이숭인에게 자주 시를 보내거나, 그의 시에서 운을 빌려 작품을 만들었다.[255] 이런 관계로 인해 그는 나중에 정치적 곤란에 빠진 이숭인의 편을 들었다가, 결국 탄핵을 받았다. 아마도 권근은 이숭인이 자신과 비슷한 수준의 문장력이 있다고 인정했기에 그와 깊게 교유했을 것이다. 사실 문장력에 대한 욕구는 권근의 정체성을 구성하는 중요한 요소이며, 그가 후일 역임한 많은 관직이 이와 관계가 깊다.

젊은 시절에 권근은 자신의 문제만을 고민하지 않았다. 그는 농민의 현실에 대해 이렇게 말한다.

아, 남쪽 밭의 백성들을 보라
일년 내내 쉴새없이 일에 파묻혀
손등은 벌어져라 흙먼지 일으키며
가을을 기다리며 쟁기 호미 움직이네
고치 켜도 몸에는 비단옷 못 걸치고
벼를 길러 입으로는 먹지를 못하네
어쩌면 두 겨드랑에 큰 날개를 꽂고
하늘의 문 위로 날아올라 임금께 부르짖어
거룩한 은택이 흠뻑 내려서
다시 원래의 소생을 볼거나[256]

---

254) 『陽村集』 권2, 雨中用簡齋韻招金翼之, "性僻惟耽句 詩成勝得官."
255) 그의 교유 중에서는 정도전과 이숭인이 부각된다. 그는 1379년(우왕 5) 북원 사신 영접일로 유배를 간 정도전과 이숭인을 그리워했다(『陽村集』 권2, 憶三峯陶隱諸公). 특히 이숭인에게는 여러 편의 시를 지어 보냈다.
256) 『陽村集』 권2, 苦熱行贈金翼之, "旰嗟南畝民 卒歲常拮据 手背龜拆田起塵 服勞望秋動

이 시는 이규보의 농민 현실에 대한 시를 연상시킨다.[257] 그러나 이와 같이 사회현실에 비판적 시는 그의 문집에 별로 보이지 않는다. 권근은 사회현실 비판에 대해 조심스러운 편이었다. 그는 이 시에서 농민이 노고에 대한 대가를 받지 못하고 있는 현실을 고발한다. 그 책임은 군주에게 있다고 했다. 시에서 군주가 이를 해결하기 위한 주체로 언급되고 있기 때문이다. 이런 사유는 이후 그가 주장하는 천인합일(天人合一)의 주체로서 군주수신론[258]과 연결된다.

또한 고려말 익위군(翊衛軍)[259])에 대한 시에서도 비슷한 비판의식으로 이어진다.

……시냇가에 웅성대는 군졸을 보니
도롱이 펼쳐 지붕을 만들었네
오랜 동안 노숙을 견디다 못해
태양과 비를 막기 위해서네
그들 말이 대궐을 호위하려고
고향을 이별하고 멀리 왔네

樓鉏 繰絲身不衣 養苗口不茹 安得大翼揷兩脅 飛上天門叫當宁 霈然下膏澤 復使元元蘇."

257) 李奎報, 『東國李相國後集』 권1, 聞國令禁農餉淸酒白飯, "長安豪俠家 珠貝堆如皇 春粒瑩如珠 或飼馬與狗 碧醪湛若油 霑洽童僕味 是皆出於農 非乃本所受 假他手上勞 妄謂能自富 力穡奉君子 是之謂田父 赤身掩短褐 一日耕幾畝 才及稻芽靑 辛苦鋤稂莠 假饒得千鍾 徒爲官家守 無何遭奪歸 一介非所有 乃反掘艽茈 飢仆不自救 除却作勞時 何人餉汝厚 所要賭其力 非必愛爾口 粲粲白玉飯 澄澄綠波酒 是汝所生 天亦不之咎 爲報勸農使 國令容或謬 可矣卿與相 酒食猒腐朽 野人亦有之 每飮必醇酎 游手尙如此 農餉安可後."

258) 강문식, 2008, 앞의 책, 270쪽.

259) 익위군은 우왕 원년에 개경 방위를 위해 경상, 양광, 전라도의 군병을 모집한 군대이다. 이들은 동강, 서강에 주둔했다(『高麗史』 권82, 志36, 兵2 진수). 권근은 이들이 주둔한 처지를 보고 이 시를 지었다.

고향은 바로 저 바닷가인데

　　버려져서 도적의 소굴이 되고

　　내 집엔 사내라곤 하나도 없어

　　아낙네가 농사일을 한다오

　　듣자니 도적들이 또 왔다는데

　　죽었는지 살았는지 알 길 없구려[260]

　익위군 병사는 고향에서 왜구의 피해를 입을 수 있는 가족을 걱정하고
있다. 바닷가 지역은 왜구에 의해 약탈의 주요 대상이었다. 이런 가운데
개경 방위를 위해 징발된 익위군 병사들은 가족 걱정으로 제대로 근무할
수 없었다. 또한 권근은 경제적 빈곤 등을 걱정하는 병사들의 처지를
이 시에서 사실적으로 보여준다. 그러나 권근은 결국 병사들에게 충절을
지키라고 권유한다. 그는 모순된 사회현실에 대한 근본적 개혁을 염두에
두지 않았다.

　물론 그는 이를 개선하지 못하는 관료로서의 자신에 대한 무력감을
지니고 있었다. 권근은 가뭄으로 인해 흉년이 걱정인 농부들의 모습에,

　　벼포기 패려다가 노랗게 되니

　　농부들은 흉년들까 걱정을 하네

　　더구나 열흘 동안 불볕이 나서

　　초목마저 재앙을 받다니……

　　오사(五事)의 득실로 휴구(休咎)가 드러나니

---

260) 『陽村集』권4, 錄翊衛軍語, "溪邊見卒伍 張養成屋梁 不堪久曝露 所以備雨暘 自言衛京
　　 關 遠來別家鄉 家鄉是海畔 棄爲盜賊場 我屋更無人 婦女營農桑 近聞寇又逼 不知存與
　　 亡."

이때 나의 직책은 간관(諫官)인데

제 구실 못하고 늘 입 다문 채

아침 출근 저녁 숙직 그것으로 족하네

흙먼지 눈에 가득 관리의 길이 머니

오호라 때를 알아 숨어야 할텐데[261]

라고 하여 간관의 직책을 다하지 못하고 있음을 반성한다. 여기서 오사(五
事)는 군주의 정치와 관련된 행위이고,[262] 이는 인간과 하늘이 관련된다는
천인상관론(天人相關論)에서 나온 것이다. 천인상관론에 따르면 군주의
수신(修身)과 통치 행위가 천재지변과 직결됨은 주지의 사실이다.[263]

　권근은 31세인 1382년(우왕 8)에 좌사의대부가 되었다. 이후 그는 우왕
의 군주 수신과 관련해 계속해서 간언을 했다. 결국 화가 난 우왕은
술이 취한 상태에서 권근을 화살로 쏘려고 했을 정도였다.[264] 따라서
권근이 본인의 역할을 전혀 안했다고 볼 수는 없다. 그럼에도 본인은
직책 수행에 대한 부족함을 탓하고 있었다.

　이와 같이 권근은 현실 문제의 근원을 군주와 자신의 관료적 책임으로
돌리는 유형이었다. 특히 본인이 관료로서의 책임과 반성의 방식은 이후
의 삶에서 되풀이 되어 나타난다. 반성의 결과는 후회와 은일에 대한

---

261) 『陽村集』 권4, 北風歌, "田苗欲秀半已黃 農夫恐失西成望 况是連旬遭亢陽 可憐草木同
　　罹殃……五事得失休咎彰 我時官曹忝省郞 曠職不言常括囊 朝衙夕直空趍蹌 滿眼塵沙
　　官道長 鳴呼不得知時藏."
262) 『書經』 洪範篇에 실려 있는 것으로 오사는 외모[貌], 말[言], 보는 것[視], 듣는
　　것[聽], 생각하는 것[思]을 말한다. 이때의 休咎란 禍福과 같은 뜻으로, 정치에서의
　　다섯 가지의 성취 여부로 화복이 정해진다는 유교의 天人相關論의 논리적 기반이
　　기도 하다.
263) 이희덕, 1984, 『고려유교정치사상의 연구』, 일조각.
264) 『高麗史』 권107, 列傳20, 權呾 附權近.

160

지향이었다.

그러나 권근이 스스로 은일 생활에 들어간 적은 없었다. 출사와 은일 사이의 고민은 하였지만 그의 지향은 언제나 관료 생활이었다. 이것이 그의 내면적인 정체성의 뿌리였다. 요컨대 유학자로서의 현실참여, 즉 관료가 되어 직분을 올바로 수행하는 일이 권근에게 은일보다 중요했던 것이다.

2) 유배기의 좌절과 출사에 대한 성찰

권근은 1389년(공양왕 1, 38세) 6월에 중국에 사신으로 갔다 왔다. 이후 그는 같은 해 10월에 우봉으로 유배를 가게 된다. 당시 그는 중국에 사신으로 갔던 이숭인을 편들었다가 탄핵을 받았다. 이어 공양왕이 즉위한 이후인 12월에 영해로 다시 옮기게 되었다. 1390년 2월에는 계림의 감옥에서 지내다가 흥해로 옮겼으며, 이후 김해와 청주의 감옥을 거쳐 6월에 커다란 홍수로 인해 사면 받았다. 그러나 7월에 다시 익주로 귀양을 갔다가 11월에 종편(從便)의 처벌로 경감된다. 그는 모두 합쳐서 1년이 약간 넘는 기간 동안 유배를 갔던 셈이다.

이 기간 동안 지은 시가 「남행록」이다. 권근은 「남행록」 잡저서(雜著序)에서 "바야흐로 조정과 부모를 떠나서 근심스럽고 통분한 느낌이 있으니, 시가(詩歌)를 지어서 근심을 펴고 슬픔을 달래고 싶었지만, 감히 못하고 또 차마 못하였다."고 한다. 그래서 그는 궁벽하고 적막한 땅에서 느낄 것이 없기 때문에 시를 6개월 동안이나 짓지 못했다고 말한다. 이 대목은 권근이 유배로 인해 받았던 적지 않은 심리적 충격과 좌절을 보여준다.

권근의 좌절감은 탄탄하게 이루어져 왔던 벼슬길에서 처음 겪는 정치적 충격에서 비롯되었다. 그는 유배될 때까지 엘리트 관료의 길을 걸어왔다. 본인은 문벌인 안동 권씨 출신이고, 1369년(공민왕 18) 이른 나이부터 이때까지 20년 동안 관직 생활을 순탄하게 해왔다. 또한 연보에 따르면 당시 권근은 첨서밀직사사(종2품)라는 고위직에 있었다. 이때까지 그는 유배와 같은 정치적 좌절을 한 번도 겪지 않았다.

앞서 1375년(우왕 1) 권근은 정도전, 정몽주 등과 함께 북원(北元) 사신의 영접에 반대했다. 이 사건으로 정도전 등은 모두 유배를 갔지만, 당시 권근만은 처벌 대상에서 제외되었다.[265] 따라서 첫 번째 유배는 관료 생활의 절정기에 그가 처음 겪는 경험이었다. 이로 인해 권근이 느꼈던 심리적 충격은 적지 않았을 것이다.

심리적 충격은 처음으로 개경의 중심부, 즉 평탄한 출세와 가족을 떠났다는 점에서 비롯된다. 그는 유학자답게 '조정'에 대한 충(忠)과 '부모'의 효(孝)를 실현할 수 없다는 좌절감을 토로했다. 이 점은 그가 김해에서 쓴 시에서,

이날 연자루에 올라와 마주한 손님

서울을 떠난 연연한 정 견디기 어려워……

한 시대의 풍운은 옛일이 되었는데

천추의 능묘(김수로왕)만 지금껏 남아 있구나……

적막한 장한 마음 철 바뀜에 놀라니

몇 번이나 서쪽 하늘 바라며 길이 읊조렸던가[266]

---

265) 강문식은 권근이 당시 나이가 어린 관계로 처벌을 면했다는 기록을 믿지 않고, 안동 권씨 가문의 배경 때문이라고 보았다(2008, 앞의 책, 55쪽).

266) 『陽村集』권7, 南行錄, 次金海燕子樓詩三韻, "樓中此日登臨客 去國難堪戀戀情……一代風雲成太古 千秋陵墓至如今……寂寞壯心驚節序 幾回西望費長吟."

에서도 드러난다. 그는 「남행록」의 다른 시에서도 위와 비슷하게 '거국(去國)',[267] '남쪽 나라(南國)'[268] 등과 같은 표현을 했다. 권근은 개경 이외의 다른 지역을 춘추전국시대와 마찬가지로 '국(國)'이라고 불렀다. 이런 표현 방식은 중앙과 지역의 차이를 크게 인식하는 사유에서 나왔을 것이다.

이 시에서 그는 자신의 유배에 대해 고민했다. 시 속에서 '한 시대의 풍운'이란 고대국가인 가야를 말하지만, 여기서는 자신이 개경에서 활동하던 시절을 비유한 말이다. 그는 김수로왕의 능에서 가야국의 남은 자취와 자신을 대비시켰다. 계절이 바뀌면서 그는 개경으로 돌아가고 싶은 울적한 마음을 드러낸다. 시에서 말하는 '서쪽 하늘'은 그가 돌아가고 싶은 '개경'을 암시한다.

이처럼 그의 관심은 개경으로 돌아가는 것과 과거의 친구들을 만나는 일이다.

산에 오르니 어버이 생각하는 눈물이요
누대에 오르니 조정 떠난 마음일세
망망한 벼슬길에 떴으니
무슨 방법으로 빠짐을 면하리
못난 천품에
볼품없는 학술이라
헛된 이름 부끄럽거니
일찍이 숨어야 했을 것을[269]

267) 『陽村集』 권7, 南行錄, 送金陽圭公移錫七長寺詩幷序.
268) 『陽村集』 권7, 南行錄, 送龍宮郡守奉陵入賀新正.
269) 『陽村集』 권7, 南行錄, 巖遜朴君能詩善書予舊交也不見已十餘年矣……次其韻酬之,

이처럼 권근은 큰 심리적 좌절을 당시에 느끼고 있었다. 그의 심리적 좌절은 스스로에 대한 비하와 회한으로 드러난다. 권근이 비하의 대상으로 삼은 것은 본인의 성품과 학문이었다. 그는 지금까지의 성공을 '허명(虛名)'이라고 생각한다. 그래서 권근은 은거를 했어야 한다고 후회한다. 이렇게 그는 무력해진 현실에 대해 회피적이고 자학적으로 반응했다.

그래서 권근은 권력에서 멀어진 자기 존재에 대한 자괴감에 빠져들었다. 그는 "누가 바닷가에 귀양 온 손님을 불쌍히 여기랴, 옛 절에 사람은 없고 빗소리만 들린다."[270]고 했다. 그가 귀양을 온 바닷가는 궁벽한 지역이고, 이런 곳에 있는 자신의 존재가 한없이 왜소해 보였다.

귀양이 풀리자 그는 "지금부터는 전원에 돌아갈 계획만 있다."[271]고 하던가, 자신이 "야외에 한거하니 농민이 벗이요."[272]라고 말한다. 그는 은거하는 삶 속에서 정체성을 찾으려 마음을 먹었다. 과거 관료적 삶에서의 지향이 은거로 변화한 것이다. 유배 생활은 그에게 좌절감을 주었고, 이 좌절감이 정체성을 바꾸어 버렸다.

특히 익주에 다시 귀양을 온 후에 그는 이전보다 큰 상실감에 빠진다.

지난해에는 제·노 동쪽에서 가을을 맞았는데
지금 익산으로 귀양을 와 있네
해마다 좋은 계절에 돌아가길 생각하는 나그네가
술을 얻으니 수심에 잠긴 얼굴 다시 붉어지네[273]

"陟岵思親淚 登樓去國心 茫茫浮窀海 何路免淪沉 天資同櫟質 學術有蓬心 自愧虛名誤 曾宜晦且沉."

270) 『陽村集』권7, 南行錄, 密城守余公寄惠銀魚謹用嶺南樓上牧隱詩韻二絶一呈余公一呈郡敎授官同年朴君, "誰憐海上謫來客 古寺無人聞雨聲."
271) 『陽村集』권7, 南行錄, 甫州路上別陶隱先生, "從今只有歸田計."
272) 『陽村集』권7, 南行錄, 題友人村居, "閑居野外伴農民."

그의 마음은 오직 개경으로의 복귀에 있었다. 이 복귀가 개경의 관료 생활로 돌아가려는 것인지는 여기서 분명치 않다. 단지 과거로의 복귀와 걱정만이 유배지에 와있던 권근의 마음을 사로잡고 있었다.

> 마음에 어찌 임금을 속이는 정이 있으랴
> 광언(狂言)이 화살같이 곧은 줄은 깨닫지 못하고
> 공도(公道)가 저울같이 평한 것만 아네
> 가벼운 벌을 받았으니 은혜 갚기 어렵고
> 매번 부모를 생각하니 눈물이 절로 나네[274]

이 글은 권근의 친구인 강호문이 중국 굴원이 지은 「이소」를 이으라고 한 것에 응대한 시다. 굴원은 벼슬에서 쫓겨난 후 「이소」를 지어 자신의 결백을 주장했다. 강호문은 권근에게 자신의 억울함을 호소하라는 의미를 시에 담아 보낸 것이다.

그러나 권근은 모든 잘못이 자신에 있다고 인정하고 있다. 여기서 그는 이숭인을 옹호했던 일을 잘못이라고 했다. 그는 현실적 위기에 대해 오히려 현실 순응적인 심성으로 대응하였다. 확실히 이런 특징은 정도전과 차이가 있었다. 정도전은 유배기에 겪은 심리적 갈등과 위기를 계기로 새로운 신념을 가지게 되었다.[275]

반면에 권근은 자신의 행동을 변명하거나 정당성을 주장하지 않았다.

---

273) 『陽村集』 권7, 南行錄, 中秋, "去歲逢秋齊魯東 如今謫在盆山中 年年佳節思歸客 得酒愁顔又一紅."
274) 『陽村集』 권7, 南行錄, 康先生又寄長句四韻次其韻, "方寸寧容罔上情 不覺狂言如矢直 但知公道似衡平 得霑輕典恩難報 每憶高堂泪自橫."
275) 문철영, 2004, 「정치가 정도전에 대한 역사심리학적 고찰」 『정치가 정도전에 대한 재조명』, 경서원.

그는 조정의 논의를 공도(公道)로 옹호하고 자신의 죄를 인정했다. 그는 12월에 고향인 양촌으로 돌아온 후에 "소신의 죄가 중하여 사면을 입기 어려운데, 성군의 덕이 참으로 만물의 봄과 같네."[276]라고 썼다.

이처럼 그는 현실을 인정하고, 자신의 처지를 현실에 순응시키는 태도를 지녔다. 이런 현실 순응적 태도가 조선왕조 건립에 적극적 저항의 길을 택하지 않게 한 이유였다. 결국 그의 현실 순응적 태도와 심성은 조선왕조 건립 이후에 적극적 출사라는 방향으로 자신을 전환시켰다.

3) 조선 건국 이후의 출사 지향적 변화

유배 시절 권근은 자기반성과 정체성에 대한 고민을 했다. 그는 현실을 인정하고 자신을 낮춤으로써 새로운 출발을 기대했다. 이 시기에 그는 『오경천견록』, 『입학도설』 등의 저작을 편찬했다. 이것은 출사를 못하고 있는 권근이 '문(文)의 도(道)'를 통해 자아정체성과 존재감을 입증하려는 방식이었다.

권근은 조선이 건국된 이후에 적극적으로 출사하려 노력한다. 당시 권근의 부친 권희와 형인 권화, 권충 등이 개국원종공신에 책봉되었고, 권화와 동생 권우는 관직에 있었다. 이런 집안 사정으로 권근은 출사에 더욱 관심을 가졌을 것이다.[277] 결국 그는 1393년(태조 2) 2월 계룡산 행재소에서 태조 이성계를 만났다. 이후 그는 같은 해 9월에 검교 예문춘추관 태학사 겸 성균관대사성으로 관직에 복귀한다.[278]

---

276) 『陽村集』 권7, 南行錄 冬十有一月蒙恩放歸陽村次普能師韻, "小臣罪重難蒙免 聖德眞同萬物春."
277) 강문식, 2008, 앞의 책, 65쪽.

이때 주목되는 것은 당시 정계의 실력자였던 정도전과의 관계이다. 권근은 스스로 정도전과 가까운 관계라고 생각해 왔다. 정도전은 권근의 유배 당시에 납촉을 보내기도 하였지만,[279] 그의 저작 속에는 권근에 대한 언급이 많지 않다. 『삼봉집』 권1의 양촌부가 권근에 대한 글로 유일하다.[280]

반면에 권근은 이 시기에 정도전과 관련된 여러 편의 시를 남기고 있다.[281] 특히 『양촌집』 권8에는 한양에 대한 정도전의 신도팔경(新都八景)의 시운을 빌린 시들이 실려 있다. 신도팔경은 조선왕조의 한양 천도를 찬양하는 시다. 아마도 권근이 이런 시를 쓴 것은 정도전과의 인간적 관계를 돈독하게 만들려 하는 것으로 보인다. 즉 권근은 자신의 출사와 위상을 높이는 일에 정도전의 힘을 빌리고 싶었는지도 모른다.

또한 그는 정도전의 시 2편에 들어 있는 시운을 빌려와 시를 지었다. 그리고 권근은 1395년(태조 4) 정도전이 『경제문감』을 만들 때 그 책의 교정을 맡았다.[282] 그 외에도 그는 『삼봉집』에 대한 전체적인 검토까지 하였다. 권근은 정도전에 대해 이렇게 평가한다.

---

278) 이후 시기에 지어진 시는 『陽村集』 8, 9, 10권에 수록된다. 그 중에서 10권은 태종대 말년의 삶을 보여주고 있는데 반해서, 앞의 8, 9권은 사환 시기의 교유와 그의 추구를 엿볼 수 있는 자료다.

279) 『陽村集』 권7, 三峯이 蠟燭 보낸 것을 사례한다.

280) 이것은 정도전의 글이 없어지거나, 편집하는 과정에서 빠졌기 때문일 가능성도 있다. 예컨대 권근은 정도전이 보낸 鶴歌에 화답하는 시를 지어 보냈는데(『陽村集』 권2), 현재 이 시는 『삼봉집』에 수록되어 있지 않다. 그렇지만 『삼봉집』의 시문 편집에 권근이 관여했다는 점에서, 그와 관련된 시들을 일부러 제외시키는 않았을 것이다.

281) 『陽村集』에 실린 정도전 관계의 글은 총 17편이다. 그 중에서 시문은 9편이다(강문식, 2002, 앞의 책, 101쪽 도표 참고). 이 숫자는 제목만을 열거한 것이라서 실제 편수는 더 많다.

282) 『太宗實錄』 권16, 태종 8년 11월 癸丑.

삼봉을 벗한 지 수십 년인데

뛰어난 명망을 흠모하였다

치밀한 공부는 항상 지수(持守)하였고

정미한 의리(義理)를 이미 관통하였다

기개는 북두(北斗)라도 찌를 듯했고

솜씨는 해 붙들어 올릴 만했다

묘당에서도 서생(書生)의 뜻 변치 않았고

경술(經術)에 절제하는 균형까지 겸했다

선비 대우하는 큰 은택은 쌍으로 된 하얀 옥이고

집에 전하는 맑은 덕은 하나의 청전(靑氈)이네

깊은 꾀는 천리 밖 승부를 알고

넓은 도량은 백 갈래의 냇물도 포용한다

가르침은 우리 도를 반드시 밝혔고

말솜씨는 이단을 힘껏 물리쳤다[283]

　권근은 정도전에 대해 매우 높은 평가를 하고 있다. 그는 정도전의 학문과 유학자적 정신, 그리고 인품과 이단에 대한 배척 등을 논하면서 높게 평가했던 것이다.[284] 물론 권근 자신이 정도전과 비교해 훨씬 미치지 못하는 인간이라는 점을 강조하기 위한 것이다.

---

283) 『陽村集』 권8, 題國初群英眞跡, "師友三峯數十年 早欽譽望出群賢 功夫縝密常持守 義理精微已貫穿 氣若吐虹衝北斗 手能扶日上中天 廟堂不變書生志 經術還兼節制權 待士洪恩雙白璧 傳家淸德一靑氈 深謀決勝於千里 廣度包容則百川 垂訓要明斯道正 能言力闢異端偏." 이 시에 앞서 지은 鶴歌는 권근이 붙인 註에 따르면, 이색과 가까웠던 韓脩의 칭찬을 받았다고 한다.

284) 이와 같은 권근의 평가는 주목할 필요가 있다. 이후 유학자들의 개인 평가에 대한 일반적 지표를 지니고 있기 때문이다. 즉 학문능력, 인품, 성리학적 자세와 경세적 능력 등이 이 지표에 해당한다.

그런데 주목되는 점은 정도전이 권력의 정점에 있던 시절에, 권근은 그에 관한 시를 많이 썼다는 사실이다. '삼봉에게 올리는 시 병서'는 전형적인 사례가 될 것이다. 그는 이 시에서 조선왕조 개창에 대해 찬양하고, 자신이 벼슬에 참여하게 되었음을 기뻐하였다.

성군이 세운 나라 천년 가겠지
좌명한 공신들은 영걸(英傑)이었다
사대 제사 엄숙해 효(孝), 경(敬)이 나타나고
구공(九功) 노래 아뢰어 문명을 상징하네
특별히 상으로 내구(內廐) 준마 받았고
높은 영광은 통천서대 내렸네
다행히도 성스러운 아름다움을 보게 되어
축하 시를 올리니 감정을 이기지 못하네[285]

이 시는 권근이 1395년(태조 4) 10월, 한양으로 수도를 옮긴 후에 지낸 첫 태실 제사를 지낸 모습을 찬양하여 정도전에게 준 것이다. 권근은 태조 이성계를 '성군'으로 표현하여 조선왕조가 오래도록 지속이 될 것이라면서, 이를 세운 공신들을 칭찬하였다. 특히 「병서」에 보면 이 시의 목적이 조선왕조의 위대함을 칭송하면서 자신의 관직 참여에 대한 기쁨과 정당성을 부여하는 것에 있음을 알 수 있다.

이 시기 동안 권근이 정도전에 대해 지은 시는 『양촌집』 권8의 총 80편 중에 12편이나 된다.[286] 시의 숫자가 많은 만큼 권근은 정도전과

---

285) 『陽村集』 권8, 上三峯詩幷序, "聖君開國應千齡 佐命勳臣間世英 四室祀嚴彰孝敬 九功 歌奏象文明 廐分駿馬承殊錫 帶賜通犀荷異榮 何幸小生觀盛美 裁詩陳賀不勝情."
286) 『陽村集』 권8의 시의 제작 시기는 대략 1402년(태종 2)까지로 보인다.

깊은 인간관계를 맺고 있는 것처럼 보인다. 하지만 정도전은 1397년(태조 6) 4월에 권근과 함께 양천식, 설장수 등과 같이 탄핵했다.[287] 당시 권근은 중국에 사신으로 갔다 왔는데, 원래 정도전이 가야 했던 것이다. 하지만 정도전은 사신으로 가지 않았다. 그리고 권근이 자청하여 사신이 된 것에 대해, 그가 이색의 사랑하는 제자이며, 과거 이색이 명 황제에게 이성계를 모함했다는 점을 들어 권근의 명나라 사신행을 의심했던 것이다. 탄핵은 이런 배경 속에서 이루어졌다. 따라서 권근과 정도전의 관계는 인간적으로 가까운 관계는 아니라고 할 수 있다.

그럼에도 권근이 정도전에 대한 시를 많이 지은 것에는 좋은 인간적 관계를 유지하고 싶은 바람에서 나왔다. 이 목적은 『양촌집』 권8에 실린 다른 많은 시들에서도 동일하다. 권근은 다른 사람이 지은 시의 운자(韻字)를 빌려서 지은 것, 또는 주변인들의 전송, 타인에 대한 사례나 축하 등에 대한 시들을 많이 지었다.

이처럼 당시 그의 시는 주변인들과의 인간적 관계망 속에서 만들어졌다. 즉 이 시들은 권근이 교유한 인간망의 원활한 유지와 자신의 문장력을 과시하려는 목적을 지녔다. 당시 그는 적극적 출사를 지향하면서 원활한 사회관계를 맺기 위하여 노력하였다. 이 노력이 시 제작으로 나타났다.

당시 그의 심경을 보여주는 시에서는

슬프다 내 갈 곳을 나도 모르니
속마음을 어찌 능히 밝히랴
사람으로 새만도 못하다는
성인의 말씀에 새삼 놀란다……

---

287) 『太祖實錄』 권11, 태조 6년 4월 임인.

옛날엔 꾀꼬리 소리 좋더니

오늘은 꾀꼬리 소리 슬프다

옛날 내가 시골 있을 땐

형과 아우 함께 즐거워했지

이제 아침은 동쪽 집에서 먹고

저물면 서쪽 이웃 향해서 가네……

서울이 정말 아름다워도

고향을 그리는 마음 어찌 없으랴

가고자 하여도 갈 수 없어

밤낮으로 돌아갈 길 생각뿐일세[288]

그는 고향에 대한 그리움뿐만 아니라 여기저기 기웃거리는 자신의
처지를 한탄하였다. 이렇게 권근의 심리적 방황은 계속되고 있었다. 그가
고향을 그리워하는 것은 사실이겠지만, 당시 그의 추구는 고향으로의
퇴거, 즉 '은일'이 아니었다.

오히려 그는 출사에 대한 지향이 강한 만큼 이를 실현하기 위해 기웃거
리는 자신에 대한 혐오감을 갖고 있었다. 이 혐오감은 권근의 엘리트적
자존감에서 비롯되었다. 따라서 그는 은거를 희망하면서 내면적으로는
출사를 원하는 모순 속에서 고민하였다.

세상에 누가 게으르던가

병든 늙은이 양촌(陽村)이구나

---

288) 『陽村集』권8, 舍弟遇奉傳鸎詩二篇……伏冀更加翦拂以終惠焉, "嗟我昧所適 中心詎
能明 人而不如鳥 聖訓眞堪驚……舊日喜聞鸎 今日悲聞鸎 昔妾在鄕里 忻忻弟與兄
朝從東家食 暮向西隣行……玉京雖信美 豈無懷土情 欲往不可得 日夜念歸程."

문간에 찾아오는 좋은 객 없고

밥 찾는 어리석은 아이만 있다

공명은 꿈속인가 의심이 되고

머리털은 시름 중에 빛이 변하네

벼슬을 버리고 가지 못하여

간절히 가고픈 뜻 불쌍하여라[289]

권근은 늙어버린 자신과 현재의 처지를 심리적으로 회피하고 싶어
한다. 자신이 이룬 공명(功名)과 벼슬을 버리지 못하는 처지에 대한 한탄
사이에는 마음속의 고민과 모순이 존재한다. 그래서 그는 은거를 희망하
지만 현실과 타협하는 존재라고 자신을 규정한다. 그의 시 구절 중에서
마지막에서 그는 자신의 뜻을 불쌍히 여기고 있다고 하였다. 스스로의
모순적 존재에 대한 변명을 늘어놓고 있는 것이다.

권근은 말년에 과거에 대한 회상을 하기 시작한다. 권근은 옛날 친구였
던 강은, 윤소종, 이계, 이결, 홍길민, 안노생, 송우 등과 자신을 비교하면서
혼자서 늙었다고 신세를 토로한다.

새 세상이 된 뒤에

또 세월이 흘렀다

죽은 자는 영구히 그만이어서

백골에 새파란 이끼가 나네

남은 자도 남과 북으로 갈려서

함께 거닐지를 못한다.[290]

---

289) 『陽村集』 권8, 次獨谷贈呂興伯閔公霽詩韻效其體, "世上誰疎懶 陽村一病翁 來門無好
   客 索飯有癡童 功名疑夢裡 鬢髮變愁中 未得掛冠去 自憐歸意濃."

권근은 친구 중에 벌써 죽었거나, 또는 조선왕조 이후 각기 다른 길로 가게 된 각각의 신세를 안타까워하였다. 그는 "성공한 뒤에는 용퇴(勇退)가 좋으니, 풍진에 골몰하는 내가 우습다."[291]라고 말하였다. 현 시점에서 그의 고민은 성공 뒤에도 세속에서 시달리는 자신의 모습에 있었다. 이것은 세속적 성공과 추구했던 이상과의 차이 때문에 비롯된 일이었다.

따라서는 그는 스스로의 존재에 대한 부끄러움을 지녔다. 왜냐하면 세속적 성공으로는 자신이 도달하려 한 이상적 모습과 너무 괴리가 크기 때문이다.

그는 자신의 부끄러움을 경기도 용진(龍津)[292]에서 배를 타고 건너다가 다음과 같이 말한다.

> 지난일 아득해 온통 꿈인데
> 떠도는 인생 어느 때 한가해 지려나
> 세상의 명예와 훼손은 이름 때문이고
> 벼슬의 오르내림에 마음 조이네
> 영천에 가서 귀를 씻지 못하니
> 맑은 강에 비치는 얼굴이 부끄럽다[293]

권근은 조선왕조 이후에 다시 출사하면서, 그에 대한 욕구를 '사(私)의

---

290) 『陽村集』 권8, 追憶三峴舊遊又成一首, "翻覆雲雨散 荏苒歲月摧 逝者長已矣 白骨生靑苔 存者各南北 不得共徘徊."

291) 『陽村集』 권8, 次洪公吉畋還故舊宅詩韻許中贊文敬公瑱也, "功成善勇退 笑我趨風埃."

292) 용진은 경기도 陽根 서쪽에 있는 나루터이다(『新增東國輿地勝覽』 권3, 한성부 산천).

293) 『陽村集』 권8, 渡龍津有感復用前韻, "往事悠悠都是夢 浮生後役役時閑 物情譽毁名爲累 窘路昇沉膽可寒 未向潁川成洗耳 淸江深愧照塵顔."

추구'라고 여겼다. 그의 심리 속에는 유학자로서의 자기완성과 현실적 출사 사이에서의 방황이 섞여 있었다. 물론 이런 심리적 갈등은 권근에게만 해당되는 것은 아니었다. 그런데 그의 출사에 대한 추구가 강렬할수록 삶은 괴로웠고, 그에 따른 현실 회피심리가 깊어져 갔다. 이런 심리적 갈등은 삶의 후반기에 자신에 대한 성찰로 이어진다.

4) 삶 후반기의 도덕적 성찰과 반성

권근은 1400년(정종 2, 49세) 3월에 정당문학에 임명되었다. 이방원이 왕자의 난으로 권력을 장악한 후에 권근은 태조대보다 고위직에 오를 수 있었다.

경술(經術)이 어찌 실학(實學)을 베푸는데 능하랴
사장(詞章)도 헛이름을 훔쳤을 뿐이네
용렬해도 단지 단심(丹心)만은 지녔고
늙고 병들어 백발이 나는 것을 막기 어렵네
남 따라 조정에 나아가고 물러오니
반식(伴食)만 할 뿐, 하는 일이 없네[294]

그는 자신의 학문(경술)과 문장력(사장)의 취약함을 시의 앞 구절에 내세웠다. 겸손한 것처럼 보인 이 구절은 오히려 스스로를 낮추어 돋보이게 하려는 수사법이다. 주목할 점은 권근이 '충성심(丹心)'을 내세웠다는

---

294) 『陽村集』 권8, 拜政堂參後呈諸同列, "經術豈能施實學 詞章曾是盜虛名 愚庸只有丹心在 衰病難禁白髮生 旅進朝朝仍旅退 徒然伴食更無成."

사실이다. 권근이 지닌 자아정체성은 유학적 관료의 책임의식에 기반을 두었다. 따라서 그는 현 군주에 대한 충성심을 중시하였다. 즉 그는 자신을 등용한 국왕에게 충성을 다하는 것이 관료로서 당연한 일이라고 보았다.

그러나 권근은 자신이 충성을 제대로 못하는 존재라고 말한다. 이 시에서 '반식만 한다'는 구절이 이를 가리킨다. 이 말은 자기반성이면서 타인들이 이 시를 보고 자신을 평가할 것이라는 점을 염두에 둔 것이다. 요컨대 이 시에서는 타인들에 대한 자기변명을 표현하고 있다는 뜻이다.

그의 시 중에는 이와 비슷한 맥락의 시가 또 있다. 그는 대언 윤사수에게 권유하면서,

위하여 말하니 충성을 다하여 임금을 섬기고
벼슬을 당해서는 의(義)를 다하라
만 가지 변화에 응하여 하나로 꿰뚫어야 하니
말을 몰 때는 고삐가 있어야 하네
세도를 바로잡을 그대가 있나니
아래의 실정을 임금께 통하여 사방에 달하도록 하소
넓게 구하고 정밀히 택해 하나같이 지극한 공정함으로 판단하면
천하의 큰일도 어려움이 없네[295]

이 시는 1405년(태종 5) 경에 쓴 것이다.[296] 그가 말한 충성의 대상은

---

295) 『陽村集』 권10, 次獨谷韻賀尹代言思修效其體, "爲告事上須盡忠 當官須盡義 萬變酬
酢一以貫 御馬應須有銜轡 挽回世道知子有宏材 明目達聰須要致其四 博求精擇斷以一
至公 天下之大無難事."
296) 축하 대상인 윤사수는 이때 대언직을 수행하고 있었다(『太宗實錄』 권10, 태종
5년 7월 庚子).

현재 군주인 태종이다. 과연 그에게 군주에 대한 충(忠)이란 무엇일까?

권근은 '충절(忠節)'이라는 윤리를 중요시했다. 그는 고려왕조에 충절을 지킨 정몽주의 추증과 길재의 절의를 포상하라는 상소를 올렸다.[297] 주지하듯이 정몽주와 길재는 고려왕조의 마지막 순간에 권근과 다른 길을 선택한 인물들이다. 특히 권근은 길재에 대해

> 한번 몸 바치며 신하의 절개 굳혔으니
>
> 충과 효의 장한 명성 세상에 드높았네
>
> 조정이 바뀐 뒤에 사는 것도 구차하거니와
>
> 하물며 한 몸의 벼슬을 영화롭게 생각하랴
>
> 다행이 주나라가 큰 도를 회복함에 힘입어
>
> 서산에 채미가(採薇歌)를 부를 수 있네……
>
> 성인의 제도 지켜 잃지 않았으니
>
> 사문(斯文)이 어두웠다가 다시 밝아졌네
>
> 뉘라서 양심이 있지 않으랴
>
> 그대 생각하니 눈물이 흐르네[298]

원래 두 사람은 고려말 성균관에서 만났을 것이다.[299] 권근은 길재의

---

297) 『太宗實錄』 권1, 태종 1년 1월 甲戌. 권근은 태종에게 다스리는 길에 대한 6조목을 건의했다. 6조목은 ① 정성과 효도를 독실하게 하는 일, ② 聽政을 부지런히 하는 것, ③ 朝士를 접견하는 것, ④ 경연에 부지런할 것, ⑤ 節義를 襃彰하는 것, ⑥ 厲祭를 행하는 것 등이다.

298) 『陽村集』 권10, 次韻題吉再先生詩卷, "却緣委質堅臣節 忠孝雙全播令聲 市朝遷革恨 偸生 況肯身紆組綬榮 賴是周家炊大道 西山容得採薇聲……聖制遵無墜 斯文晦復明 良心誰不有 感涕爲君零."

299) 길재는 22세인 1383년(공민왕 23)에 생원시에 합격해 성균관에 들어갔다(『야은집』 연보). 당시 권근은 그 해 12월 시성균직강을 제수받았다(『陽村集』 연보).

충과 효에 대해 높게 평가하였다. 권근은 조선왕조를 주(周)로, 그리고 주 무왕의 은나라 정벌을 반대했던 백이와 숙제를 길재로 비유하였다. 시의 '채미가'는 백이와 숙제가 부른 노래를 말한다.

특히 권근은 길재로 인해 유교의 사문(斯文)이 밝아졌다는 점을 지적했다. 또한 그는 길재와 자신을 비교하면서 '양심'이란 거울을 통해 자신을 반성하고 있다. 즉 권근은 유교의 도덕 구현이 길재 등에 의해 이루어지고, 자신은 이를 지키지 못했다고 생각한 것이다. 이처럼 권근은 조선왕조의 개창에 대해 긍정적이면서, 고려왕조에 대한 충성을 지키는 것이 유교적 도의에 옳다고 보았다.[300]

고려왕조에 충성했던 인물에 대한 회고 역시 같은 맥락을 지닌다. 1405년(태종 5) 10월 26일 밤에 꿈꾸었던 최영에 대한 시에서 그는[301]

청백이 가풍이라 절개를 능히 지켰고
나라 위한 충성은 공이 가장 많았더라
뭇 신선 술잔 들고 모여 앉았는데
범인(凡人)이 어찌 자리를 같이하랴
부름을 받고 주춤거리며 나가지 못했거니
깬 뒤엔 오히려 섭섭한 마음이어라[302]

---

300) 이 시는 『陽村集』과 길재의 『야은집』에 실린 것이 차이가 있다. 『陽村集』에 실린 시는 7언으로 시작하다가, 뒷부분에 5언으로 변화한다. 5언으로 바뀐 부분은 『야은집』에 실려 있지 않다. 따라서 문집의 편찬과정에서 두 시가 합쳐진 듯하다. 그리고 『야은집』에는 시의 배경을 설명하는 내용이 추가되어 있다. 그에 따르면 이 시는 南在가 1403년 경상도 관찰사로 내려가 길재에 대한 시를 지은 것에 권근이 차운하여 지었다고 한다.

301) 이 시는 권근과 교유했던 韓脩와 관련이 있다. 한수는 '次韓山君詩韻崔判三司事二絶'이라는 시에서 최영의 청백과 공훈에 대해 찬양했다(『柳巷詩集』). 권근은 이 시를 참고했을 가능성이 크다.

302) 『陽村集』 권10, 乙酉十月二十六日夜夢見鐵原侍中崔公瑩登高樓……以寓景慕之意

라고 하였다.

　권근은 이성계가 최영을 죽였다는 사실을 알고 있었다. 그럼에도 권근은 최영의 충성을 높이 평가하고, 그를 '신선'의 위상으로 평가한다. 반면에 자신은 보통 사람으로 낮추어 보았다.

　그가 쓴 최영에 대한 시는 이례적이다. 물론 권근은 위화도 회군이 있기 전에 당시 시중이던 최영을 찬양하는 시를 쓴 적이 있다.[303] 그렇지만 두 사람은 원래 가까운 관계가 아니었다.

　권근은 말년에 가까워질수록 유교적 도의에 대한 추구와 현재 자신과의 불일치에 대한 괴리가 커져간다고 느꼈다. 이러한 삶과 이상과의 불일치가 가져오는 회한 때문에, 그는 최영에 대한 꿈을 꾸고 시를 지었을지 모른다. 그는 최영과의 심리적 거리감 때문에 꿈속에서도 최영에게 다가갈 수 없었다. 그의 심리적 부담은 고려왕조에 대한 충절을 지키지 못한 회한에서 야기되었을 가능성이 있다.

　한편 권근은 1401년(태종 1, 49세)부터 병마에 시달려 왔다.[304] 결국 그는 병을 앓으면서 귀가 잘 들리지 않게 되었다.

　　이순(耳順)의 나이를 앞두고 도리어 귀머거리가 되니
　　개구리 울음 소리 하늘에 가득찬 듯하네
　　남의 말 들을 때 움직이는 입술만 보고

　云, "淸白傳家能秉節 忠誠許國最多功 群仙合向尊前對 凡骨寧容席上同 被召逶巡難敢進 覺來猶自感予衷." 현재 『陽村集』 번역본에는 을유년을 1345년(충목왕 11)으로 보고 있지만, 1405년(태종 5)이 맞다. 왜냐하면 권근의 출생연대가 1352년이기 때문이다. 이 해 1월에 시의 제목에 등장하는 맹사성이 대언으로 임명되었다.

303) 『陽村集』 권3, 次韻奉獻崔侍中瑩.

304) 권근의 병에 대해서는 강민구, 2010, 「권근의 질병과 정서의 문학적 표출」 『한문학보』 22가 참고된다.

손님이 와도 뜻 못 통함이 못내 한스럽구나

옳고 그름 모르고 입 벌려 웃을 뿐

소리라도 분간하고자 하나 보람이 없네

괴이하다 병중에 귀가 다시 트이어

상 앞에 작은 소리 소 울음처럼 들리네[305]

이순이란 60세를 말한다. 권근이 58세에 사망했기에, 이 말은 맞지 않는다. 그렇다면 그가 귀머거리가 된 시점은 언제였을까? 권근은 태종이 즉위한 이후 관료 생활에서 절정기를 맞았다. 태종은 즉위한 해에 권근에게 공신 칭호를 부여했고, 참찬문하부사와 성균대사성으로 임명했다. 이후 그는 하륜, 이첨과 함께『삼국사략』을 편수하고(1403년, 태종 3),『효행록』에 주석을 쓰는 작업을 수행했다.

이런 활동의 절정기에 그의 연보에는 1405년(태종 5) 병이 생겼다고 나온다. 아마도 권근은 이 무렵에 귀머거리가 되었을 것이다. 그의 나이 54세 때였다. 권근이 다음 해에 올린 기복에 대한 사면을 요청하는 글에서, 현재 눈과 귀가 어둡고 임질이 악화되고 있음을 명분으로 삼고 있다는 점도 그가 귀머거리가 된 시점을 뒷받침한다.[306] 귀머거리가 된 권근은 타인과의 의사소통이 되지 않아 답답해한다. 그러다가 청력이 약간 회복되기는 했던 모양이다. 작은 소리가 소울음처럼 들린다는 시의 구절이 이를 말해준다.

이렇게 병마로 시달리는 권근은 벼슬에 따른 직책을 제대로 수행하지 못하고 있음을 반성한다.

---

305)『陽村集』권10, 耳聾, "年將耳順反成聾 似聽蛙鳴滿大空 人語只看唇自動 客來堪恨意難通 不知臧否猶開笑 欲辨聲音未有功 怪底病中聰更甚 床前聞蟻與牛同."
306)『陽村集』권26, 箚子 辭免起復藝文館大提學箚字.

시들시들 병든 몸 미약하기 낱알인데

기나 긴 시름은 천 갈래로 찢기네

나이 지명(知命)을 넘었건만 어찌 천명을 알며

지위는 복관(服官)에 있지만 어찌 복관이라 하랴

귀먹어 듣지 못함은 하늘의 벌이거니

봉군과 후한 녹에 편안할 수 있으랴[307]

 권근은 육체적 병마로 인해 위기감을 느꼈다. 스스로에 대한 체념과 관직 수행에 대한 의무감이 말년의 권근을 괴롭혔다.

 이후 그는 병 때문에 시를 짓지 못하고 집에서 주로 생활하였다. 그는 삶에 대한 의욕을 상실했다.

여러 해 동안 문 닫고 누웠으니

마을을 찾아오는 이 적구나

귀머거리 심할수록 마음도 어리석어지고

게으름 많아져 병도 따라 더하네

자고 일어남에 아침저녁이 없고

앉고 섬에는 기대고 의지하네

다만 시들시들 잠이나 잘 뿐

붓 들고 글 지을 마음이 없네[308]

---

307) 『陽村集』 권10, 自遣, "兀兀病身微一粒 悠悠愁緖亂千端 年踰知命豈知命 位在服官焉
    服官 滅耳不聰天降罰 封君厚祿可能安."

308) 『陽村集』 권10, 卽事, "經年閉門臥 里巷少來過 聾甚癡仍甚 慵多病轉多 興居違早晩
    坐立任欹斜 兀兀唯堪睡 無心把筆哦."

그는 무력하게 집에서만 생활했다. 문생(門生)들이 문병을 왔지만 권근은 일어나지 못할 정도였다.[309] 방문한 문생들은 1402년(태종 2) 권근이 지공거가 되어 선발한 33인 중에 일부였다.

권근은 귀가 들리지 않으니 말을 하기조차 어려웠다. 이처럼 그는 관직 생활의 정점에서 병으로 큰 고통을 겪어야 했다. 그는 이런 상황으로 인해 심리적 부담을 크게 느꼈다.

> 높은 벼슬에 영달 오래 누렸으니
> 이제 쇠잔한 몸 물러감이 마땅하다
> 장차 몸은 곧바로 모래 되려 하고
> 귀는 있지만 솥귀만도 못하네[310]

이제 그는 자신의 육체적 쇠락으로 물러가야 할 때라고 느꼈다. 그에게 남겨진 것은 체념과 회한뿐이었다.

> 밤은 적적 오가는 이 없는데
> 홀로 누워 생각만 유유하네
> 어려서 배운 것 늙어서 소용이 없고
> 임금의 은혜 살아서 못 갚네
> 귀밑털은 아침 서리 내리듯 바뀌었고
> 이 한 몸 봄꿈처럼 허무한 것을
> 남은 날 얼마인지 알랴

---

309) 『陽村集』 권10, 門生鄭還等十一人來問疾.

310) 『陽村集』 권10, 書懷, "濫向榮班久顯揚 邇來衰病合韜藏 將身直欲比砂礫 有耳不須如鼎鐺."

오늘을 따라 모든 일이 끝났구나[311]

그는 자신을 비웃으면서 부귀가 한 조각의 구름이라고 말한다.[312]
그의 육체는 귀도 안들리고 눈도 어두워졌으며, 치아마저 빠지고 있는
상태였다.[313] 또한 권근은 폐와 목이 마르는 병이 낫지 않아 찰볏짚의
가운데 부분을 태워서 차로 마실 정도였다.[314]

이러한 그의 말년을 잘 표현해주는 것은 다음의 시이다.

한 밤에 병풍에 기대 조는 것은
병 끝에 근력이 파리함이라
차 불러 마른 허파 적시고
글귀 생각하며 흰 수염만 꼬아 잡네
늙어서 쓸모없음 알았건만
품은 회포 부질없이 생각하네
적은 공 기록하기가 부끄럽거늘
열후(列侯) 벼슬은 사사로운 은혜 더하네
성군의 시대 바야흐로 흥하고 넓어지는데
나의 삶 이미 늙고 쇠하였네
잘못 옛 공부 하였다는 이름 얻었으니
시대 구제할 생각 어찌 있으랴[315]

---

311) 『陽村集』 권10, 夜臥, "夜床人寂寂 獨臥思悠悠 幼學老無用 君恩生未酬 曉霜雙鬢改
　　　春夢一身浮 餘日知多少 從今萬事休."

312) 『陽村集』 권10, 自嘲.

313) 『陽村集』 권10, 自詠, "耳聾眼復暗 齒落舌空存 視物已難辨 吐剛焉得呑 聽言常聵聵
　　　瞌睡只昏昏 身世曾忘久 深居樂避喧."

314) 『陽村集』 권10, 灰湯止渴. 그의 병은 갈증 증세로 보아 당뇨였을 수 있다.

그가 느꼈던 심정은 한 마디로 '회한'이었다. 그는 당시를 '성군(聖君)의 시대'로 생각했다. 이런 시대에 권근은 육체적인 노쇠와 병으로 할 수 있는 일이 없었다. 이 점이 그에게 가장 큰 안타까움이었다. 이제 학문을 배워 군주에게 충성한다는 그의 추구는 몸이 아픈 현실 속에서 무익한 일이 되었다. 그래서 그는 스스로를 비판한다.

> 우리집 경사 많았는데
> 우리 도는 형통하지 못했네
> 장구(章句)의 학문으로 이름을 훔쳤고
> 훈맹에 참여해 은총을 더럽혔네
> 관직에 있으면서 직무에 게을렀으니
> 일 처리함에 어찌 정밀하였으랴
> 이렇게 하여 늙음에 이르렀으니
> 어진 임금의 총명 욕되게 할 것을 염려하네[316]

권근은 유학의 도를 실현하는 것과 관직 수행에 게을렀던 것을 반성했다. 그는 '장구의 학문' 즉 문장으로 이름을 얻기를 원했다. 앞서 이제현은 '실학을 버리고 장구(章句)만 익히는' 사람들을 비판했다.[317] 권근이 이런 비판을 모르지 않았을 것이다. 그럼에도 그는 자신의 문장과 학문에 대한 자부심이 강했다. 그는 앞서 말했듯이 주로 정당문학이나 예문관대제학 등과 같이 문장이나 학문이 연관된 관직을 역임하였다. 이런 관직은

---

315) 『陽村集』 권10, 夜坐, "夜靜倚屏睡 病餘筋力疲 呼茶澆渴肺 覓句撚霜髭 老罷知無用 懷藏護有思 愧微功可記 列爵添恩私 聖代方興泰 吾生已老衰 謬蒙稽古力 寧有濟時思."

316) 『陽村集』 권10, 自毀, "吾家多善慶 我道不元亨 章句盜名字 勳盟叨寵榮 當官曾是曠 處事豈能精 以此至衰老 恐辜仁主明."

317) 이제현, 『櫟翁稗說前集』 권1.

그에게 커다란 자부심을 부여했을 것이다.

그는 자신의 학문과 문장 능력을 남들에게 인정을 받으려 했다. 그리고 권근이 인정받고 싶은 첫 번째 대상은 군주였다. 권근 자신이 봉군(封君)이 되고 아들이 부마가 된 것은 그에게 큰 영광이었다.[318] 실제 그는 부귀가 아닌 사회적 위상과 명예를 계속 추구해 왔던 것이다. 그의 추구는 자신의 문장력과 군주에 대한 충성으로 이루어진다고 보았다. 이 점이 권근이 유학자로 지녔던 정체성을 이루는 요소 중에 하나였다.

권근은 일찍부터 관직 생활을 시작하였다. 그는 젊은 시절에 자신이 생각하고 지향한 정체성이 있었다. 그것은 이상적 관료가 되기 위해 관료의 직분을 충실히 수행하는 것이었다. 그런 점에서 그가 지향한 정체성이 자신의 스승인 이색과 차이가 많은 것은 아니었다. 말하자면 이상적 관료상은 이들이 지향한 유학적 가치에서 볼 때 당연하였다. 그리고 권근 자신이 학문 탐구와 이어지는 출사는 자신의 문벌적 기반으로 볼 때에도 자연스러운 것이었다. 젊은 시절 권근은 이런 가치에 대해 고민하거나 주저하지 않았다.

그렇지만 권근은 자신의 게으름과 은일을 추구하던 당시의 유행, 그리고 육체적 병으로 고민하였다. 이 중에서 육체적 건강은 현실 문제에 직면해 권근의 소극적 대응을 낳게 한 요소였다.

그는 관료로 생활하는 가운데 현실 문제를 개혁적으로 바라보거나 다루려 하지 않았다. 현실 문제의 책임은 군주와 함께 관료들이 자신의 직분을 다하지 않았다는 면에서 찾으려 했다. 이 때문에 권근은 자신에게 책임을 돌리고 반성하는 내면지향성을 지녔다. 그의 내면지향성은 이상과

---

318) 『陽村集』 권10, 自譽.

현실 사이에서 항상적인 고민을 그에게 던져 주었다. 특히 은일과 출사는 이 시기 관료들의 보편적 경향처럼 이후에도 계속 괴롭히는 문제가 되었다. 그럼에도 그는 평생 동안 관료 생활을 포기하려 하지 않았다.

권근은 38세 때 유배로 인해 인생의 첫 좌절을 겪었다. 그때까지 그는 엘리트 관료의 길을 걸어 왔다. 평탄한 관직 생활 20년을 겪은 후에 고위직에서 축출되면서, 처음 느껴야 했던 심리적 좌절이 컸다. 유배지에서 그의 관심은 개경으로 돌아가는 것과 친구들을 만나는 일이었다. 이 좌절이 그에게 스스로에 대한 비하와 회한으로 이어졌다. 아울러 그의 좌절감은 이후 현실에 더욱 순응하는 태도를 낳게 했으며, 이것이 조선왕조 건립 이후 적극적 출사로 이어졌다. 아울러 그는 '문(文)의 도(道)'를 통한 정체성과 존재감을 입증하기 위해 많은 저작을 짓게 된다.

조선 건국 이후 그는 정도전과 주변 사람들과의 좋은 사회적 관계를 유지하기 위해 노력했다. 당시에 지은 시문들은 이를 보여준다. 그는 출사를 위해 노력했으며, 그에 따른 자기모순으로 심리적 방황을 해야 했다.

태종이 즉위한 이후 그는 본격적으로 출세의 길을 걸을 수 있었다. 그는 이 시기 자아정체성의 바탕으로 군주에 대한 충성을 내세웠다. 그는 충성을 관료의 직분을 다한다는 것으로 생각하였다. 물론 직분에 충실하지 못하다는 자기반성이 항상 뒤따랐다. 그와 함께 그의 반성은 자신이 유교적 도의 실천에 충실했던가에 대한 이상에 있었다. 그 결과 정몽주, 길재에 대한 높은 평가가 나오게 된다.

아울러 그는 54세 무렵 병으로 귀머거리가 되면서, 출사의 절정기에서 삶에 대한 의욕을 잃어버리기 시작했다. 이로 인해 그는 체념과 과거에 대한 회한으로 괴로워했다.

권근은 자신의 학문과 문장 능력으로 군주에게 인정받으려 했다. 그는 자신의 사회적 위상과 명예가 훌륭한 문장력과 군주에 대한 충성에서 오는 것이라고 믿었다. 권근은 전형적인 유학적 관료의 이상(理想)에서 자신의 정체성을 찾으려고 했던 것이다.

5. 정도전의 자아정체성과 개혁적 사유

정도전(鄭道傳)이 고려말 조선초기의 중요한 지식인 중에 한 사람이라는 점을 부정하기는 어렵다. 그는 개혁적 신진사대부의 대표적 인물로 꼽혀왔으며, 조선 건국 이후 국가의 설계자로서 자리매김 해왔다. 따라서 지금까지 정도전에 대한 많은 연구가 있어 왔다. 특히 최근에는 정도전에 대해 심리학적 분석까지 이루어지고 있을 정도다.[319] 그에 따라 정도전에 대한 접근은 정치, 역사, 심리 등에 대한 다양한 측면으로 이루어졌다고 할 수 있다.

과연 고려말기부터 조선초기까지 살았던 정도전은 자신의 정체성에 대해 어떤 고민의 여정을 걸었을까? 아무래도 정도전의 경우는 유학자로서의 정체성이 분명했지만, 고려왕조에서 새로운 왕조로의 변환이라는 문제에 대해 고민하지 않을 수 없었을 것이다.

왕조의 변환은 정도전 자신이 개혁적 사유를 가지지 않고서 불가능한 일이었다. 개혁적 사유는 정도전이 동 시대의 이색이나 권근 등과 같은

---

319) 이에 관해서는 문철영의 여러 편의 논문이 있으며, 이 성과는 대중서로『인간 정도전-순수 이성에서 예언자적 죽음으로의 여정』(2014, 새문사)로 집약되어 있다.

왕조 유지적인 입장을 지닌 유학자와 근본적으로 차이가 있는 부분이었다.320) 이런 정치적 차이는 어디에서 나오는 것일까?

그리고 이 차이를 낳는 사유의 바탕에는 무엇이 있는지에 대한 고찰이 필요하다. 왜냐하면 정도전과 이색·권근 등은 성리학을 공부했다는 공통적인 사유기반을 지니고 있었다. 따라서 왕조 개창과 유지라는 정치적 차이는 성리학이라는 학문적 공통성 이외에 다른 측면에서 유래되었다고 할 수 있다. 여기에는 삶의 궤적과 문제에 대응하는 방식의 차이, 그리고 개인적 품성까지 다양한 요소가 내재해 있을 것이다.321)

이 글에서는 그의 사유방식과 삶 속에서 고민과 대응을 통해 이를 살펴보려 한다. 즉 정도전이 지닌 개혁적 사유가 형성된 과정과 그에 따른 고민을 검토하여 그의 심성에 접근해 보려는 것이다. 이것이 심리적 접근법과 차이가 있는 부분은 정도전의 개혁적 사유가 형성되는 역사성을 보려는 점에 있다.

한 개인의 역사적 경험은 현실에 대한 안주나 포기를 가져오기도 하고, 때로 현실을 바꾸려는 개혁적 의지를 부여하기도 한다. 전자는 개인적 욕망과 타협하거나 현실적 무력감에서 오는 것일 수 있지만 대부분의 사람들은 현실과 타협한다는 점에서 일반적이다. 정도전이 이와 달리 현실개혁의 의지로 전환시키는 과정은 지식인이 지녔던 사유전환의 한 사례이다. 우리는 이를 살펴봄으로써 역사적 고민에 직면한 지식인의 한 유형을 보게 될 것이라고 본다.

---

320) 고려말 개혁파 사대부와 개선론적 사대부의 차이는 도현철, 1999,『고려말 사대부의 정치사상연구』, 일조각 등에서 다루어지고 있다.
321) 개혁파와 개선론적 입장의 차이가 나온 이유는 단순히 한 가지 삶의 요소, 예컨대 경제적 기반의 차이나 출신 등과 같이 한 가지 요인으로만 설명될 수 없다.

1) 젊은 시절의 좌절과 정체성의 고민

정도전은 1342년(충혜왕 복위3) 홍복판관으로 재직 중이던 정운경(鄭云敬)과 영주 출신 산원(散員) 우연(禹淵)의 딸 사이에서 태어났다. 정운경의 출신은 경상도 봉화로 향리집안이다. 그는 충숙왕대 과거에 급제하여[322] 개경의 관료 세계에 처음 발을 들여 놓았다. 따라서 문벌출신이 아닌 정도전은 과거 합격을 통해 관료가 되어야 한다는 점에서 당시 많은 지식인들의 길과 차이가 없었다.

정도전은 1360년(공민왕 9) 19세의 나이로 성균시(成均試)에 합격하였다.[323] 그가 과거를 보았을 때, 당시 시험 과목은 유교 경전과 현실적 대책을 묻는 책문을 중시하였다.[324] 정도전은 과거 시험공부를 통하여 성리학을 이해할 수 있는 사유의 바탕을 갖게 된 셈이다.

정도전은 1363년(공민왕 12) 충추목 사록으로 임명되어 처음 벼슬을 하게 되었지만, 당시 그의 경험에 대해 알려주는 자료가 남아 있지 않다. 그는 지방사회의 현실을 목격하였겠지만, 당시 그에게는 사회적 출세에 대한 욕구가 더 컸을지 모른다. 그가 다음 해 개경에 돌아온 후에 쓴 시에서는 그런 의지가 엿보이기 때문이다.

---

322) 『고려사』 권121, 열전34, 良吏, 鄭云敬.

323) 그의 삶에 대한 연보는 문철영, 2014, 앞의 책의 부록에 있는 「정도전 연보」에 근거하였다. 이하 따로 각주를 부기하지 않는다.

324) 이제현은 성리학의 영향을 받아 1320년(충숙왕 7) 과거 시험에서 문장을 평가 기준으로 하는 시, 부(賦)를 폐지하고, 현실의 대응책을 묻는 책문(策問)으로 과목을 바꾸었다. 또한 충목왕이 즉위한 직후에는 초장에 육경의(六經義)와 사서의(四書疑), 중장에서 고부(古賦), 종장에서 책문을 시험 치도록 하였다(『고려사』 권73, 지27, 選擧1, 충숙왕 7년 6월 ; 충목왕 즉위년 8월). 이를 통해 주자학과 관련된 4서와 현실대응에 대한 논의가 시험과목에서 중시되었음을 이해할 수 있다.

해묵은 솔이 한길 가에 우뚝이 서니

나무꾼의 괴롭힘을 어이 면하리

아직도 굳고 곧은 바탕을 지녀

훨훨 타는 불빛을 도와주네

어쩌면 병 없이 조용히 있어

낙락장신 하늘 높이 솟아올라

때가 와서 큰 집을 지을 적이면

우람한 저 대들보에 충당할 건가

그 뉘라서 이 뜻을 미리 알아

최고봉에 옮기어 심어줄 건가[325)

이 시에서 '해묵은 솔'은 정도전 자신을 말한다. 이 시에서 그는 나무꾼의 방해에도 불구하고 '큰 집' 즉 국가를 위한 위업을 감당할 인재라는 자부심을 지닌다. 그래서 집권자들이 자신의 뜻을 알아주길 기대한다는 의미를 내세우고 있다. 그는 인재 등용과 미래에 대한 기대감을 내세워, 젊은 시절 출사했던 자신감과 희망을 꿈꾸었다. 그래서 자신을 등용하여 최고 자리까지 이끌어갈 사람을 찾고 있는 것이다. 이 시의 마지막에 나오는 "최고봉에 옮기어 심어 준다."는 이를 의미한다. 그의 희망은 당시 출사 의지를 지닌 보통의 지식인들과 다를 바 없다.

하지만 이후의 삶은 정도전의 의지대로 흘러가지 않는다. 그는 통례문 지후가 되었지만 1366년(공민왕 15) 25세에 부모의 상(喪) 때문에 고향인 영주로 내려갔다. 그는 3년간 여묘살이를 위해 관료 생활을 중단해야 했다. 이후 그는 1370년(공민왕 19) 이색을 중심으로 한 정몽주, 이숭인

---

325) 『삼봉집』 권1, 古意, "蒼松生道傍 未免斤斧傷 尙將堅貞質 助此爛火光 安得無恙在
直榦凌雲長 時來堅廊廟 屹立充棟樑 夫誰知此意 移種最高岡."

등이 성균관에서 강론한다는 소식을 듣고 개경에 다녀온 이후, 그들의 천거로 성균박사에 임명되어 교관이 되었다.

여묘살이를 마친 이후 그는 삼각산의 옛 집에 돌아와 있었다. 당시 벼슬 없이 지내던 그가 관료계로 복귀하지 않았던 이유는 분명치 않다.[326] 그는 전 해인 1369년(공민왕 18) 공민왕이 노국공주를 위해 마암(馬巖)에 영전(影殿)을 짓는 공사에 대해 '왕도정치'가 사라졌다고 이를 비판하였다.[327] 그는 신돈 등이 권력을 장악하였고, 또한 상호간의 인적 관계로 얽혀 있는 집권층 내부에서 주목받을 수 있는 존재가 아니었다. 당시 공민왕이 비판한 것처럼 명문거족들은 자신들끼리 파벌을 이루었다. 또한 신진기예들은 명문가와의 결혼을 통해 소신과 비판의식을 상실하였고, 유생(儒生)들도 좌주와 문생 관계를 통해 출세하는 상황이었다.[328] 정도전은 문벌 출신도 아니었고, 인간관계를 이용하여 출세할 생각도 없었다. 당시 그의 태도는 그야말로 관조적(觀照的)이란 표현이 어울렸다.

고요히 앉았자니 먼 생각 일어
저 삼봉(三峰)의 마루를 오르게 하네
송악산 서북쪽 바라보니
높고 높게 검은 구름 무심히 떴네
벗님네 집이 그 밑에 있어

---

326) 이에 대해 정도전이 신돈 등의 집권에 실망하여 낙향했다는 견해가 있다(문철영, 2014, 앞의 책, 57쪽). 하지만 그는 상례 때문에 낙향했다가 다시 벼슬길에 나서지 않았던 것이다. 이후 복귀는 자신의 의지만으로 해결되는 것이 아니며, 또한 신돈 때문이라면 1370년 복직도 할 필요가 없다.
327) 『삼봉집』 권1, 遠遊歌. 문철영은 이 시를 통해 공사를 풍자하여, 정도전이 공민왕의 개혁정치에 기대감이 사라지고 있다고 보았다(2014, 앞의 책, 59~60쪽).
328) 『고려사』 권132, 열전45, 반역6, 辛旽.

낮과 저녁 어울려 서로 노누나

나는 새 구름 뚫고 들어가니

내 생각 끝끝내 유유하네

캐는 지초 한 줌도 차지 않아

저기 저 한길 가에 내버려졌네

한 번 가기 어려움도 아니건마는

어째서 이다지 머뭇거리는지

도성 안이 즐거운 곳 아니리요마는

깊숙한 바윗골이 사랑스러운걸

계수나무 가지 부여잡고 노래 부르며

세월아 가거라 실컷 노니니329)

    정도전의 호(號)는 자신이 살던 곳인 삼각산의 삼봉(三峰)에서 유래되었을 것이다. 그가 본 '송악산의 검은 구름'은 자신이 원하지 않는 정치적 상황들을 뜻한다. 정도전은 원치 않은 정치가 펼쳐지는 개경의 한복판과 떨어진 삼각산 아래에서 벗과 어울리며 관조하고 있었다. 그는 스스로 개경과 거리를 두고 있었다. 그렇지만 그의 관조가 단순히 은일(隱逸)만을 지향해서 나온 것은 아니었다. 그가 사랑하는 '깊숙한 바윗골'과 '흘러가는 세월' 속에서 노는 것은 그의 현실적 좌절과 출사에 대한 기다림을 보여주는 것인지도 모른다.

    앞서 정도전은 1366년(공민왕 15) 신돈 문제를 거론하다가 장사감무(長沙監務)로 좌천된 이존오(李存吾)를 만나 시를 지어주었다. 이존오는 충청

---

329) 『삼봉집』 권1, 登三峯憶京都故舊, "端居興遠思 陟彼三峰頭 松山西北望 峨峨玄雲浮 故人在其下 日夕相追遊 飛鳥入雲去 我思終悠悠 採芝不盈匊 實彼道之周 一徃諒非難 胡爲此淹留 城闕豈不樂 亦愛巖壑幽 浩歌攀桂枝 卒歲以優游."

도 부여의 석탄(石灘)에 살면서 1370년과 71년에 연이어 정도전을 만났다.

돌 면은 쇠를 깎아 세운 듯하고
여울물은 긴 무지개에 닫는 것 같네
여울머리 낚싯배 빗겨 있고
여울 위 모궁이 우뚝하여라
높은 선비 깨끗하다 못해 병이 들어
돌아와 그 가운데 누워 있다오……
가고 가서 머무를 때가 없구려
저기 쌍쌍 노니는 갈매기만이
날아와 언제나 여기에 있네
어허 이내 신세는 새만 못해
가지 못해 부질없이 서로 생각만 하네[330]

정도전은 이 시에서 이존오를 '높은 선비'라고 칭송하였다. 그와 자주
만났으면 하지만 사는 곳이 멀어서 새처럼 날지 못하는 한, 만날 수
없음을 한탄하였다. 정도전은 신돈을 탄핵했던 이존오를 존경하고 있었
다. 그는 이존오를 통해 자신의 유학자적 자세를 가다듬는 계기가 되었을
것이다.

또한 그는 이존오와 자신 사이에 동지적 유대감을 느꼈다. 시구에
나오는 '쌍쌍 노니는 갈매기'는 자신들을 비유하는 말이다. 이와 같은
동지적 유대감을 가질 사람들이 정도전에게 필요하였다.

다행히 그는 개경에서 만난 성균관 학관들에서 자신의 책무를 보았을

---

330) 『삼봉집』 권1, 石灘, "石面立削鐵 灘流奔長虹 灘頭横漁艇 灘上起茅宮 高人抱清疾
……歸來臥其中 逝者無停時 獨有雙白鷗 飛來長在玆 嗟我不如鳥 未去空相思."

것이다. 새로운 사유를 지닌 세대의 양성이 그에게 현실을 이기고 미래로 가는 새로운 책무로 여겨졌다. 정도전은 삼각산에서 이존오 등과의 인적 교류에서 미래의 역할을 찾았다.

따라서 정도전은 성균관 학관들의 추천으로 당연히 성균관으로 돌아가게 된다. 이들과의 만남과 학문적 토론은 그가 익힌 주자학에 대한 이해를 심화시켰을 뿐만 아니라, 경세적 자세와 현실문제에 대한 주자학적 적용으로 이어졌다.

> 삼봉은 포은·도은과 더불어 서로 친하여 강론하고 갈고 닦아 더욱 얻은 바 있었고, 항상 후진을 가르치고 이단을 물리치는 것으로 자기 책임을 삼아 왔다. 그 시서(詩書)를 강의함에 있어서는 능히 알기 쉬운 말로써 지극한 이치를 형용하여 배우는 자가 한 번 들으면 바로 의(義)를 깨달았으며, 그 이단을 물리침에 있어서는 능히 그 글에 정통하여 먼저 그 연유를 자세히 설명하고서 마침내 그 그른 점을 지적하므로 듣는 자가 다 굴복하였다.331)

그가 정몽주, 이숭인 등과 더불어 주자학을 이해하고, 이를 퍼트리는데 커다란 노력을 기울였음을 알 수 있다. 특히 그는 불교와 같은 이단 문제에 대한 비판적 인식을 지니게 되었다. 이 과정은 주자학 수용의 심화 과정에서 필연적으로 드러나는 부분이며, 그의「불씨잡변」,「심기리편」등을 서술한 배경이었다. 하지만 '이단'에 대한 비판과 행동은 자신을 '정통'으로 의식한다는 뜻이다. 물론 과거에도 불교를 이단으로 보았다. 하지만 정도전의 이단과의 투쟁은 스스로의 존재와 이단을 대비시켜,

---

331)『삼봉집』서.

자신을 '정의'로 여기는 의식을 점차 심화시켰다. 따라서 그의 내면에는 이단과의 투쟁이 심화될수록 자신을 정당화하는 인식도 강화된다. 그 결과 자신과 이단 사이에는 깊은 심연이 존재하게 되고, 선과 악으로 규정하는 이분화된 사유가 깊어졌을 것이다.

한편 그의 관직 생활은 1371년(공민왕 20)인 30세부터 태상박사(太常博士)로 다시 본격화되었다. 그렇지만 정도전은 그때까지의 관직 생활에서 만족을 느끼지 못하였다.

아이들 장난같이 십년을 살고 보니
밤에 누워 생각하면 스스로 부끄럽네
휘파람 불고 싶어 소문산 찾아가니
하늘 밖 맑은 바람 옷에 가득 불어오네[332]

'아이들 장난 같은 10년'은 그가 걸어온 관직 생활을 의미할 것이다. 자신이 한 일에 대한 가치 부여가 없다는 점에서, 그는 스스로를 부끄러워했다. 그의 부끄러움은 정도전이 추구해야 할 정체성과 성리학적 가치가 현실에서 거의 이루어지지 못했음을 말한다.

결국 그는 자신이 추구하는 가치를 위해 행동에 나서야 했다. 그의 행동은 1375년(우왕 1) 5월 북원(北元) 사신의 입국을 계기로 터져 나왔다. 당시 집권자인 이인임과 지윤이 사신을 맞으려 하는 일에 대해, 전의부령(典儀副令) 정도전은 김구용, 이숭인, 권근 등과 함께 이를 반대하는 상소를 도당에 올렸다.[333] 또한 정도전은 경복흥의 집에 가서 북원 사신의 목을

---

332) 『삼봉집』권2, 遣興, "十年碌碌伴兒嬉 夜臥時時每自嗤 欲向蘇門長嘯去 清風天外滿衣吹."
333) 『고려사절요』권30, 우왕 원년 5월.

베어 명에 보내야겠다는 극단적인 주장을 하였다. 이런 행동으로 볼 때 정도전은 격정적인 감성을 지녔음을 우리는 짐작할 수 있다. 이런 그의 성격은 이단인 불교 배척이나 신 왕조의 개창과 같은 행동과 동일한 맥락을 지닌다.

그는 이 일로 인하여 전라도 나주 회진현 거평부곡으로 첫 유배를 가게 되었다.

> 내 수레에 기름 칠해 먼 길을 떠나
> 험한 저 태항산을 올라가노라
> 황하 물이 그 아래로 내리쏟는다
> 삼박(三亳)의 사이를 돌아다보니
> 아득히 다 달라지고
> 두 무덤만 마주서 우뚝하다
> 어느 시대 사람이냐고 물었더니
> 용방(龍逄)과 비간(比干)이라 일러주네
> 조국의 멸망을 차마 못본 체할 수 없어서
> 충의의 심간이 찢어지기에
> 대궐문을 손수 밀고 들어가
> 임금 앞에 언성 높여 간했더라오
> 예부터 한 번 죽음 뉘나 있으니
> 구차한 삶은 처할 바 아니지 않나
> 천 년 지난 광막한 오늘날에도
> 영렬이 가을 하늘에 비끼었구려[334]

---

334) 『삼봉집』권1, 感興, "膏車邁行役 登彼太行山 黃流奔其下 顧瞻三亳間 茫茫皆異國 雙墳對巍然 且問何代人 龍逄與比干 不忍宗國墬 忠義裂心肝 手排閶闔門 抗辭犯主顔

그는 자신의 시련을 중국의 태항산에 비유한다. 그리고 자신의 존재를 용방과 비간과 비교한다. 이 두 사람은 모두 은(殷)의 폭군인 걸(桀)에게 해를 입었다. 용방과 비간은 이 때문에 충의(忠義)의 상징적 인물이 되었다. 그래서 정도전은 자신의 행위에 대한 자부심이 있었다. 그리고 그는 역사를 믿었다. '천 년 지난 광막한 오늘날에도 영렬이 가을 하늘에 비끼듯이' 자신의 이름도 그렇게 남을 것이라고 생각하였다.

사실 그가 명나라만을 역사적 정통국가로 생각하지는 않았다. 그는 원에 대해서도 역사적 존재로 인정하였다. 다만 원의 경우에는 마지막 황제였던 순제 때에 천명(天命)이 명으로 돌아갔다고 생각하였다.[335]

정도전은 현실론적 입장에서 당시 대륙을 점거하고 있는 명을 인정해야 한다고 보았던 것이 아니다. 그 이상으로 그는 우왕 이전에 공민왕이 원에서 명으로 사대의 대상을 변환시켰다는 점을 중시하였다.

그뿐 아니라 우왕이 즉위하자마자 선대인 공민왕의 업적을 바꾼다는 것은, 유학의 논리상으로 옳지 않았다. 특히 옳은 사대의 대상, 즉 명을 섬기는 일은 함부로 바꿀 수 없다는 인식이 정도전의 두뇌에서 떠나지 않았을 것이다. 더구나 정도전은 이인임 등과 같은 권세가들에게 비판적 인식을 지녀왔기 때문에 이 문제에 대해 더욱 격렬하게 반발하였을 가능성이 크다. 한 마디로 정도전은 주자학 원리주의자에 가까운 존재였다.

또한 이 사건으로 유배를 떠난 박상충(朴尙衷)의 중간 사망은 그에게 큰 심리적 충격을 주었다.

A. 사람들은 죽음에 당하면 모두 죽기는 두려워하고 살기를 중하게
    여겨서 치욕(恥辱)을 무릅쓰고 살려달라고 애걸을 하는데, 선생은

自古有一死 偸生非所安 寥寥千載下 英烈橫秋天."
335) 김인호, 2005, 「정도전의 역사인식과 군주론의 기반」 『한국사연구』 131, 270쪽.

그렇지 않아 의리가 죽어야 옳다면 차라리 호랑이의 입에 들어간다 하더라도 의를 저버리고 살기를 구하지 않았으며, '내 몸은 죽일 수 있으나 나의 도는 굴할 수 없다.'고 하셨습니다. 그리하여 소인들은 선생을 우직하다고 의심하였습니다.

B. 군자들은 말하기를, '선생이 지닌 도(道)는 임금을 높이고 백성을 보호할 수 있는데도 세상에 행해지지 못했으며, 선생의 학문은 고금을 꿰뚫을 수 있는데도 사람들에게 믿음을 얻지 못하였으며, 의로운 빛이 늠름하건만 소인들은 성을 내며, 충성스러운 말씀이 곧고 간절했건만 위에서는 듣지 않으셨으니, 이것으로 선생의 운명이 사납고 시대가 어려웠다고 의심한다.' 하며, 또 '선생의 선을 행함이 복록(福祿)을 오래 누릴 만한데도 그 수(壽)를 누리지 못했으며, 여경(餘慶)이 있어 후사(後嗣)가 있을 만한데도 그 몸을 보전하지 못하였으니 이로써 선생의 불행을 의심한다.'고 합니다.

C. 나는 생각하기를, 저들의 의심이 모두 그르며 또 선생을 알지 못하는 것이라고 여겨집니다. 도(道)가 행하여지고 행하여지지 않는 것은 때이고, 사생(死生)과 화복(禍福)은 자기에 있는 것이 아니거늘 선생이 이런 것을 장차 어떻게 하겠는가? '나의 의(義)를 행할 뿐이다.'라고 했습니다.[336)

정도전은 박상충의 죽음에 대해 이렇게 유교적 의미를 부여하였다. 그는 인간들의 보편적 생리에 대해 먼저 이야기하면서, 자신의 생명과 사적 이익을 유학적 도(道)와 대비시킨다(A). 그가 말하고 싶은 것은 '도를 추구하는 군자=박상충'과 '자신의 이익을 추구하는 소인=권세가'가

336) 『삼봉집』 권4, 哭潘南先生文.

대비되는 존재로 부각시키는 것이다.

이 같은 인식은 앞서 말한 이분법적 사유에 바탕을 두고 있으며, 이것이 심화되면 이분화 시켜 놓은 것들 사이는 화해할 수 없는 존재가 된다. 정도전은 B에서 박상충의 행위 자체가 정의로우면서도 무익하다는 주변의 평가를 소개한다. 하지만 그는 이것을 현실주의적 태도라고 생각하였다.

따라서 그는 현실주의적인 태도를 부정하고, 항구적 가치인 '의'를 추구하라고 촉구한다. 젊은 혈기가 넘치는 정도전은 이렇게 타협주의적인 면을 배격하고, 절대적 가치 추구만을 선(善)으로 규정한 것이다. 이런 대립적 사유가 지속될 경우에는 가치중립적인 것을 모두 배격하고, 자신이 선(善)으로 규정한 것을 위한 개혁에 몰두하게 된다.

2) 유배 생활과 인식적 전환

정도전이 유배 생활을 통해 발견한 것은 일반 백성들이었다. 그가 회진현 거평부곡에서 본 사람들은 개경의 중앙정계에서 만났던 사람들과 달랐다. 그곳에서 그는 두세 학자들과 강론하다가 어떤 때는 농사꾼이나 시골 노인들과 옛 친구처럼 담소를 나누었다. 결국 그가 초가집을 짓게 되었을 때 동네사람들이 도와주어 금방 완성이 되었다.

> 다만 내가 찬찬하지 못하고 너무 고지식하여, 세상의 버림을 받아 귀양살이로 멀리 와 있는데도 동리 사람들이 나 대접하기를 이렇듯 두텁게 하니, 어쩌면 그 궁한 것을 불쌍하게 여겨서 거두어 주는 것일까? 아니면 그들이 먼 지방에서 생장하여 당시의 의논을 듣지 못하여 내가 죄

있는 자인 줄 몰라서인가? 아무튼 모두 후대가 지극하였다. 내가 한편으로는 부끄럽고 한편으로는 감동이 되므로 그 시말을 적어서 나의 뜻을 표하는 것이다.[337]

그는 자신이 유배를 왔는데도 불구하고 그곳 사람들이 후대한다는 점에서 감동을 받았다. 그가 감동한 이유는 소재동 사람들이 개경 사람들과 달리 자신의 이익에 따라 인간 교유를 하지 않는다는 점에 있었다. 그가 말하는 '자신의 부끄러움'은 자신 역시 이익을 추구하는 인간관계를 했다는 반성에서 비롯된 것이다. 그것은 다름 아닌 지역민 내지 농민들에 대한 재인식이었다.

과거 정도전 역시 유교적 사유에 따라 이곳 사람들을 통치를 받아야 할 존재로 여겼다. 맹자가 주장했듯이 농민들은 몸을 써서 자신들과 같이 통치를 하는 군자들을 봉양해야 하는 존재[338]라고 생각했기 때문이다. 이런 인식이 이곳 회진현 소재동에서 깨져 나갔다. 정도전은 이제 지역민과 자신의 인간적 동질성에 더욱 주목하게 되었다. 그 결과 민(民)은 통치 대상이기 이전에 자신처럼 존중 받아야 할 동질적 인간이 되었다. 그리고 그것은 경세적 책무에 대한 새로운 각성을 일으켰다.

농삿집 늙은이들 술을 자주 권하면서
오늘은 바로 좋은 날이라 일러 주네

---

337) 『삼봉집』 권4, 消災洞記.
338) 이에 대해 『맹자』 滕文公章句上, "或勞心 或勞力 勞心者治人 勞力者治於人 治於人者食人 治人者食於人 天下之通義也."라는 유명한 구절로 대변되고 있다. 이를 통해 儒者들은 대체로 이를 職分에만 귀속되는 것이 아닌, 신분적 차이로 확대시켜 이해한다. 맹자의 민본사상에 대해서는 안병주, 1987, 『유교의 민본사상』, 성균관대 대동문화연구원 등이 참조된다.

싫도록 취하여 모옥에 누웠으니

홀로 깨어 읊조리는 택반(澤畔) 사람 부끄러워[339]

이 시는 단옷날에 지어진 것인데, 제작 연도는 정확치 않다. 농사꾼들이 술을 권했던 것으로 보아 유배시절에 쓴 것으로 추정된다. 그는 농사일을 시작하는 사람들과 어울려 술을 마셨는데, 자신과 같이 시를 짓는 지식인의 정체성을 부끄러워했다. 그가 부끄러워하는 이유는 분명치 않다. 그렇지만 시 자체로 볼 때 농사짓는 이들의 노동에 대한 가치 부여가 있을 것이다.

사실 정도전은 주변 사람들과 잘 사귀는 사교적 성격을 지니지 않았다. 그는 사람들과 쉽게 어울리는 성격이 아니었으며 인간관계에 까다로웠다. 그가 수행하러 가던 백정선사(柏庭禪師)에게 준 시에서는 "먼 구경 마치는 날 얻은 것은 무엇인가, 어서 돌아와 내 마음 위로해 다오.[340]"라면서 애틋한 정감을 표현하고 있다.

그런데 이렇게 정감을 표현한 일은 그를 잘 알던 주변 사람에게도 특이하게 비쳤던 모양이다. 특히 상대가 승려라는 점에서 더욱 그러했다. 정몽주는 이 시에 대해 이런 글을 첨부하였다.

"삼봉이 누구에게나 허락이 적으니, 눈이 있어 분명히 진짜와 가짜를 구별하네. 스님 위한 정념이 마침내 이 같으니, 백정은 반드시 헛닫는 자 아닐 거네."[341]

---

339) 『삼봉집』 권2, 端午日有感, "野父田翁勸酒頻 謂言今日是良辰 頹然醉臥茅簷下 還愧醒吟澤畔人."

340) 『삼봉집』 권2, 贈柏庭遊方, "……遠遊畢竟終何得 早早歸來慰我思."

341) 위의 시, "三峯於人少許可 有眼分明辨眞假 爲師拳拳乃如斯 柏庭必非虛走者."

정몽주는 정도전이 사람을 받아들이는 범위가 작다고 하였다. 물론 이 말은 백정선사[342]를 높이기 위한 표현이다. 하지만 정도전의 인간 교유가 폭이 좁고 사람들과 쉽게 사귀는 성격이 아니라는 점을 방증한다.

따라서 정도전의 성격은 세속적 가치를 추구하는 사람들과 잘 어울리지 못했을 것이며, 그런 만큼 자존감도 높았다. 이런 자존감의 소유자인 정도전이 일반민들과 어울리게 된 것은 상당한 자아정체성의 변환이라고 할 수 있다. 이 변환은 유학적 경세가로서의 민을 위한 삶이란 목표를, 이념이 아닌 감성적 차원으로까지 내면화시켰다. 이처럼 정도전의 거평부곡 유배는 첫 번째 삶의 전환이 된 것이다.

그는 3년간의 유배 생활을 끝내고 돌아오는 길에 자신의 결심을 다시 표방한다.

> 그대는 보지 못했는가 가태부가 글을 써 소상강물에 던지고
> 이 한림이 취중에 황학루 시 지은 것을
> 생전의 곤궁쯤이야 근심할 게 무엇 있나
> 빼어난 듯 늠름하게 천추에 비끼었네
> 또 보지 못했나 병든 이 몸 삼 년을 남방에 갇혀 있다가
> 돌아오는 길에 또 금강 머리에 온 것을
> 다만 강물이 유유히 흘러감을 볼 뿐
> 세월도 머물러 주지 않음을 어찌 알리
> 이 몸은 저 구름마냥 둥둥 떴으니
> 공명이나 부귀 다시 무얼 구하리요

---

342) 백정선사는 당시 사대부들과 교분이 많았던 것 같다. 이색과 권근의 경우도 그에게 시를 보내주었다는 사실을 확인할 수 있다(李穡, 『목은시고』 권18, 題柏庭行卷 ; 權近, 『양촌집』 권3, 贈栢庭禪師).

오늘 느낌 옛날 생각 길게 한 번 탄식하니

노랫소리 격렬하다 바람은 으시시한데

갑자기 흰 갈매기 쌍쌍이 날아오네[343]

정도전은 1377년(우왕 3) 7월 24일 충청도 공주에 있는 금강루(錦江樓)에 자면서 이 시를 지었다. 아직 무더위가 가시지 않은 여름날, 그는 흘러가는 금강을 보면서 새로운 결심을 하고 있다.[344] 여기서 '금강'은 정도전이 가진 마음의 격절을 표현하는 말이다. 남쪽에 있는 유배지와 새로운 삶의 의지를 가지려는 자신 사이를 가르는 경계가 바로 금강이었다.

그는 강물 속에 세월이 흘러가고 있는 가운데에서 자신의 경세적 역할을 다시 다짐한다. 그가 지적한 '부귀, 공명'이란 개인적 욕망은 삶의 목표가 아닌 것이다. 그가 본 '갈매기'는 으스스한 바람을 뚫고 나온 희망과 의지의 존재를 드러낸 것이다.

그렇지만 정도전 앞에 놓인 현실은 만만치 않았다. 자신과 같이 유배를 간 동료들은 모두 복직되었지만, 정도전에게는 기회가 오지 않았다. 그뿐 아니라 고향인 경상도 영주에도 있을 수 없었다. 당시 고려를 괴롭히던 왜구 때문이었다.

도적을 피하여 내 땅을 떠나

---

343) 『삼봉집』 권1, 題公州錦江樓, "君不見賈傅投書湘水流 翰林醉賦黃鶴樓 生前轗軻無足憂 逸意凜凜橫千秋 又不見病夫三年滯炎州 歸來又到錦江頭 但見江水去悠悠 那知歲月亦不留 此身已與秋雲浮 功名富貴復何求 感今思古一長吁 歌聲激烈風颼颼 忽有飛來雙白鷗."

344) 문철영은 이 시에서 관조 이상으로 새로운 의지를 표현하고 있다고 보았다. 정도전의 관조적 삶의 자세는 노장사상이나 도교류의 현실도피적인 삶의 방식이 아니라 부당한 유배상황을 극복한 후에 얻어진 적극적인 삶의 방식이라고 하였다(2014, 앞의 책, 107쪽).

가족을 이끌고 다른 고을로
가시덩굴 스스로 앞을 가리니
상재(桑梓)는 눈에 선해 잊기 어렵네
세상이 험난하니 어린아이 가엾고
집마저 가난하니 어진 벗 기댈밖에
천지는 부질없이 넓기만 하니
내 흥취 아득아득 홀로 섰노라[345)

그의 처지는 일반 백성들과 다를 것이 없었다. 가난한 집과 자식에
대한 걱정이 이를 잘 말해주고 있다. 정도전은 왜구를 피해 자신의 벗을
찾아갔다가, 결국 삼각산 옛 집으로 돌아왔다.[346) 그는 시구에 나오듯이
'천지의 넓음' 속에 자신의 존재를 세워가려 하였다. 정도전이 현실에서
겪는 풍파적인 삶에 굴복하지 않으려는 의지가 엿보이는 대목이다.

그렇지만 삼각산 옛 집에서의 삶은 순탄치 않았다. 정도전이 그곳에서
글을 강론하게 되자, 그에게 배우려는 사람들이 개경에서부터 출입하기
시작하였다. 하지만 이곳 출신으로 재상이 된 사람은 여기에 불만을
지녔다. 정도전이 당시 정계에서 불순분자로 낙인 찍혀 있었기 때문일
것이다. 이 재상은 배움을 막기 위해 그의 집을 철거하였다.

그러자 정도전은 부평부사(富平府使) 정의(鄭義)에게 가게 된다. 다시
전임재상이 그 땅을 별장으로 만들려고 그의 집을 철거하자, 이번에는
김포로 옮겨야 했다. 그의 나이 40세 때의 일이다.

---

345) 『삼봉집』 권2, 避寇, "避寇離吾土 攜家走異鄉 荊榛行目蔽 桑梓耿難忘 世險憐兒少
家貧伏友良 乾坤空自濶 獨立興蒼茫."
346) 『삼봉집』 권2, 山中二首.

오 년에 세 번이나 집을 옮겼는데

금년에 또 이사를 하게 되다니

들은 넓고 모옥은 자그마하고

산은 긴데 고목(古木)은 성글구나

밭가는 사람 서로 성 물어 보고

옛 친구는 편지조차 끊어 버리네

천지가 능히 나를 용납해 주니

표표히 가는 대로 맡겨두자[347]

그의 이사는 일종의 정치적 박해였다. 그는 중앙 정계에서 따돌림을 받는 존재였기에, 옛 친구들도 정도전과의 관계를 단절하고 있었다. 정도전은 이에 대해 좌절하기보다 초연한 자세를 지녔다. 그렇지만 그는 새로운 자신의 길을 모색하여야 했다. 단지 가르치는 일을 하는 학자로서의 삶만이 그의 목표가 아니었기 때문이다. 그의 포부는 "천지가 자신을 용납해 준다."는 시구에서도 엿볼 수 있다. 이것은 인간세계가 아닌, 그보다 큰 자연이란 것이 자신을 받아들여줄 것이라는 뜻이다. 여기에는 자신을 박해하는 존재들에게 대한 미움이 아닌, 이를 넘어서는 여유가 보인다.

하지만 그런 여유보다 우연히 지은 다음의 시가 그의 속마음일 수 있었다.

낙오된 신세지만 마음은 남았는데

연래에 근심 걱정 또 서로 찾아드네

겨울 추위 으시으시 바람 서리 매우 괴롭고

---

347) 『삼봉집』 권2, 移家, "五年三卜宅 今歲又移居 野闊團茅小 山長古木疎 耕人相問姓 故友絶來書 天地能容我 飄飄任所如."

따뜻한 봄 어둑어둑 안개 깊이 끼었어라

산에선 시랑(豺狼)이 성내어 으르렁대고

바다에선 도적이 넘보고 침략하네

돌아가잔 생각조차 도리어 한가한 일

하룻밤 편안한 잠값 따지면 만금일세[348]

정도전은 스스로 낙오된 신세라고 생각하였고, 개인적 근심으로 고민해야 하였다. 그의 고민은 인간적 면에서 당연한 일이었다. 그를 둘러싼 환경은 겨울 추위, 시랑, 왜구 등과 같이 표현된 어려운 역경들뿐이었다.

그런데 그가 언급한 어려움은 국가의 기능과 역할의 상실로부터 연유되고 있는 문제들이었다. 국가가 민(民)으로부터 세금을 걷는 근거는 그들의 생명을 보호하고, 분쟁을 해결하며 사회복지를 실현해 줄 수 있다는 믿음에 있다. 이런 믿음과 가치가 고려말 정도전이 살던 시기에 깨져 나가고 있었다. 정도전이 해야 할 역할과 가치가 지향해야 할 부분이 명확해졌던 것이다.

3) 이성계와의 만남과 정체성의 발현

정도전이 선택한 방법은 자신을 받아들일 수 있는 정치적 존재를 찾는 일이다. 그는 여러 차례 이사를 통해 개경의 집권세력에 대한 기대를 접었다. 그가 1383년(우왕 9) 42세의 나이로 찾아간 곳은 이성계가 있던 함경도 함주막(咸州幕)이다. 이성계는 당시 동북면도지휘사로서 자신의

---

348) 『삼봉집』 권2, 偶題, "零落唯餘方寸心 年來憂患又相尋 冬寒冽冽風霜苦 春暖昏昏瘴霧深 山上豺狼長怒吼 海中寇賊便凌侵 思歸却是閒中事 一夜安眠直萬金."

본향을 지키고 있었다.

『용비어천가』는 정도전이 천명의 소재를 알고 찾아간 이성계의 군대를 보면서 감탄한 대목이 나온다.[349] 그가 천명의 소재를 알았다는 점은 과장되어 있지만, 그는 이성계에게서 희망과 기대를 가지게 되었다.

또한 두 사람은 함주에서 많은 논의를 하였을 것이다. 그 결과가 이성계가 올린 변방을 편안히 하는 계책으로 나왔을 것이다.[350] 이성계는 북계(北界)의 중요성을 강조하고, 병졸의 훈련과 식량보급 문제, 승려와 무뢰배의 상업적인 반동(反同)과 세금, 군사 동원 문제 등에 대해 다양한 의견을 제시하였다. 이러한 종합적 시각에 의한 문제 제시는 이성계와 논의한 정도전의 의견이 반영되었다고 볼 수 있다.[351]

정도전은 다음해인 1384년(우왕 10)에도 함주막에 갔다가 김포로 돌아왔다.

　　　내 임금 올리자고 경서를 궁구하여
　　　어린 시절 익히어라 머리가 하얗도록
　　　성대(盛代)의 미친 이 말 마침내 쓰임 없어
　　　남방으로 쫓겨나 친구들과 헤어졌네

　　　왕을 선도할 꾀 없으니 백성에게 은택 베풀기 어려워
　　　분음(汾陰)을 찾아가 책이나 읽잤더니

---

349) 『용비어천가』 제11장. 한영우는 자신의 힘만으로 혁명 성취가 불가능하다고 믿고, 이성계의 힘을 빌기 위해 간 것으로 이를 보았다(1987, 『개정판 정도전사상의 연구』, 서울대출판부, 25쪽).

350) 『고려사절요』 권32, 우왕 9년.

351) 특히 백성들의 유리도망(流離逃亡) 문제와 경작 토지에 따른 세금 부여 등은 이후 정도전의 개혁안과 상통한다고 할 수 있다.

십 년이라 풍진에 전쟁이 하 많아

유생들은 뒤떨어져 구름 같이 흩어졌네352)

그는 경전 공부를 통해 유학자로서의 학문 탐구를 했음을 밝혔다. 또한 이 시에서 그는 남방으로 쫓겨난 이후 관료로서의 역할을 수행할 수 없음을 한탄한다. 이후 왜구와의 전쟁 등으로 유학이 꽃필 수 없다고 주장하였다.

그렇지만 그는 위 시에서 연속적으로 자신의 의지를 밝힌다.

유술(儒術)이란 알고 보면 자기 일에 졸한 거라

병법에 뜻을 두어 손(孫)·오(吳)를 배웠었네

세월은 흘러가고 공은 끝내 못 세우니

먼지 낀 책상에 병법 책을 폐했다오

글공부 칼쓰기 하나도 못 이루고

농사터로 돌아가 몸소 밭을 갈았지요

한재 수해 연래에 너무도 혹심하니

문앞에 찾아드는 땅세 독촉 어찌하리

고금을 통론해도 백 살 넘긴 사람 없네

득실을 가지고서 정신을 허비 마소

다만 썩지 않는 사문(斯文)이 있다면

후일에 당연히 정씨 사람[鄭人] 나올 걸세353)

---

352) 『삼봉집』 권2, 自詠五首, "窮經直欲致吾君 童習寧知歎白紛 盛代狂言竟無用 南荒一斥離羣群 致君無術澤民難 擬向汾陰講典墳 十載風塵多戰伐 靑衿零落散如雲."

그는 유학이란 것이 현재 왜구와 같이 국가를 혼란시키는 문제에 큰 도움이 되지 않는다고 주장한다. 그래서 정도전은 당장 실용적으로 쓸 수 있는 손자나 오자의 병법을 배웠다. 당시 그의 배움은 조선왕조 설립 이후에 진법(陣法) 등의 군사훈련 저술이나 실제 훈령방식에 주로 이용되었을 것이다. 유의할 점은 그가 병법과 같은 실용적 학문에 유의했다는 사실이다. 이 사실은 당시 성리학을 '실학(實學)'이라고 인식했던 것처럼, 정도전은 경세적 문제를 해결하기 위해 실용적 학문을 이용해야 한다고 보았다.

한편 정도전은 일반민처럼 직접 농사를 지으면서 세금 걱정까지 하게 되었다. 이 때문에 그는 한재와 수재 같은 자연재해로 인하여 세금 독촉에 시달리는 신세가 되었다. 이런 그의 경험은 고려말 토지개혁론으로 이어지는 실질적 바탕이 되었을 수 있다.

그와 비슷하게 강원도 원주의 지식인이던 원천석(元天錫)은 25세 당시 금강산 유람 후 양구군의 참담한 현실을 보았다.

> 방산(方山)을 떠나 양구군(楊口郡)에 이르렀는데, 아전이나 백성들의 집이 모두 기울어지거나 땅바닥에 쓰러졌으며, (온 마을이) 텅 비어 연기나는 집이 없었다. 길가는 사람에게 물었더니, 이렇게 대답하였다. "이 고을은 낭천군(狼川郡)에서 아울러 다스리는 곳인데, 예부터 땅이 좁고 척박해서 백성이나 산물이 쇠잔하였습니다. 근래에 와서는 밭마저 권세가에게 빼앗기고 인민들을 못살게 하는 데다 세금마저 굉장히 많아 발붙일 곳이 없게 되었습니다. 그런데도 겨울철만 되면 세금을 독촉하는 무리들

---

353) 『삼봉집』 권2, 自詠, "自知儒術拙身謀 兵畧方師孫與吳 歲月如流功未立 素塵牀上廢 陰符 書劍區區兩未成 問歸田舍事躬耕 不堪旱溢年來甚 爭奈門前責地征 今古都無百歲 身 休將得失費精神 只消不朽斯文在 後日當生姓鄭人."

이 문이 메이지도록 잇달아, 한번이라도 명을 어기면 손과 발을 높이 매달고 심지어는 곤장까지 때려서 살과 뼈가 해어지게 하나, 살던 백성들이 견디지 못하고 사방으로 흩어져서 마을이 이같이 되었습니다." 내가 그 말을 듣고 오언시 여덟 구를 지어 마을이 쇠망해 가는 실정을 적어둔다.[354]

원천석은 정도전이 직접 겪은 것과 비슷하게 세금으로 인한 지역사회의 고통을 지켜보았다. 하지만 원천석 역시 양구군 백성들의 상황이나 처지와 크게 다르지 않았다. 그가 겪었던 세금의 고통은 정도전과도 마찬가지였던 것이다.

세금도 다 못 냈는데
가을마당에 벌써 남은 게 없어
아무리 애쓴들 어디로 가며
헤매는 사정을 그 누가 걱정하랴[355]

세금을 다 내지 못한 그의 걱정은 정도전과 유사하다.[356] 이처럼 약간의 땅을 가지고 있어도 생계가 위태로운 지경이었다. 고려말 지식인들은 이와 같은 자신의 현실 문제에 직면하면서 더욱 국가의 역할에 대해

---

354) 元天錫, 『운곡시사』 권1, 十五日發方山到楊口郡.
355) 『운곡시사』 권3, 冬至日寅懷, "……未充貢賦額 浚盡無餘脂 勞勞不遑處 誰肯嘆流離."
356) 원천석은 적은 토지를 가진 사람들이 땅을 탈점 당하고 과중한 세금에 시달리는 현실에서 벗어나게 된 계기를 조반(趙胖)의 토지탈점 사건으로 보았다(김인호, 2007, 「원천석의 당대 인식과 처세의 지향」『지방지식인 원천석의 삶과 생각』, 혜안, 421쪽). 우왕 13년 조반이 지닌 토지를 탈점한 사건은 권세가인 염흥방, 임견미 등이 몰락하는 계기가 되었다.

고민하지 않을 수 없었다. 이들은 경세론에 관심을 가질 수밖에 없었다.

정도전은 위 시의 마지막에서 '백 살을 넘긴 사람' 즉 자신의 욕망만을 추구하여 왔지만 그것이 100년을 넘길 수 없다는 것과 '사문(斯文)' 즉 유학의 영원한 도(道)를 추구하는 것을 대비시킨다. 이러한 가치가 대비되는 양자의 갈등은 앞서 정도전이 이미 겪었던 문제였다. 그가 유배를 갔을 때, 자신의 아내에게 보낸 편지에 쓰인 말이다. 좀 길지만 살펴보기로 한다.

내가 죄를 지어 남쪽 변방으로 귀양간 후부터 비방이 벌떼처럼 일어나고 구설이 터무니없이 퍼져서 화가 측량할 수 없게 되었다. 그러자 아내는 두려워서 사람을 보내 나에게 말하기를, "당신은 평일에 글을 부지런히 읽으시느라 아침에 밥이 끓든 저녁에 죽이 끓든 간섭치 않아 집안 형편은 경쇠를 걸어 놓은 것처럼 한 섬의 곡식도 없는데, 아이들은 방에 가득해서 춥고 배고프다고 울었습니다. 제가 끼니를 맡아 그때그때 어떻게 꾸려나가면서도 당신이 독실하게 공부하시니 뒷날에 입신양명(立身揚名)하여 처자들이 우러러 의뢰하고 문호에는 영광을 가져오리라고 기대했는데, 끝내는 국법에 저촉되어서 이름이 욕되고 행적이 깎이며, 몸은 남쪽 변방에 귀양을 가서 독한 장기(瘴氣)나 마시고 형제들은 나가 쓰러져서 가문이 여지없이 탕산하여, 세상 사람의 웃음거리가 된 것이 이 지경에까지 이르렀으니, 현인 군자도 진실로 이러한 것입니까?" 하므로, 나는 답장을 아래와 같이 썼다.

"그대의 말이 참으로 온당하오. 나에게 친구가 있어 정이 형제보다 나았는데 내가 패한 것을 보더니 뜬 구름같이 흩어지니, 그들이 나를 근심하지 않는 것은 본래 세력으로 맺어지고 은혜로써 맺어지지 않은 까닭이오. 부부의 관계는 한번 결혼을 하면 종신토록 고치지 않는 것이니 그대가 나를 책망하는 것은 사랑해서이지 미워서가 아닐 것이오. 또 아내가 남편을 섬기는 것은 신하가 임금을 섬기는 것과 같으니, 이 이치는 허망하지 않으며 다 같이 하늘에서 얻은 것이오. 그대는 집을 근심하고 나는 나라를 근심하는 것 외에 어찌 다른 것이 있겠소? 각각 그 직분만 다할 뿐이며 그 성패와 이둔(利鈍)과 영욕과 득실에 있어서는 하늘이 정한 것이지 사람에게 있는 것이 아닌데, 그 무엇을 근심하겠소?"357)

앞의 아내의 말은 현실적 삶과 출세를 위해 노력하는 일반적인 사람들의 소망을 대변한다. 대개 인간의 목표가 되는 장수, 관작(官爵), 명예, 부 등이 그것이다. 하지만 정도전은 집안 형편과 세속적 바람을 고려하지 않고, 학문 연구에만 주력하였다.

그의 아내는 그의 학문 탐구가 언젠가의 입신양명으로 연결되리라고 기대하였지만, 오히려 그 결과는 변방으로의 유배였다. 그리고 그 이상으로 주변의 비난은 더욱 참기 어려운 일이었을 것이다. 사실 자료에서 말하는 '입신양명(立身揚名)'은 고려시대 대부분의 사람들에게 요구되어 왔던 일이다. 그 점에서 정도전 역시 예외는 아니었을 것이다.

그런데 정도전은 이러한 세속적 욕망과 이익에서 초월하여, 국가에 대한 근심이 자신의 직분이라고 강조하였다. 이 말은 경세가로서의 자신의 정체성을 표현하는 것이다. 그렇기 때문에 성패는 하늘에 달린 것이고, 자신은 스스로의 직분에만 충실하면 된다.

그의 결심은 다음의 시에서도 느낄 수 있다.

강의 물이여 유유도 하이

---

357) 『삼봉집』 권4, 家難.

만고에 뻗혀 길이 흘러가누나

우리 조부 지으신 글을 좀 보소

천고에 가락 높아 수작할 사람 없네

예나 이제 같을래 밝은 저 달은

넓고 넓은 큰 강엔 하얀 갈매기

구름 쌓인 굴속에 인마는 가 버리고

풀 우거진 강둑에 앵무새도 아니 뵈네

천손을 상상하니 이미 멀어라

지난 일을 더듬으며 서성대누나

강산은 옛날과 한결같지만

슬프다, 가는 물은 머물지 않아

처음에는 때를 느껴 탄식을 일으키고

나중엔 의(義)를 중히 여겨 근심을 잊었노라

선 아니면 무엇을 즐길 것이며

의 아니면 무엇을 구하겠느냐

저 죽음과 삶의 오고 감이여

쉰 것도 같다면 뜬 것도 같네

다만 문장과 도의는 없어지지 않음이여

천추에 명예를 남기고 말고

후세를 위해 이 말을 외어 주노니

대대로 기약하고 닦아 가자꾸나358)

---

358) 『삼봉집』 권2, 次韻, "江之水兮悠悠 亘萬古兮長流 我祖兮有辭 調高千載兮無人酬
古今兮明月 浩蕩兮江鷗 麟馬去兮雲窟 鸚鵡歸兮芳洲 想天孫兮既遠 撫徃事兮夷猶
江山兮如昨 悲逝波兮不留 始感時兮興歎 終重義兮忘憂 孰非善而可樂 孰非義而可求
彼死生之徃來兮 羌若休而若浮 惟文章道義之不泯兮 垂令譽兮幾秋 誦斯語於後世兮
期世世而增修."

그는 '강의 물'과 같이 역사의 흐름 속에서 자신의 경세가적 정체성의 위상을 찾았다. 정도전은 '의(義)', '문장과 도의'라는 영원한 것과 대비되는 '현실적 이익' 사이에서 전자를 선택하였던 것이다. 그래서 그는 유배 등의 정치적 압력 속에서 타협하지 않고, 자신의 목표를 추구할 것을 다짐하였다. 이런 추구가 역사 속에 영원하게 남게 되는 일이라는 정도전은 생각하였다.

때문에 그는 성리학자와 경세가로서의 삶을 자신의 정체성 기반으로 삼았다. 그뿐 아니라 정도전은 강한 의지로 추진하면서 타협하지 않는 삶을 추구하려 했다. 그 결과는 선과 악의 대결처럼 명확하였고 점차 그의 사유 속에서 이상과 현실이라는 이분법적 구분으로 굳어져 갔다.

당시 유종(儒宗)이던 이색과 달리 정도전의 목표 추구는 외길이었으며, 현실과 타협을 배격할수록 추구하는 이상에 가까워질 것이라고 보았다. 물론 그는 과전법 개혁과 같은 문제에서 자신에 대한 비난에 억울해하였다. 그렇지만 그의 이분법적 사유 속에서 보수적 입장을 지닌 유학자들과 타협할 여지가 없었다. 이것은 조선왕조 개창 이후 현실적으로 자신의 정치적 입지를 좁히는 계기가 되기도 하였다. 그의 개혁적 사유와 삶의 자세는 현실문제와의 대결을 회피하기 어렵게 만들었다. 현실 회피는 그의 삶의 경험상으로 볼 때, 문제의 해결로 이어질 수 없다고 보았기 때문이다.

개혁가로서의 정도전은 이상주의자이며 원리주의자였다. 그의 이상 추구는 삶에서의 타협과 현실 수용을 하지 못하게 만들었다. 원리주의자였기에, 항상 현실은 '이상=선'과 대립되는 '악=현실'이 되기 쉬웠다. 이런 사유와 심성이 그가 고려왕조를 새로운 왕조로 변환시키고, 이후 그의 삶에서 자신을 얽매게 하는 요소가 되었다. 정도전이 왕자의 난에서 목숨을 잃었던 것은 이러한 이분법적 사유와 그에 따른 개혁=선이라는 면에만 매달렸기 때문이다. 그리고 이런 그의 사유는 자신이 살아왔던 삶의 궤적과 역사적 조건 속에서 형성되어 왔던 것이다. 정도전의 최후는 자신이 선택한 운명이었다.

Ⅲ. 집단 심성과 가치관

1. 꿈과 소망의 세계

인간은 누구나 밤에 꿈을 꾼다. 그리고 꾸었던 꿈에 대해 나름대로 해석을 하려 한다. 고려시대 사람들도 꿈에 대한 기록을 많이 남겼다. 그리고 그들은 나름대로의 꿈에 대한 해석도 남겼다.

원래 꿈을 연구하는 것은 인간이 지닌 무의식 영역을 탐구하려는 시도이다. 한국사학계에서는 아직 꿈에 대한 연구를 크게 시도하지 않았다.[1] 원래 꿈에 대한 연구 영역이 주로 심리학에서 다루어진 분야이기 때문일 것이다. 그렇지만 유럽의 경우에는 꿈에 대한 이해가 일상사 연구의 한 부분으로 오래 전부터 자리 잡았다.[2] 원래 중세시대에는 인간의

---

1) 다만 최근에 연구가 시도되고 있다. 예컨대 한정수, 2015, 「고려시대 국왕 꿈 이야기[夢兆·夢報]의 내용과 의미」『숭실사학』 35가 대표적이다.
2) 쟈크 르 고프 지음·유희수 옮김, 1992, 『서양 중세 문명』, 문학과지성사에서는 제9장 망탈리테·감수성·태도라는 장에서 '도피와 꿈'을 주제로 다루고 있다. 여기서는 기독교 세계와 관련된 꿈의 문제를 짧게 다루고 있다. 최근에는 나치 독일 치하의 꿈의 문제를 다룬 논문도 한국에서 나온 바가 있다(나인호, 2007, 「나치공동체 안에서의 꿈」『대구사학』 86).

합리성만이 아닌 비합리적 요소가 인간행동을 결정하기 때문에, 꿈에 대한 이해가 필요하다고 보았기 때문일 것이다.

특히 꿈은 프로이드가 말했듯이 '억압되고 억제된 소원의 위장된 성취'라고 할 수 있다. 인간의 꿈이 자신들의 일상에서 이루고자 하는 소망의 표현으로 여겨져 왔다. 그래서 꿈은 일상사의 한 영역으로 취급되어 왔다. 사실 꿈이 사회적 소망을 담고 있다면, 꿈을 타인들에게 이야기하는 것은 사회적 성격을 지닌다는 뜻이 된다. 타인에게 말해진 꿈은 당사자의 소망만이 아니라, 그 꿈을 해석하는 사람들에게 의해 일정한 사회적 성격을 지니게 될 것이다. 여기서는 이런 점에 주목하려 한다. 이때의 사회성은 결국 정치적 소망이나 정당화란 측면과 밀접한 관련을 지닌다.

또한 꿈의 형태와 내용이 '욕구'나 '소망'을 표현한다면, 그 자체가 당시 사회의 모습을 반영한다. 동일한 욕구나 소망이라도, 시대에 따라 다른 형태의 꿈으로 나타날 수 있기 때문이다. 꿈의 해석에 대한 역사성은 여기서 발견 가능하다. 역사가는 꿈에 대한 상징을 탐구하는 것보다, 당시인들이 생각하는 꿈의 해석과 그것이 갖는 사회성이 더욱 중요하다. 우리는 이를 전제로 고려시대 사람들의 꿈의 세계로 진입해 본다.

1) 정치적 욕구와 정당화

(1) 국왕과 왕실

꿈은 인간의 소망을 표현하지만, 이 꿈 이야기를 통해 사회적 메시지를 타인들에게 전달할 수 있다. 현대인들도 그렇지만 꿈은 그들의 일상에서 자주 대화나 글의 소재가 되었다. 그 중에서 국왕과 왕실에 관련된 꿈은 매우 노골적인 정치 내지 사회적 메시지를 전달할 수 있다.

원래 왕조의 개창이나 왕위 계승은 사회적으로 큰 관심거리이다. 그중에서 왕조 개창은 유교적 이념에 따라 천명(天命)에 의해 이루어졌다는 합리화가 가능하다. 그리고 그에 따른 후대 기록의 합리화가 이루어진다.[3] 그렇지만 고려왕조의 개창에는 당시 유교이념만이 아닌 여러 다른 이념적 장치가 필요하였다. 특히 왕조의 개창에 따른 왕실 합리화는 대중적 설득력을 갖기 위한 신화적 분식이 필요했던 것이다. 그에 따른 풍수지리설의 동원은 말할 것도 없지만, 왕실 조상에게 나타난 꿈은 대표적인 사례들이라 할 수 있다.

그 중에서 왕건의 4대조인 보육의 꿈은 가장 노골적인 사례이다. 꿈에서 그는 곡령(鵠嶺)에 올라 남쪽을 향해 소변을 보았다. 그의 소변은 삼한(三韓)의 산천에 넘쳐서 은으로 된 바다로 변하였다는 것이다. 그리고 이 꿈은 보육이 하늘을 받치는 기둥을 낳을 것으로 해석되었다.[4]

이 꿈의 패턴은 다시 그 다음 대인 진의(辰義)에게서 반복된다. 진의가 성년이 되었을 때, 그의 자매가 꿈을 꾸었다. 이 꿈에서 자매는 오관산(五冠山)에서 역시 소변을 보았고 이것이 천하에 넘쳤다. 그리고 꿈에서 깨어난 자매가 진의에게 이 이야기를 하자, 진의는 비단치마를 주고 이 꿈을

---

3) 천명론이 표현된 유교 경전은 『서경』, 『맹자』 등이다. 『고려사』의 경우에도 왕건의 쿠데타에 대한 명분으로 궁예의 포악한 행동을 들어 천명의 이동을 말하고 있다. 다만 천명이 옮겨가는 증거는 주로 도참적 이야기로 분식된다. 예컨대 중국 상인 왕창근이 산 거울에 있는 글귀의 해석이 그 대표적인 사례이다. 한편 홍유 등이 왕건을 추대할 때, 왕건이 이를 거절했다는 이야기도 『서경』 등의 역사적 사례와 비슷하다. 이를 통해 고려왕조 성립의 정당성을 설명하려 하였다.

4) 『고려사』 권1, 고려세계. '고려세계'의 원자료는 김관의의 『편년통록』이다. 여기에 대해서는 하현강, 1988, 「『편년통록』과 고려왕실세계의 성격」, 『한국중세사연구』, 일조각 ; 허인욱, 2003, 「「고려세계」에 나타나는 신라계 설화와 『편년통록』의 편찬의도」, 『사총』 56 등이 참고된다.

산다는 내용이다.[5)]

두 꿈의 패턴과 이야기 전개방식은 거의 동일하다. 다만 전자가 곡령(송악산), 후자는 오관산으로 장소가 바뀌어 있지만, 개경을 무대로 했다는 점에서 같다. 그리고 전자는 본인 자신의 꿈이고, 후자는 타인의 꿈을 사는 것으로 약간의 차이가 있다.

이 소변과 관련된 꿈 이야기는 『삼국유사』에 나오는 김유신의 여동생 보희(寶姬)의 꿈과 동일한 유형이다. 문희의 언니였던 보희는 꿈에서 서악에 올라 소변을 보았고, 이 소변이 경주에 가득 찼다. 문희는 언니의 꿈을 역시 비단치마를 주고 사게 되었고, 이후 김춘추와 결혼하게 되었던 것이다.[6)]

이처럼 왕건 조상의 꿈 이야기는 『삼국유사』의 내용을 모델로 하여 만들어진 것으로 보인다. 두 꿈 이야기의 차이는 소변을 본 장소가 어디인가에만 달려 있다. 물론 두 꿈은 모두 미래에 탄생할 인물이 왕조를 세우거나, 국왕이 되어 삼국을 통일하는 일을 하는 전조로 등장한다. 여기서 소변이 지니는 상징성이 무엇인가는 분명치 않다. 다만 물이 생명의 근원이라는 점에서 상징적 유추만이 가능할 뿐이다.[7)] 즉 소변은 인간의 생식기에서 배출되는 물이지만 가장 하찮게 여겨지는 것이다. 성스러운 몸에서 배출되는 가장 하찮은 것이라는 이중적 상징성은 오히려 소변의 가치를 역설적으로 설명한다. 이 소변이 경주와 천하에 넘친다는 것은 성스러운 몸의 확산, 즉 은혜를 내린다는 상징성을 극대화시킨다.

비슷한 꿈 이야기는 고려초기 국왕의 왕위 계승 정당화에 다시 한

---

5) 『고려사』 권1, 고려세계.
6) 『삼국유사』 권1, 기이2, 太宗春秋公.
7) 신라의 나정이 박혁거세와 관련한 우물로 신성된 것도 생명의 근원을 물이라고 보는 것과 관련되었을 것이다.

번 이용된다. 즉 현종의 어머니인 헌정(獻貞)왕후 황보(皇甫)씨의 꿈 이야기가 그것이다.[8] 헌정왕후 역시 곡령에 올라가 소변을 보니 온 나라에 넘쳐 은(銀)바다가 되었다고 한다. 이후 헌정왕후는 작은 아버지 왕욱(王郁)과 관계하여 현종을 낳는다.

하지만 이후 소변과 관련된 꿈 이야기는 자료상에 등장하지 않는다. 그 이유는 분명치 않다. 우선 그러한 유형의 꿈에 공감하던 세대가 고려초기 이후 사라졌기 때문일 것이다. 왜냐하면 소변에 대한 이야기는 신라시대에 잘 알려지고 통용된 설화였을 것이다. 하지만 고려가 건국되고 시간이 지나면서 유교 이념이 확산되었고, 그 결과 이런 유형의 설화는 왕위 정당화에서 점차 실효성을 잃게 되었을 것이다.[9]

사실 신라시대의 설화적 방식과 정당화는 고려초기까지 상당한 설득력이 있었다. 『삼국유사』의 설화적 이야기가 꿈뿐만 아니라 다른 형태로도 차용되기 때문이다. 대표적 이야기는 현종과 관련된 임신 이야기다.

현종의 임신과 출산 장면은 김유신이 자신의 누이를 김춘추와 결혼시키려고 했던 일과 비슷하다. 헌정왕후가 왕욱의 집에 자고 있을 때, 그 집 사람들이 장작을 뜰에 쌓아놓고 불을 질러 화재가 난 것처럼 보였고, 성종이 여기에 들렀다가 두 사람의 밀애를 알게 되었다. 마찬가지로 김유신은 누이의 결혼을 공인받기 위해 경주 안에 소문을 퍼트리고 누이를 태워 죽이려고 장작을 마당에 쌓아 놓고 불을 질렀다. 이로 인해 선덕여왕은 김춘추와 김유신 누이 간의 결혼을 공인하게 된다.[10] 양자의 결론과 방향은 조금 다르지만 장작을 동원한 화재 이야기는 서로 비슷하게 전개되

---

8) 『고려사』 권88, 열전1, 후비1, 獻貞王后皇甫氏.
9) 성종은 유교이념을 강조하였고, 그에 따라 헌정왕후의 경우를 비윤리적인 것으로 파악하였다. 실제 성종대는 통일신라기의 인물들이 생존했던 마지막 시기였으며, 이는 최승로의 경우에서 잘 드러난다.
10) 『삼국유사』 권1, 기이2, 太宗春秋公.

고 있다. 비록 꿈을 통한 것은 아니지만, 두 이야기는 국왕의 출생에 얽힌 비윤리적 관계를 각색하는 정치적 효과를 노리고 있다.

특히 현종의 경우는 정치적 정변에 의해 국왕에 올랐기 때문에 정통성에서 많은 약점을 지녔다. 그가 즉위한 원년 거란의 침입으로 개경이 함락될 위기에 직면하였다. 현종은 피란길에서 창화현(경기도 양주) 향리에게 자신의 이름과 얼굴을 아느냐는 질문을 받을 정도였다.[11] 향리의 질문은 현종의 정통성에 대한 정면 도전이었고, 따라서 현종은 이후에도 정치적 정당성을 확보하기 위한 노력이 필요하였다.

이 때문에 현종은 정통성 확보를 위한 여러 가지 설화를 이용하였다. 특히 꿈은 그에 대한 좋은 소재가 되었다. 그는 꿈의 내용이 타인들에게 전달되었을 때의 정치적 효과를 염두에 두었을 것이다. 그에 따라 현종이 왕이 되기 전인 숭교사(崇敎寺)에 있을 시절에 꾸었다는 승려의 꿈[12]이나, 또한 삼각산 신혈사(新穴寺)에 있을 당시 자신이 꾼 닭과 다듬이 소리에 대한 꿈[13]도 비슷한 정치적 효과를 노렸을 것이다. 현종은 이를 역사기록으로 남기는 한편, 이를 널리 알려 자신의 왕위 등극을 정당화하려 의도하였다.

이와 비슷한 사례가 무신정변으로 국왕이 된 명종에서도 찾을 수 있다. 명종은 의종의 동생으로 왕위에 올랐다. 그는 왕이 되기 이전에 최여해(崔汝諧)가 자신에게 홀을 주니, 이를 받아 용상에 올라가는 꿈을

---

11) 『고려사절요』 권3, 현종 원년 12월 신미.

12) 큰 별이 절 마당에 떨어져서 용으로 변하였다가 다시 사람으로 변하는 것을 보았는데, 그 사람이 현종이었다는 것이다. 이로 인해 사람들이 모두 그를 신기하게 여겼다고 한다(『고려사』 권4, 세가4, 현종1).

13) 현종이 닭 우는 소리와 다듬이 소리가 들려오는 꿈을 꾸고 술사(術士)에게 물었더니, 술사가 속담으로 해몽하기를 "닭울음은 꼬끼요[鷄鳴高貴位], 다듬이 소리는 어근당어근당[砧響御近當]하니 이 꿈은 왕위에 오를 징조이다."라고 풀이하였다(『고려사』 권4, 세가4, 현종1).

꾸었다.[14] 명종이 왕이 된 이유를 설명해주는 꿈을 이용한 사례였다.

물론 왕후의 경우에도 꿈과 관련된 사례가 제법 있다. 인종의 왕비인 공예태후(恭睿太后) 임씨가 대표적인 경우다. 임씨는 탄생하던 날에 할아버지가 꿈을 꾸었다. 그 꿈에서 황색 깃발이 집에 세워졌고 깃발의 꼬리는 궁궐인 선경전(宣慶殿)에 닿았다. 이후 인종은 꿈에 들깨와 황규(黃葵)를 얻었는데, 척준경은 임씨 성을 가진 왕후를 맞을 것이라고 이를 해석하였다.[15] 실권자였던 척준경의 해석은 당시 문벌로 성장하던 정안 임씨 가문[16]과 왕실과의 결혼을 자신이 승인하는 것이라고 할 수 있다.[17] 이 정치적 승인이 꿈 이야기로 이루어지고 있다.

그렇지만 고려후기에는 국왕이나 왕비의 즉위와 관련한 꿈 이야기가 등장하지 않는다. 대개 왕위가 장자 계승으로 이루어졌지만, 공민왕이나 공양왕과 같이 계승된 경우에도 꿈으로 이를 합리화하고 있지 않다. 이 점은 과거와 달리 꿈을 통한 왕위계승 합리화라는 사회적 공감이 변화하였음을 보여준다.

물론 『고려사』의 기록자들이 후반기에 꿈에 대한 기록을 의도적으로 누락했을 수 있다. 하지만 공민왕이 신돈 등용을 꿈 이야기로 합리화하고 있다[18]는 점에서 그럴 가능성은 많아 보이지 않는다. 결국 꿈으로 정치적

---

14) 『고려사』 권19, 세가19, 명종1.
15) 『고려사』 권88, 열전1, 후비1, 恭睿太后任氏.
16) 이에 대해서는 박용운, 2003, 『고려사회와 문벌귀족가문』, 경인문화사 225~236 쪽 참조.
17) 당시 척준경은 이자겸을 축출하고 최고의 권력가가 되었기 때문에, 인종은 임원애의 딸인 임씨를 맞이하는 일에 대한 승인이 필요하였다. 척준경의 꿈 해몽은 이를 위한 합리적 장치가 될 것이다.
18) 공민왕은 어떤 사람이 자신을 칼로 찌르는 것을 승려 하나가 구원해주어서 화를 면하는 꿈을 꾸었다. 이때 김원명이 신돈을 데리고 공민왕에게 인사시켰는데, 꿈에서 본 중과 흡사했다는 것이다(『고려사』 권132, 열전45, 반역6, 辛旽).

합리화시키는 효과가 고려전기와 차이가 있다고 보는 편이 합리적이다. 고려후기에 꿈의 예언과 신비적 효과는 완전히 없어지지 않았지만, 정치적 효과는 확실히 이전보다 적어졌다고 할 수 있다.

(2) 가문

꿈을 이용한 합리화는 왕실에만 국한되는 것이 아니다. 고려사회의 문벌 간의 경쟁과 번성은 가문의 번성을 합리화하기 위한 효과적 방식이 필요하였다. 여기에도 꿈은 중요한 계기와 수단으로 이용되었다. 꿈 이야기가 자신이 속한 가문의 고귀함과 우위성을 나타내기 위한 수단이 된 것이다.

왕건의 집안과 유사하게 꿈과 관련된 설화적인 이야기는 고려초기에 많이 이용되었다. 대표적 사례가 이천 서씨 가문이다. 서필(徐弼)의 아버지 서신일(徐神逸)은 시골에 살고 있을 때 사슴을 사냥꾼으로부터 숨겨주었다. 그런데 꿈에 산신이 나타나 사슴이 아들이라고 하면서 자손들이 높은 벼슬을 할 것이라고 예언했다. 이후 서필, 서희, 서눌 등이 재상이 되었다.[19] 3대 걸친 재상 배출이 가능했던 이유가 개인적 능력보다 과거의 조상의 공덕과 그로 인한 꿈으로 해석되는 것이다.[20]

반대로 꿈을 통해 문벌로 자리 잡지 못한 이유를 설명하는 경우도 있다. 무신집권기의 인물인 박세통(朴世通)[21]은 통해현(通海縣) 현령으로

---

19) 李齊賢,「櫟翁稗說」前集2.

20) 이제현이 이를 수록했던 것은 유교적 관념인 "선을 쌓은 집안은 반드시 좋은 일이 생긴다(積善之家 必有餘慶,『주역』坤卦 文言)"를 입증하는 사례로 보았기 때문이다.

21) 그에 대한 기록은 거의 없다. 기록에 따르면 박세통은 1228년(고종 15) 병부상서에 임명되었다(『고려사』 권22, 세가22, 고종 15년 12월 무진).

있던 시절에 거북 같은 커다란 동물이 조수 때문에 포구에서 나가지 못하는 것을 구해주었다. 그런데 그의 꿈에 노인이 나타나 아들을 살려주었기에, 그 보답으로 3대가 재상이 될 것을 예언하였다.

그렇지만 그의 손자인 박함은 상장군으로 치사하게 되자 불만을 품었다. 그러자 그의 꿈에 나타난 거북은 재상이 되지 못한 이유가 박함이 주색(酒色)에 빠진 때문이라고 이유를 설명하였다. 이어서 거북은 박함이 다른 벼슬을 얻을 것이라고 예언하였고, 결국 복야(僕射)가 되었다는 것이다.22)

꿈은 박세통부터 손자까지 벼슬을 얻는 매개체로 등장한다. 박세통과 아들이 재상에 오른 것23)과 손자가 그렇지 못한 이유까지 모두 설명해주고 있는 것이다. 단 하나의 사례이지만 이 이야기에서는 개인의 덕성이 재상에 오르지 못한 이유로 지적되고 있어, 앞의 서씨 집안의 사례와 대조된다. 이 점은 고려후기로 갈수록 신화 내지 설화적 이야기만으로는 사회적 설득력이 떨어지고 있음을 보여준다. 따라서 점차 개인의 학문 능력이나 덕성,24) 그리고 봉군(封君)25)이나 누대에 걸친 벼슬과 같은 실제적이고 가시적인 성취가 사회적 명망을 높이는 중요한 요소가 되어 갔다.26)

---

22) 李齊賢, 「櫟翁稗說」 前集2.
23) 박세통의 아들 박홍무(朴洪茂)는 추밀원부사에 오른 것이 확인된다(『고려사』 권42, 세가42, 고종 44년 12월 임인).
24) 예를 들어 김주정이 김태현이 지은 시부(詞賦)를 보고 가문을 크게 떨칠 아이라고 경탄했다는 이야기가 이 경우에 해당한다(金龍善 편저, 1993, 「金台鉉 墓誌銘」 『고려묘지명집성』, 한림대학교).
25) 고려후기 안동 권씨가문에서 9명이 봉군된 것이 그런 사례가 될 것이다.
26) 김인호, 2008, 「고려후기 가문보존의식과 방식 ─ 안동권씨가를 중심으로 ─」 『한국중세사연구』 25.

(3) 개인

개인의 꿈은 그만큼 다양하다. 그 중에서 개인의 정치적 욕구와 관련된 것은 세속적인 출세, 특히 고위 관료가 되려는 욕망이다. 그에 따라 고려시대인은 꿈을 통해 자신의 출세나 몰락을 스스로 합리화하기도 했고, 또는 주변 사람들에 의해 그에 따른 이유로 설명되기도 하였다. 꿈은 합리적 이유를 제시하는 것보다 설득에서도 극적 효과를 지닐 수 있었다. 왜냐하면 합리적 이유는 타인에 의해 반박될 수 있는 여지가 있지만, 꿈 이야기는 비합리적이기 때문에 그의 운명이나 세속적 운에 대한 이유로 제시되기 쉽기 때문이다.

문벌이 아닌 경우에 보통 개인의 여러 능력이 관료사회에서 출세에 중요한 요소였다. 예컨대 문한(文翰) 능력에 의한 과거 시험 합격이나 또는 무술실력 등이 여기에 해당한다. 그 중에서 과거 시험은 사회가 안정될수록 엘리트 관료가 되는 중요한 관문이 되었다. 따라서 과거 시험 합격과 관련된 여러 이야기는 중상류층 사회에서 선호하여 회자되었을 것이다. 그 중에서 합격 관련 꿈 이야기가 빠지지 않았을 듯하다. 예컨대 무신집권기 이규보(李奎報)의 꿈 이야기는 당시에도 개경 내에서 많이 퍼졌을 것이다.

그 이유는 이규보가 천재라는 주변의 평가와 달리 몇 차례 과거 시험에 실패하였기 때문이다.[27] 하지만 그는 과거 전날 꿈에서 만난 규성(奎星)이 장원을 할 것이라는 예언을 들었고, 이것은 현실로 드러났다. 이규보는 그에 따라 원래 이름인 인저(仁氐)를 규성에게 보답한다는 뜻으로 개명하였다.[28] 이러한 그의 꿈과 개명은 출세에 대한 이규보의 소망을 표현한

---

27) 이규보 자신은 그 원인을 과거 시험에 대비하지 않고 술에 빠져 놀면서 시짓기에 만 열중했기 때문이라고 변명하였다(李奎報, 『東國李相國文集』 年譜).

것이라 할 수 있다.

정몽주의 경우에도 그의 모친이 임신 중의 꿈에서 난초 화분을 보고 처음 몽란(夢蘭)이라고 하였다가, 9세 때 흑룡(黑龍)이 배나무에 올라간 것을 보고 다시 몽룡(夢龍)으로 고쳤다.29) 이 경우에도 과거 시험과 직접 관련이 없지만 출세에 대한 개인적 소망이 꿈과 결부된 사례일 것이다. 즉 정몽주가 큰 인물이 될 것이라는 미래 예언적인 소망을 꿈으로 드러내고 있다.

오천유(吳闡猷)의 경우도 이규보의 과거 시험 동년(同年)으로 서로 비슷한 꿈에 대한 경험을 하였다. 그는 시험에 응시할 때 꿈에서 거북 한 마리를 잡았다. 그래서 오천유는 임시로 이름을 일구(一龜)라고 하였다. 시험관 역시 합격자 발표 하루 전날 꿈에서 거북을 보았다. 그는 거북의 부탁으로 병과(丙科)의 장원으로 오천유를 뽑게 된다.30) 거북은 고려시대 신령스럽게 여겨진 동물이라서, 오천유나 앞서 박세통의 꿈에 등장하였을 것이다.

이들의 꿈은 자신의 과거 시험 합격에 대한 소망과 그에 대한 합리화를 보여준다. 그들의 강렬한 합격 소망은 꿈 이야기를 통해 보여주고, 동시에 합격이 하늘의 도움이라는 것을 주변 사람들에게 알려준다. 이는 자신의 능력에 의한 것이 아닌, 외부적 힘에 의한 운명이라는 초현실적인 설명을 하려는 시도이다.

한편 하층민의 출세 소망도 이와 비슷하게 꿈으로 드러난다. 대표적인 경우가 무신집권자였던 이의민(李義旼)이다. 그는 무신정변에서 크게

---

28) 李奎報,『東國李相國文集』年譜. 개명에 대해서는 박진훈, 2008,「고려시대 사람들의 개명」『동방학지』141 참조.

29)『고려사』권117, 열전30, 鄭夢周.

30) 金龍善 편저, 1993,「吳闡猷 墓誌銘」『고려묘지명집성』, 한림대학교.

활약한 이후에 의종을 죽임으로써 무신정권의 상징적 인물이 되었다.[31] 그뿐만 아니라 이의민은 신분상으로 하층에 속하는 인물에서 출세하였기에 사람들의 뇌리에 크게 각인되었을 것이다. 원래 이의민의 아버지는 소금과 채를 파는 직업이었고, 어머니는 옥령사의 노비였기 때문에 일종의 벼락출세인 셈이다. 사실상 이의민은 노비에 가까운 최하층 신분이었다.

이런 신분의 이의민이 최고 집권자가 되었다는 것은 당시 신분사회에서 살던 사람들에게 납득하기 어려웠던 사실이었다.[32] 이때 등장하는 합리화의 장치 역시 꿈이었다.

그의 아버지 이선(李善)은 어린 이의민이 파란 옷을 입고 황룡사 9층탑에 오르는 꿈을 꾸었다. 이 때문에 이선은 그 아이가 크게 귀하게 될 것이라고 여겼다. 또한 이의민 자신은 개경에 올 때 긴 사다리가 성문에서 궁궐까지 뻗쳐 있는 꿈을 꾸었다.[33] 이런 꿈은 무신정변으로 인해 보다 낮은 신분의 사람들도 출세할 수 있다는 소망이 강렬했음을 보여준다.

개인적 출세는 집권적인 국가에서 고위 관직을 얻는 것으로 일상화되었다. 사회적 명예와 고위직은 자신의 신분을 보장하는 확실한 수단이었다. 예컨대 한유충(韓惟忠)[34]은 이자겸이 권력을 장악한 후에 왕명을 출납하

---

31) 이의민은 정중부의 난 당시에 가장 많은 사람들을 살해하여, 중랑장에서 장군으로 빠르게 승진할 수 있었으며, 명종 3년 김보당의 반란 당시 의종을 자신의 손으로 직접 살해하였다(『고려사』 권128, 열전41, 반역2, 李義旼).

32) 이의민은 경군으로 선발되어 경주에서 개경으로 올라왔고, 그의 수박 능력 등이 그를 출세시킨 요인이다. 그렇지만 당시 같은 조건을 지닌 무신들이 많았음에도, 그가 최고 집권자가 되었던 것에 대한 다른 설명이 필요했을 것이다.

33) 『고려사』 권128, 열전41, 반역2, 李義旼.

34) 이하 내용은 金龍善 편저, 1993, 「韓惟忠 墓誌銘」『고려묘지명집성』, 한림대학교에 의거하였다.

는 직책에 있다가 남쪽 지방으로 쫓겨났다. 그는 강남으로 유배된 지 여러 해가 되어 꿈속에서 예종을 알현하였다. 예종은 한주(韓柱)란 이름을 한유충으로 고치는 것이 좋겠다고 그에게 충고하였다. 이후 한유충은 1126년(인종 4) 이자겸이 패망한 후에 소환되어 인종을 만나게 된 후에 이 일을 이야기하였다. 결국 한유충은 훗날 재상인 중서시랑 평장사까지 오를 수 있었다. 그가 한주(韓柱)라고 이름 지었던 까닭도 태몽에서 큰 기둥이 하늘로 솟았기 때문이었다.

이처럼 한유충은 예종 때 과거에 급제하여 내시(內侍)가 되어 엘리트 관료의 길을 걸었다.[35] 그는 유배를 간 후에 이전에 엘리트 관료의 길을 순탄하게 걷던 예종 시절이 그리웠을 것이다. 또한 한유충은 인종과 대화할 때 예종과의 꿈 이야기를 들어 자신의 이미지를 부각시켰던 것이다. 원래 그의 묘지명에서는 한유충을 꺼려하는 사람들이 있었다고 지적하고 있다. 따라서 묘지명에서 예종과의 꿈 이야기를 남긴 것은 이러한 출세에 대한 반대여론을 감안했던 결과일 것이다. 즉 꿈 이야기는 한유충에게 반대하는 사람들을 무마시키고 자신의 출세를 합리화시키기 좋은 소재라는 뜻이다.

한편 신돈처럼 꿈으로 인해 고위직에 오른 경우가 있었다. 민영모(閔令謨)가 그런 사례이다. 명종(明宗)은 아직 왕이 되기 전에 꿈을 꾸었다. 꿈속에서 한 재상이 많은 추종자들을 데리고 광화문(廣化門)으로부터 나오는 것을 보았는데, 어떤 사람이 명종에게 "이 사람이 당신의 재상이다."라고 말하였다.

그런데 명종이 즉위한 후 민영모가 형부시랑(刑部侍郎, 정4품)이 되어 남성시(南省試)를 맡아 합격자 명단을 발표하였다. 이때 명종은 그의

---

35) 내시에 대해서는 김보광, 2011, 「고려 내시 연구」, 고려대 박사학위논문 참조.

모습이 꿈에 보던 사람과 같다는 점을 알았다. 그래서 명종은 자급(資級)을 무시하고 민영모를 추밀원부사(樞密院副使, 종2품)로 선발 등용하였고, 이후에 판병부사(判兵部事)로 임명하였다는 것이다.36) 이 경우는 타인의 꿈에 나타나 출세를 한 경우이다.

이 꿈은 명종이 자급을 무시하고 민영모를 발탁한 것에 대한 합리화 내지 변명적인 성격을 지닌다. 명종이 그를 발탁한 것이 어떤 이유인지는 분명치 않다. 아마도 그 이유는 민영모의 개인적 성격과 인사(人事) 방식에 있지 않을까 한다. 그는 판병부사(判兵部事)가 되어 무신들의 인사를 담당하였다. 그런데 그의 성품이 겁이 많고 절조와 실천이 적었으며, 청탁과 전주(銓注)를 함부로 했다고 알려져 있다.37) 따라서 민영모는 명종과 무신 권력자들의 이해관계를 충족시켜 줄 수 있는 적절한 인물인 셈이었다. 따라서 그의 자급을 함부로 올렸다는 여론을 무마하기 위해, 명종은 꿈이란 수단을 내세워 합리화시켜 주지 않았을까 한다.

또한 이성계의 경우도 유탁(柳濯)이 자기 아들 유습(柳濕)에게 벼슬시켜 주기를 청하는 꿈을 꾸고 이상히 여겨, 유탁을 특진보국 고흥백(特進輔國高興伯)으로 추증(追贈)하고 시호를 충정(忠靖)이라 부여하였다. 아울러 이성계는 유습에게 벼슬을 주었다.

원래 유탁은 이성계와 가까운 관계가 아니었다. 그런데 유탁은 공민왕의 노국대장공주 영전(影殿) 공사를 반대하다가, 신돈과 관련되었다는 명분으로 처형되었다. 『고려사』에는 당시 여론이 그의 죽음을 안타깝게 여겼다고 기록되어 있다.38)

이성계의 꿈은 실제일 수도 있지만, 유탁의 복권에 대한 합리화에

---

36) 『고려사』 권101, 열전14, 閔令謨.
37) 『고려사』 권101, 열전14, 閔令謨.
38) 『고려사』 권111, 열전24, 柳濯.

좋은 명분이 된다. 이처럼 꿈은 개인적인 것이지만, 그에 따른 이야기와 사회적 퍼트림은 정치적 효과가 큰 수단이었다. 신비스러운 꿈 이야기는 사람들에게 비공식적인 대화거리로 자주 이용되지만, 이를 들은 사람들에게는 감정 이입과 현실 합리화에 큰 도움이 되었다.

당시 사람들이 꿈에 대한 믿는 정도는 이규보와 가까웠던 시랑(侍郞) 이백전(李百全)의 경험으로 일정하게 이해할 수 있다. 이백전은 꿈에서 이규보가 정승을 된 것을 보았다고 하면서, 이를 축하하는 시를 지어 보냈다. 물론 이규보는 이 시를 받지 않았다. 하지만 이에 대한 시를 지으면서 자신의 욕망을 간접적으로 드러낸다.

> 정승의 자리란 하늘보다 높아
> 평생을 올라가도 도달하기 어려운걸세
> 그대가 만일 내가 오르기를 바란다면
> 먼저 구전단을 주게나
> 그렇지 못하면 나 같은 범골로
> 어떻게 날개를 꽂을 수 있으랴
> 내 또한 나를 잘 알기에
> 본디부터 구할 뜻이 없었네……
> 하물며 꿈속에 있었던 일을
> 축하까지 하다니 곧 나를 기만함일세[39]

이규보는 정승 자리가 쉽게 오르기 어렵다는 점을 강조하였다. 그는

---

39) 李奎報, 『東國李相國全集』 권18, 李侍郞百全以夢中見子拜相來說且賀以詩拒之, "相位高於天 平生得到難 君如欲我到 先與九轉丹 不然此凡骨 安得揷羽翰 予亦自知明 本非意所干 何況夢中事 此賀乃欺謾."

구전단, 즉 신선이 먹는 약 정도를 먹어야 정승 자리가 가능하며, 자신은 범골이라서 오를 자격이 없다고 하였다. 하지만 시에서의 강한 부정은 오히려 이규보가 지닌 재상자리에 대한 강한 욕구를 느끼게 한다.

이규보는 이백전의 축하시가 가져올 주변사람들의 파장도 고려했을 것이다. 이런 소문은 당시 관료사회에 금방 퍼져나갈 것이고, 사람들에게 비판적인 이야기 거리가 될 가능성이 높았다. 이런 면을 고려한 이규보는 이백전의 꿈 이야기를 반박하는 시를 지었을 것이다. 결국 이 시는 꿈 이야기에 대한 당시 사람들의 믿음을 알려주는 간접적 증거다. 이백전이 꿈을 믿지 않는다면, 이규보에게 시를 주지 않았을 것이기 때문이다. 물론 모든 사람들이 꿈을 믿었던 것은 아니다.

2) 사회적 소망과 해몽

(1) 사회적 소망

꿈에는 왕실, 개인, 가문뿐만 아니라 사회의 집단적 소망이 담기기도 한다. 그 대표적 사례가 고려후기에 등장한다. 이제현은『역옹패설』에서 당시 들었던 꿈 이야기를 채록하였다.[40)]

당시 권력가가 강제로 양민을 자신의 노비로 삼았다. 이 양민이 이를 전법사(典法司)에 고소하였다. 당시 지사사(知司事) 김서(金惰)와 동료들이 양민의 억울한 사정을 알면서도 권력가를 두려워하여 그의 편을 들어주었다. 그런데 어떤 사람이 이상한 꿈을 꾸었다. 그의 꿈에서 하늘에서

---

40) 李齊賢, 『櫟翁稗說』 前集2.

날카로운 칼이 내려와 판결을 했던 관리들을 죽였다. 그 다음 날 김서가 등창으로 사망하였고, 뒤이어 동료들도 죽었다. 오직 논의에 참여하지 않았던 상서(尙書) 이행검(李行儉)만이 살아남았다는 것이다. 이 꿈 이야기는 『고려사절요』, 『고려사』 등에도 등장한다. 『고려사절요』의 경우는 이제현과 유사하면서도 축약 형태로 수록되었지만,[41] 『고려사』에는 보다 자세한 내막이 소개되어 있다.[42]

당시 '권력가'로 지칭된 사람은 충렬왕의 총애를 받던 정화원비(貞和院妃)였다. 그리고 판결에 영향을 주었던 것은 이제현이 말한 권력가 자신이 아닌 충렬왕의 지시였다. 아마도 이제현은 충렬왕의 지시 때문이라고 기록할 수 없기에 이를 회피했던 것으로 보인다. 당시 이행검은 이 판결 결정에 격렬하게 반대하였고, 병으로 인해 최종 판결논의에 참여할 수 없었다. 그래서 그는 죽음을 모면할 수 있었다고 한다.[43]

이 이야기에서 꿈을 꾼 주체는 분명치 않다. 그렇지만 일반인들이 이해할 수 없는 사태로 판결참여자들의 연이은 사망 사건이 벌어졌다. 이 초합리적 사태의 설명이 누군가에 의해 그럴듯한 꿈 이야기로 당시에 만들어졌을 것이다. 그리고 이런 배경에는 권력가들에 의한 강제적인 노비화에 대한 일반인들의 반발과 감정이 숨겨져 있다. 또한 이행검과 같은 강직한 관료에 대한 일반민의 소망과 기대도 여기에 포함된다.

동시대에 살았던 윤수(尹秀)의 사망과 관련된 꿈 이야기도 비슷한 사례이다. 윤수는 충렬왕이 몽골에 있을 때 매와 사냥개로 총애를 얻게 되었다.[44] 이후 그는 응방(鷹坊)을 관리하면서 양민들에게 많은 해악을 끼쳤다.

---

41) 『고려사절요』 권20, 충렬왕 10년 7월.
42) 이하 내용은 『고려사』 권106, 열전19, 李湊 附 李行儉 인용.
43) 실제로는 당시 참여한 전법서 관원들이 어떤 전염병 등으로 사망했는지도 모른다.
44) 『고려사』 권124, 열전37, 尹秀.

그는 응방에 도주민을 모아 이리간(伊里干)이라고 불렀고 이들을 데리고 불법행위를 자행하였다.

그가 고위직에 이르렀을 때 삼각산의 한 승려가 꿈을 꾸었다. 그 꿈에 노인이 나타났다. 이 노인은 아들이 고니로 변해서 연못에 있는데, 윤수가 활을 쏘아 아들을 죽였다고 항변하였다. 이후 윤수가 갑자기 병이 들었고, '여우, 토끼 등이 자신의 살을 씹는다'고 소리치면서 사망하는 일이 벌어졌다. 승려의 꿈은 그의 급작스런 사망원인을 설명하기에 적합하다.

여기서 '짐승들이 자신을 씹는다'는 의미는 아마도 불교의 인과응보적 생각에 바탕을 둔 것으로 보인다.[45] 윤수가 많은 동물을 살생한 행동에 따른 응보로 해석하는 것이다. 이 승려의 꿈은 당시 사람들이 가진 윤수에 대한 감성을 잘 보여준다. 그의 급작스런 사망에 대한 이유와 통쾌함이 승려의 꿈을 통해 상징적으로 드러나기 때문이다. 이처럼 일반인들의 소망은 꿈이란 매개체로 나타나고 있다.

일반인들의 소망이 꿈으로 드러난 사례는 그 외에도 있다. 무신집권기 권력가였던 김준(金俊)의 아들 김주(金柱)의 죽음과 관련된 이야기가 그 사례가 될 것이다.[46] 임연(林衍)이 야별초를 풀어 김준 등을 처단하자 그의 아들 김주는 반격을 준비하였다. 그렇지만 주변인들이 주저하는 사이에 김주는 오히려 도망가게 되었고, 결국 길에서 잡혀 죽게 된다.

김주는 이 일이 일어나기 며칠 전에 자색 옷을 입은 사람을 꿈에서 보았다. 이 사람이 대청 위에서 사람을 시켜 김준의 여러 아들들을 바늘실로 꿰매는데, 맨 마지막이 김주의 차례가 되었다. 이때 바늘을 가진

---

45) 이 이야기는 통일신라기 김대성이 곰을 사냥한 후에, 꿈에 그 곰이 나타나 절을 세워줄 것을 요구한 것과 비슷한 상징적 의미를 갖는다(『삼국유사』 권5, 孝善, 大城孝二世父母神文王代).

46) 『고려사』 권130, 열전43, 반역4, 金俊 附 金柱.

자가 김주를 꿸 것인지를 물었다. 그러자 자색 옷을 입은 사람이 김주만은 용서할 수 없다고 말하였다는 것이다. 결국 『고려사』는 이 꿈의 예언처럼 김주가 마지막에 처단을 당했음을 설명하고 있다.

김주의 꿈은 타인이 아닌 본인의 운명과 관련된 것이다. 그가 꿈속에서 본 자주색 옷을 입은 사람은 이의민이 청색 옷을 입은 것과 대비된다. 여기에는 고려시대인이 생각하는 색에 대한 관념이 내재해 있는데, 음양오행설과 관련된 생각이 반영되었을 듯하다.

그렇지만 중요한 점은 당시 사람들이 김주의 죽음과 관련한 설명을 꿈을 통해 이해할 수 있게 되었다는 사실이다. 물론 이 꿈이 사람들의 소망을 반영하고 있음을 증명할 수 없다. 즉 예언의 실현이라는 점은 분명하지만, 김주의 처단을 사람들이 원했는지까지는 알 수 없기 때문이다. 특히 김주에 대한 당시 사람들의 평가가 알려져 있지 않다. 그럼에도 당시 무신집정자의 아들이라는 점에서 그가 좋은 평가를 받았을 것 같지는 않다. 따라서 이 꿈 역시 일반인들의 소망을 반영하여 등장했을 것이라 볼 수 있다.

한편 타인의 꿈으로 합리화하는 경우는 추밀(樞密) 한광연(韓光衍)에서도 찾을 수 있다. 그는 음양설(陰陽說)을 무시하고 집을 수축하였다. 그런데 이웃사람의 꿈에 검은 의관을 한 10여 명이 모여서 좋지 않은 안색으로 서로 논의한다. 이들은 "우리 주인이 공사를 일으킬 때마다 우리를 편히 살지 못하게 하니 어떻게 할까."라고 하였다. 다른 자가 "한광연에게 왜 화(禍)를 입히지 않느냐."고 하자, 그들이, "화를 입히지 못해서가 아니라 그의 청렴을 존중하기 때문이다."이라고 답하였다. 이들은 한광연의 집을 지키는 토신(土神)이라는 것이다.[47]

---

47) 이제현, 「역옹패설」前集2.

당시인들이 믿고 있던 음양설에 근거한 꿈이다. 이 음양설은 풍수지리의 바탕이 되는 관념이고, 무신집권기의 불안한 정세로 인해 사회적인 힘을 가지고 있었다. 신종 원년에 최충헌 등이 산천비보도감(山川裨補都監)을 설치한 것이나,[48] 명종 때 무신들이 새로 지은 강안전(康安殿)의 이름을 '향복(嚮福)'이라고 한 것을 '항복'과 음이 같다고 이를 고친 사례[49] 등이 음양설의 사회적 힘을 말해준다.[50] 한광연의 경우는 청렴을 지닌 관료가 드문 상황에서 당시인의 바람을 반영하고 있다.

그리고 공민왕대 개경 의성고동(義城庫洞)에 살던 무당의 꿈도 비슷한 경우다.[51] 이 무당은 다음과 같은 꿈을 꾸었다. 즉 두꺼비들이 한 곳에 수없이 모여 있었는데, 푸른 옷을 입은 한 여자가 나타났다. 두꺼비들은 그 여자를 향하여 죽었고, 조금 있다가 누런 옷을 입은 여자가 나타났다. 푸른 옷을 입은 여자가 누런 옷을 입은 여자에게 명령을 받았다. 그리고 무당에게 "네가 왕에게 비록 큰 집 아홉 채를 지어도 나는 거기서 살지 않겠으니 속히 영전(影殿) 짓는 공사를 그만두라고 하라."면서 명령하였다.

다음날 점심때에 귀신이 무당에게 내려와, "지금 나라에 변괴가 많으니 나라가 망할 징조가 나타났다. 그런데 내가 나라에서 은혜를 받았으니 내 은덕으로 하여 나라가 아직 망하지 않은 것이니 어찌 왕에게 보고하지 않겠느냐? 나는 정릉(正陵 : 노국공주의 능)으로 돌아간다."고 하였다는 것이다.

여기서는 여성 무당이기 때문인지 꿈속에 등장하는 사람도 여성이다. 푸른 옷을 입은 여성은 공민왕의 부인인 노국공주 내지 왕실을 지키는

---

48) 『고려사절요』 권14, 신종 원년 1월.
49) 『고려사』 권20, 세가20, 명종 10년 11월 壬子.
50) 음양오행에 대해서는 李丙燾, 1980, 『개정판 고려시대의 연구』, 아세아문화사 참조.
51) 『고려사』 권54, 지8, 오행2, 금, 공민왕 22년 4월.

귀신으로 표상되고 있다. 공민왕의 노국공주 영전 공사는 당시 많은 비판을 받았다. 예를 들어 상당수 사람들이 공사에 쓰이는 주춧돌 운반에 동원되어 사망하였으며, 재정적 파탄을 불러 일으켰다. 심지어 공사를 맡은 원나라 목수 원세(元世)는 원의 멸망이 토목공사에 있음을 지적할 정도였다.[52]

따라서 당시 사람들은 대개 공민왕의 영전 공사가 중지되기를 바랐다. 이런 그들의 소망이 무당의 입을 통해 꿈으로 드러나고 있었다. 그리고 그것은 귀신의 뜻으로 설명됨으로써 당시 재상들도 쉽게 비판하지 못했던 상황에서 이를 사회문제로 부각시키고 있다. 이처럼 꿈은 당시인의 사회적 소망과 여론을 반영하는 매개체로 활용되었다.

다만 이런 사례는 무신집권기 이전에는 거의 등장하지 않는 역사적 특징이 있다. 그 이유가 단순히 남아 있는 기록 분량으로 인한 차이 때문인지, 아니면 고려시대 사람들의 인식 변화로 인한 것인지는 분명치 않다. 분명한 점은 무신집권과 같이 사회적 상황이 격동기일 때, 사람들의 불안감이 이런 꿈으로 반영되고 있다는 사실이다.

(2) 꿈의 해몽과 행위

꿈의 가치는 해몽으로 나타난다. 오늘날에도 꿈은 개인과 사회적 소망만이 아니라, 미래예측의 징조로 이해되는 경우가 많다. 고려시대 사람들도 꿈이 미래를 말해준다고 믿었다.

사람들은 미래에 대해 대개 불안한 정서를 지닌다. 인간사회에서 점복

---

52) 『고려사』 권41, 세가41, 공민왕 18년 9월 辛酉. 심지어 신돈마저도 馬岩의 영전 공사를 중지할 것을 건의할 정도였다(『고려사』 권42, 세가42, 공민왕 19년 6월 辛巳).

과 같은 미래 예측 수단이 없어지지 않는 이유가 여기에 있다. 꿈은 점복과 달리 미래 예측의 징조로 생각되어 왔으며, 이는 전 세계적으로 공통된다. 그리고 이 징조는 인간의 사회적 욕구나 소망과 복합적으로 얽혀 있다.

과연 고려시대인은 무엇을 해몽의 기준으로 삼았을까? 그들에게 꿈이란 신비한 것이기에 유교적 입장에서 이를 괴이한 증험으로 생각하기도 하였다. 최자(崔滋)는 원묘국사(圓妙國師) 요세(了世)에 대한 비명(碑銘)에서 이렇게 말한다.

> 수년 있다가 목우자가 강남으로 옮겨가므로 대사도 따라갔다. 길이 지리산으로부터 남원(南原) 귀정사(歸正寺)를 지나는데, 그 절 주지 현각(玄恪)의 꿈에 어떤 사람이 와서 하는 말이, "내일 삼생지법화사(三生持法華師)가 올 것이니, 깨끗이 소제하고 영접하라." 하였다. 주지가 꿈에 시키는 대로 뜰을 쓸고 음식을 장만해 두고 기다렸더니, 대사가 과연 늦게 이르렀다. 현각이 그 꿈 얘기를 했다. 또 대사가 여러 번이나 지자(智者) 대사를 꿈에 보고 여러 사람에게 『묘종(妙宗)』을 강설하고 혹은 화장암(華長庵)에 앉아 참선하기에 꼼짝하지 않고 있어 끝내 마귀들에게서 항복 받기도 하고, 혹은 산신이 절터 자리를 가리켜 주기도 하고, 혹은 용암사(龍巖社) 도인 희량(希亮)이 금련좌(金蓮座)에서 대사를 기다리는 등의 꿈을 꾸어 이상한 꿈이 신령스럽고 괴이한 것이 많았다 하나, 이것은 우리 유가(儒家)의 말할 바가 아니므로 다하지 못한다.[53]

최자는 요세와 관련된 몇 가지 꿈들에 대해 언급하였다. 그렇지만

---

53) 徐居正, 『東文選』 권117, 萬德山白蓮社圓妙國師碑銘幷序.

그가 자세하게 이야기하지 않은 이유는 자신이 유학자로서 정체성을 갖고 있다는 점에서 찾았다. 주지하듯이 공자는 '괴력난신(怪力亂神)'에 대해 언급하지 않는다는 태도와 자세를 지녔다.

그리고 이런 생각은 유교적 합리성이란 명분으로 당시 지식인들 사이에서도 유지되고 있었다. 거의 동시대 사람인 이규보는 「동명왕편」에서 "선사(先師) 중니(仲尼)께서는 괴력난신을 말씀하지 않았다. 동명왕의 일이 황당하고 기괴하여 우리들이 이야기할 것이 못된다."[54]고 말한다. 그렇지만 꿈이 지닌 사회적 힘은 이와 같은 합리적 생각을 뛰어넘고 있었다.

이규보 자신도 꿈에 대해 어느 정도 믿고 있었다. 이에 대해 「몽험기(夢驗記)」란 글을 볼 필요가 있다.

꿈을 말하는 것은 괴탄한 일 같다. 그러나 『주관(周官)』에 여섯 가지 꿈을 점치는 것이 있고, 또 오경(五經)이나 자(子)·사(史)에도 모두 꿈을 말한 것이 많다. 꿈이 진실로 징험이 있다면 이것을 말하는 것이 무엇이 해로우랴? 내가 일찍이 완산(完山)의 장서기(掌書記)로 있을 때의 일이다. 평소에 나는 성황당(城隍堂)에 가는 일이 전연 없었다. 하루는 꿈에 그 성황당에 가서 당하(堂下)에서 절하기를, 마치 법조(法曹)와 함께 절하는 것처럼 하였다. 왕이 사람을 시켜서 전하기를, "기실(記室)은 뜰 위에 오르오." 하였다. 내가 대청에 올라 두 번 절하니, 왕이 포모(布帽)와 치포유의(緇布襦衣) 차림으로 남쪽에 앉았다가 일어나 답례하고 나를 앞으로 나오게 하였다. 조금 후에 어떤 사람이 백주(白酒)를 가지고 와서 부었는데 술상은 초라하였다. 한참 동안 함께 마시다가 말하기를,

---

54) 李奎報, 『東國李相國全集』 권3, 東明王篇幷序, "先師仲尼 不語怪力亂神 此實荒唐奇詭之事 非吾曹所說."

"들으니, 목관(牧官)이 요사이 『십이국사(十二國史)』를 새로 간행하였다 하는데 그런 일이 있소?" 하기에, "그렇습니다." 하였더니, "그러면 왜 나에게는 주지 않소? 나에게 여러 아이들이 있어서 읽히고자 하니, 몇 권 보내주면 좋겠소." 하므로, "그렇게 하겠습니다." 하였다. 또 "관리의 우두머리인 아무는 쓸 만한 사람이니, 잘 보필해 주오." 하기에 또, "그렇게 하겠습니다." 하였다. 나도 또한 장래의 화복(禍福)에 대해서 물었더니, 왕은 길에서 수레가 달리다가 바퀴축이 부러진 것을 가리키며, "그대는 저와 같다. 금년을 넘기지 못하고 이 고을을 떠나게 될 것이오." 하였다. 조금 후에 가죽띠 두 벌을 가져다주면서 말하기를, "그대는 꼭 귀하게 될 것이니 이것으로 노자를 하오." 하였다. 꿈을 깨니, 온몸에서 땀이 흘렀다.……그러나 벼슬에서 물러난 지 7년이 되도록 벼슬 한 자리도 얻지 못하여 좌절됨이 더할 수 없이 심하였으니, '꼭 귀하게 될 것이다'는 그 말을 믿지 않았다. 그 뒤에 중요한 벼슬을 두루 거쳐서 3품(品)에 이르렀으나 역시 그 말을 깊이 믿지 않았다. 그러다가 이제 정승에 제배된 뒤에야 곧 '꼭 귀하게 될 것이다'라고 한 말이 빈틈없이 들어맞힌 것을 믿게 되었다. 아, 신도(神道)의 명감(冥感)도 역시 때로는 믿을 수 있다. 어찌 다 허황된 일이겠는가.[55]

「몽험기」는 이규보 개인의 꿈에 대한 경험을 기록한 것이다. 그는 공자의 '괴력난신'에 대한 일을 말하지 않는다는 신념을 잘 알고 있었다. 그렇지만 그는 말년에 정승이 되고 나서 자신의 출세를 꿈이란 수단으로 합리화시킨다.

이규보는 유학자로서의 신념을 가지고 있었기에, 「몽험기」 첫 부분에

55) 『東國李相國全集』 권25, 夢驗記.

서 꿈을 말하는 것을 괴이한 일이라고 규정하였다. 하지만 그는 이 말과 달리 꿈의 미래 예언적 기능을 부정하지 않았다. 그는 32세에 첫 관직인 전주목사록 겸 장서기 시절에 꾸었던 꿈에서 당시 성황당에 모셔진 왕을 만나 자신의 미래에 대한 예언을 들었다. 이 왕은 그 지역 산신으로 모셔져 있는 대왕일 것이다.

이규보는 평소 성황당에 가지 않는다고 말한다. 이 말은 그가 무당을 좋아하지 않는다는 생각과 비슷하다.[56) 성황당 이야기는 그가 꿈이 현실에서 실현된다는 점을 인정한다는 것을 뜻한다. 즉 이규보는 꿈의 예언적 성격을 인정하였다. 그래서 꿈에 나온 예언처럼 자신은 평소에 소망하던 정승의 위치에 오를 수 있었다. 그는 꿈 이야기를 통해 자신의 운명을 합리화시켰던 것이다.

한편 그는 「몽험기」의 앞에서 『주관』의 6가지 꿈에 대한 점을 언급하였다. 고려시대인이 어떤 책을 근거로 꿈을 해몽했는가를 보여주는 자료가 거의 없다. 해몽에 관련된 구체적 책 이름이 현재 남아 있는 기록에서 거의 등장하지 않는다.[57)

『주관』으로 언급된 것은 『주례(周禮)』이고, 이 책의 「춘관(春官)」편에서 꿈의 해몽을 맡은 관리가 등장한다. 태복(太卜)이 그에 따른 관직이고 국왕의 꿈을 해몽한다. 그리고 꿈은 6가지로 분류하였다. 이 6가지 꿈이 정몽(正夢), 악몽(惡夢), 사몽(思夢), 오몽(寤夢), 희몽(喜夢), 구몽(懼夢)이다. 그렇지만 이런 꿈에 대한 해석은 『주례』에 등장하지 않는다. 따라서

---

56) 그는 「노무편(老巫篇)」(『東國李相國全集』 권2)에서 무당의 문제점을 격렬하게 비판하였다. 이를 통해 이규보는 유학적 합리성이란 입장을 보여준다. 이 문제에 관해서는 김인호, 2014, 「고려시대 무당·술사의 사회적 기능과 배척」 『역사와 실학』 55 참조.

57) 중국에서 나온 대표적 해몽서는 『몽점일지(夢点逸旨)』지만, 이 책은 명대(明代)에 편찬되었다. 또한 책에는 해몽보다 주로 수집된 꿈의 사례를 늘어놓고 있다. 따라서 고려시대 어떤 책이 주로 해몽서로 쓰였는지는 의문이다.

6가지 꿈 이야기는 다른 책에서 본 내용이다. 다만 현재 그 책이 무엇인지 확인되지 않는다.

이규보는 3~4품의 벼슬 시절부터 비슷한 꿈을 꾸어왔다. 이 꿈은 6~7년 정도 계속되었기에 『주공몽서(周公夢書)』로 이를 징험하고, 마음 속으로 서몽(瑞夢)이라고 생각했다는 것이다.[58] 그가 본 『주공몽서』가 『주례』는 아닐 것이다. 이 『주공몽서』가 고려시대 해몽서로는 유일하게 등장하는 책이다.

이처럼 꿈이 미래를 예언한다고 믿으면, 꿈을 꾼 당사자는 이를 통해 자신의 행위를 결정하였다. 고려초기 유금필(庾黔弼)은 후백제와의 전투에서 꿈으로 인해 크게 활약할 수 있었다.[59] 928년(태조 11) 후백제 군은 고려가 탕정군(湯井郡)에 성을 쌓은 것을 계기로 3,000명을 동원하여 청주를 침입하였다. 당시 유금필은 탕정군 남산(南山)에 올라가 졸면서 꿈을 꾸었다. 이 꿈에서 어떤 사람이 내일 서원(西原)에 큰 변고가 있으니 빨리 가보라고 하였다. 꿈에서 깬 유금필은 그 길로 청주로 가서 적군과 싸워서 이길 수 있었다는 내용이다.

이것은 꿈이 지닌 계시성을 잘 보여주는 사례이다. 결국 유금필의 전투 승리는 이 꿈의 이야기를 통해 신비화되면서 사람들에게 강한 이미지를 주었을 것이다. 또한 그의 청주 출동은 이 꿈으로 합리화될 수 있었다.

왜냐하면 당시 관료들은 유금필의 출동에 대해 군법(軍法) 상의 문제를 제기하는 것이 가능하였다. 원래 유금필이 지키던 탕정군은 현재 온양 지역이고, 이곳에서 청주까지는 상당한 거리가 있다. 그의 임무는 탕정군의 성을 지키는 것이고, 당시 고려군은 그 이전의 전투에서 신숭겸(申崇謙), 김락(金樂) 등이 전사하는 등의 큰 패배를 당했다. 따라서 고려정부는

---

58) 이규보, 『東國李相國全集』 권21, 夢說.
59) 『고려사』 권92, 열전5, 庾黔弼.

병력 부족에 시달리고 있었을 것이고, 유금필의 군대 출동은 자신의 근무지를 이탈하는 행위가 될 수 있다.[60] 그의 꿈은 이런 유금필을 변호하는 효과가 있었다.

이렇게 계시적인 유형의 꿈은 많다. 앞서 공민왕이 신돈을 꿈속에서 만나보고 등용하거나, 명종이 민영모를 등용한 경우도 꿈을 통해 자신의 행위를 합리화한 것이라고 할 수 있다. 정인대선사(定印大禪師)와 관련된 꿈 이야기도 마찬가지였다.[61] 그는 신종 2년(1199) 진례군(進禮郡)의 법회에 국왕의 명령으로 참석하게 되었다. 당시 현령(縣令)인 이중민(李中敏)이 꿈을 꾸게 되면서 천인(天人)을 만났다. 천인은 "불법을 펴는 국토에 어찌 감옥이 비지 않는가?"라고 추궁하였고, 이중민은 꿈에서 깨자 온몸에 땀이 흘렀다. 그래서 그는 감옥에 가서 죄의 경중을 가리지 않고 죄수들을 모두 놓아 주었고, 이 소문을 들은 자는 모두 경탄하였다.

감옥을 비우는 것은 빠른 재판의 처결로 가능하며, 이는 지방관의 중요한 통치업적으로 간주된다. 고려시대에는 감옥에 억울하게 갇힌 사람들이 많으면, 이들의 원기(怨氣)가 하늘로 올라가 천재지변이 생긴다고 믿었다. 그렇지만 당시에는 소송이 늘어났고, 많은 죄수들이 갇혀 있기도 하였다.[62]

이중민은 사람들이 불교 신앙을 지닌 점을 염두에 두고 감옥을 비웠다. 사실 이 경우는 재판을 포기한 셈이고, 지방관의 임무를 방기했다는

---

60) 유금필이 전투 이후 중원부로 달려가 태조 왕건에게 전투 정황을 자세히 보고한 것도 이를 변호하기 위한 목적을 지니고 있을 것이다.

61) 李奎報, 『東國李相國全集』 권35, 故華藏寺住持王師定印大禪師追封靜覺國師碑銘.

62) 이규보는 이에 대해 "공정(公庭)은 시끄럽기 저자 같고, 산더미처럼 쌓인 송사의 문서, 가난한 마을에 세금 차마 부과하겠나, 감옥에 가득한 죄수들 안타깝구려"(『東國李相國全集』 권9, 莫導爲州樂)라는 시를 지었다. 그의 시각으로 볼 때 이중민의 행위는 크게 두드러져 보였을 것이다.

비난을 받을 수 있었다.[63] 그의 꿈은 이와 같은 행위를 정당화시켜주는 전형적인 것이다.[64]

결국 꿈이란 인간의 소망과 정서를 반영하는 매개체로서 작용하였다. 이 글에서는 아직 다루지 못한 수많은 꿈의 사례가 있다. 이처럼 고려시대인은 꿈과 같은 신비화된 내용에 매료되었다. 꿈은 현대인들에게도 크게 회자되는 것처럼, 당시에도 일정한 사회적 기능을 지녔다.

지금까지 살펴본 고려시대 꿈의 특징은 왕실의 경우에는 왕조의 창건, 국왕의 즉위 등을 정치적으로 합리화하는 기능을 지녔다. 그리고 그 꿈의 유형은 통일신라시대와 비슷하다는 점에서, 이를 퍼트리는 주체는 꿈이 지닌 사회적 효과를 의식하고 있었다. 대표적으로 소변과 관련된 꿈이 그것인데, 이런 유형의 꿈은 고려전기를 지나면서 소멸된다.

또한 가문, 개인을 포함하여 사회적 소망을 잘 보여주는 것이 바로 꿈이었다. 이런 꿈은 가문의 위상 높이기와 개인의 사회적 출세를 합리화하였다. 아울러 집단적 소망이 꿈 이야기를 통해 드러나는 것을 볼 수 있었다. 다만 집단적 소망을 담은 꿈은 무신집권기 이전에는 등장하지 않고 있다는 특징을 보인다.

꿈이 지니는 대표적 기능 중 하나는 미래 예측과 그에 따른 인간의 행동 합리화에서 찾을 수 있다. 이 점은 현대사회와 같다. 꿈을 통한 계시 등은 고려시대 사람들을 사로잡았고, 이를 통한 인사(人事) 등의

---

63) 이후 지방관이 재판을 신속하게 처리하는 것은 조선시대 지방관 평가에서 중요한 항목이 된다. 정도전은 이를 수령오사(守令五事)로 하여「經濟文鑑」에 수록하였다. 이에 관해서는 임용한, 2002, 『조선전기 수령제와 지방통치』, 혜안, 129쪽 참조.

64) 이중민의 행동 때문인지 알 수 없지만, 그는 이후 형부상서에 임용되었다(『고려사』 권22, 세가22, 고종 14년 12월 辛未).

여러 결정을 합리화시켰다. 물론 여기서 다루지 않은 태몽과 같은 경우는 미래 예측 속에 포함시켜야 할 대표적 사례들일 것이다. 태몽의 경우는 고려시대에도 매우 많은 사례를 남기고 있다.

꿈의 해석과 관련된 해석서는 『주례』 내지 『주공몽서』를 제외하고는 찾아 볼 수 없었다. 당시 꿈을 통한 점은 왕실부터 노비까지 성행했을 것인데, 그 해석의 기준서는 거의 등장하지 않는다. 당시에도 해몽에 대한 해석 원칙은 있었겠지만, 점의 형태나 민간에서 전해지는 꿈 해석은 관습적이었을 가능성이 크다. 이는 오늘날 꿈의 해몽에도 전통적이고 권위적인 해석서가 없다는 사실과 상통한다. 꿈은 중세시대인의 소망과 정서를 반영하는 대표적 매개물 중에 하나라는 점에서, 이후에도 더욱 많은 연구를 요하는 주제이다.

2. 사회적 분노와 저항 의식

인간 소망의 좌절은 사회적 포기와 절망을 낳는다. 이 절망은 개인적인 피폐로 이어지기도 하고, 사회적 시스템에 대한 '저항'이라는 집단행동으로 나타나기도 한다. 중세사회는 신분사회이고, 그에 따른 계층적 서열질서가 존재하였다. 같은 신분 내에서도 서열이 있었기에 각 사회집단 간의 차별은 자연스러운 현상이었다. 이런 사회집단 내부의 차별은 집단 간의 심한 경쟁과 부딪치면서, 때로는 저항을 낳는 산실이 되었다.

아울러 사회적 차별은 차별하거나 이를 받는 집단들 내부의 정체성을 강화하고, 집단 내부의 편애를 낳는다. 특히 차별받는 집단의 결속력이 강화되면, 이 결속력은 사회적 분노의 폭발을 계기로 한 집단행동으로 나타난다. 또한 집단 내부의 편애와 결속이 다른 집단에 대한 공격성으로 발휘되는 성향을 갖게 된다.

집단행동의 구조는 고려시대 어떻게 만들어지고, 어떤 유형으로 나타나는가? 사실 사회적 분노와 저항, 그리고 반란 등은 서로 간에 형제와 같은 관계일 것이다. 그렇지만 형제와 같은 친연성은 때로 내부적인 미세한 차이로 인한 차별성을 내포한다. 이 차별은 때로 감정적 대결을 낳고, 뒤이은 분노로 이어지기도 한다.

그렇지만 개인적 분노가 사회적 분노로 바뀌는 것은 이와 다른 경로가 필요하다. 분노의 사회적 전염이 집단 내부에서 응축되고, 어떤 사건을 계기로 폭발해야 하기 때문이다. 여기서는 사회적 분노의 폭발이 시작되는 계기를 중심으로 문제를 살펴볼 예정이다.

1) 사회적 분노의 응축과 전염

고려시대 사회적 분노의 폭발은 다른 시대와 마찬가지로 반란과 같이 기존 사회질서를 뒤엎는 행위에서 쉽게 찾아볼 수 있다. 개인적 야망을 성취하려는 반란은 이자겸(李資謙) 등과 같은 경우에서 찾아볼 수 있다. 물론 집단적인 반란은 고려시대에 많이 발생하였다. 그렇지만 반란집단 내부의 정서를 보여주는 대표적 사례는 1170년의 무신정변일 것이다.

이 정변의 원인은 무신들의 불만과 차별 대우에 대한 시각으로 이해하는 경우가 많았다. 『고려사』가 만들어진 이래 가장 오래된 시각일 것이다. 『고려사』에는 무신정변의 주역인 정중부(鄭仲夫)의 개인적 분노가 하나의 원인으로 제시된다. 인종대 나례(儺禮)에서 내시 김돈중(金敦中)이 촛불로 정중부의 수염을 태웠고, 정중부는 그를 잡아 욕을 보였다. 당시 김돈중의 아버지 김부식은 화가 나서 정중부에게 매를 때리라고 했지만, 인종이 비밀리에 정중부를 도망시켰다. 이후 정중부는 김돈중을 싫어하게 되었다는 것이다.[65]

『고려사』의 편자는 이 사건이 정중부가 문신들을 싫어하는 계기가 된 것으로 서술하고 있다. 그래서 정중부가 이의방(李義方), 이고(李高)의 선동 당시 악감정 때문에 반란에 참여하는 것으로 보았다.

하지만 한 개인의 분노가 바로 반란으로 이어지지는 않는다. 더구나 인종대 수염 사건부터 의종대 무신정변까지 25년 이상의 긴 세월이 소요되었다는 점을 지적하지 않을 수 없다. 따라서 이 개인적 분노는 잠재적 계기일 수 있지만, 집단적 분노로 연결되기까지 다른 역사적 과정을 겪어야 한다. 한 개인의 내재적 감정과 집단의식은 서로 차이가 있다.

의종은 인종대의 이자겸과 묘청의 반란 등과 같은 여러 정치적 위기를 극복하고 왕실의 중흥과 새로운 통치방식을 찾아야 했다.[66] 그렇지만 의종은 측근세력의 강화와 관료들과의 사적 결합을 통한 통치방식을 택하였다. 그는 측근세력으로 정함(鄭諴),[67] 백선연(白善淵)[68] 등과 같은 환관을 양성하였다. 이들은 때로 문신관료들과 정치적으로 결합하기도 하였다.[69] 이 때문에 환관 중 일부는 무신정변 직후에 백자단(白子端),

---

65) 『고려사』 권128, 열전41, 반역2, 鄭仲夫.

66) 이에 대해서는 河炫綱, 1988, 「고려 의종대의 성격」『한국중세사연구』, 일조각 참조.

67) 정함은 의종의 유모를 부인으로 두었으며, 처음으로 양반(兩班) 계열에 참여하였다(『고려사』 권122, 열전35, 宦者, 鄭諴).

68) 백선연은 남경의 관노 출신으로 의종의 양자가 되어 권력을 발휘하였다(『고려사』 권122, 열전35, 宦者, 白善淵). 그가 의종의 침소에 드나들었다는 것은 국왕의 재산관리나 개인적 일을 맡았음을 암시해 준다.

왕광취(王光就), 유방의(劉方義) 등과 함께 피살되었다. 이들은 모두 국왕의 측근 양성의 결과로 성장한 세력이라 할 수 있다.

『고려사』에는 국왕이 여러 곳에 정자를 건축하고, 남포(南浦)에서 배를 띄우고 놀이를 자주 한 것을 이들의 권유 탓으로 돌리고 있다.[70] 군주가 측근세력의 권유에 따라 유흥에 빠진다는 내용은 유학적 시각에서 왕조 멸망이나 군주 축출의 이유로 제시되는 가장 전형적인 것들이다. 특히 군주의 수양과 환관과의 관계는 유학에서 철저하게 경계하는 입장으로 바라본다.

그러한 이유는 측근들의 사적 이익 추구가 군주의 환락과 결합될 때, 국가자원의 낭비나 민에 대한 수탈 가중, 그리고 정치도덕의 타락으로 인한 부패 만연을 낳는다고 보기 때문이다. 농업사회의 제한된 생산력 하에 이런 양상은 사회 기반을 무너뜨릴 수 있는 요인이라고 보았다. 따라서 절대권력을 상징하는 군주의 지도력은 유학자들에게 왕조 유지를 위한 가장 중요한 요소였다.

의종이 시행한 측근세력의 양성은 국왕과의 관계를 이용해 출세하려던 다른 세력들과 정치적 경쟁심을 불러일으키는 요인이 되었다. 측근세력 양성은 사적 관계의 친연(親緣) 여부로 이루어지고 있었다. 이 사적 친근함의 정도가 관료를 포함한 권력층 내부의 서열과 권력으로 이어졌다.

자의적 인사권 행사와 경제적 특권은 여기에 뒤따라오게 마련이다. 예컨대 환관 정함과 결합한 김존중(金存中)은 의종 10년 사망 때까지 엘리트 관료로 출세하여, 왕실의 보위자로 자임하면서 전주(銓注)를 장악하였다. 이런 탓에 그는 벼슬을 팔아 커다란 경제적 이익을 얻을 수

---

69) 정함은 인종 때 춘방시학으로 임명된 김존중(金存中)과 가까웠으며, 권력을 공유하였다(『고려사』 권123, 열전36, 嬖倖1, 金存中).
70) 『고려사』 권122, 열전35, 宦者, 白善淵.

246

있었다.[71) 이런 행위는 관료 집단 내부의 불만을 낳는 요인이 되었을 것이다.

의종은 친위세력을 위해 금군(禁軍), 특히 견룡군(牽龍軍) 등을 양성하였다.[72) 정중부의 경우에도 인종대 견룡군 출신으로 성장하였다. 정중부는 국왕의 명령으로 수창궁(壽昌宮) 북문이 봉쇄되었음에도 이곳을 마음대로 드나들다가 적발되었다. 그럼에도 그는 국왕의 뜻에 따라 처벌받지 않았다. 정중부가 처벌받지 않은 것은 의종이 그를 비호할 만한 이유가 있었을 것이다.[73) 이처럼 의종은 문신, 무신과 환관 등을 중심으로 사적 관계를 통한 측근세력을 양성하였다. 따라서 이들은 국왕과의 수직적 관계를 제외하고 다른 집단과는 협력 내지 경쟁관계에 놓여 있었다.

이런 경쟁적 관계는 개인적 분노에 대해 동일집단 내부의 공감대를 쉽게 형성할 수 있는 조건이 되었다. 즉 개인적 분노가 사회적인 것으로 변화하고, 이를 다른 집단에 대한 공격성으로 전화하기 쉬운 조건이 되는 것이다. 물론 이런 조건에는 공통적 이해관계, 집단적 차별이나 압력 등이 가해져야 한다.

의종은 정치적 사회적 지위를 유지하기 위한 노력을 하였다.[74) 그는 불교와 도교, 풍수지리와 음양도참(陰陽圖讖)[75)과 같은 모든 신앙과 신비

---

71) 『고려사』권123, 열전36, 嬖倖1, 金存中.

72) 김낙진, 1995,「견룡군과 무신난」『고려무인정권연구』, 서강대출판부.

73) 정중부가 이 문으로 다닌 것은 아마도 국왕의 사적 명령을 수행하기 위한 것일 수 있다. 적어도 그는 국왕의 사적 친밀도에서 매우 가깝기 때문에 처벌을 면했을 가능성이 크다.

74) 의종의 개인적 성향은 탐미주의자이면서 불교가 그의 정신적 지침이 되었고, 유교적 군주이면서 왕권강화를 꾀했다는 평가가 있다(에드워드 슐츠 지음·김범 옮김, 2014,『무신과 문신』, 글항아리, 42~43쪽). 반면에 의종은 유교적 교양이 있었지만 반유교적 생각으로 행동했다고 보기도 한다. 왜냐하면 유교가 왕권을 제약하던 문신세력의 이론적 기반이라고 여기기 때문이다(하현강, 1988, 앞의 책, 427쪽).

주의적 관념에 의존하였다. 우선 의종은 궁궐에 머물지 않았고 끊임없이 여러 사찰로 순행하였다. 의종 18년 한 해에만 봉은사를 비롯하여 모두 10군데의 사찰로 돌아 다녔다.[76] 그 다음해의 경우에도 정월 한 달 사이에만 현화사, 봉은사, 증산사, 보현원, 자효사, 경천사, 흥천사, 홍원사, 천화사 등과 같이 여러 사찰을 며칠에 한 번씩 옮겨 다녔다. 이와 같은 이동은 호위를 맡은 군인들에게는 피로감을 더하고, 사망자까지 발생하는 일이었다.[77]

  의종은 서경(西京)에서 발표한 교서를 통해 노골적으로 음양론과 불교, 그리고 도교에 대한 존중을 강조하였다.[78] 이 교서에서는 첫 번째로 음양에 따른 형벌과 『예기』월령에 따른 행사 추진이 제시되었다. 또한 불교에 대한 조항으로 불교행사와 승려의 존중과 사찰 수리와 재산 보호 등을 말하였으며, 도교와 관련해 팔관회 행사 집행을 지적하였다.[79] 그리고 마지막으로 백성의 보호를 위한 동서 대비원(大悲院)과 제위보(濟危寶)의 원활한 가동을 부탁하였다. 이 같은 의종의 교서는 종교와 신앙의

---

75) 의종의 풍수지리와 음양도참에 대한 믿음은 이미 지적되었다(李丙燾, 1980, 『개정판 고려시대의 연구』, 아세아문화사, 245~252쪽).

76) 당시 의종이 다닌 사찰은 봉은사, 안화사, 흥왕사, 흥국사, 현화사, 귀법사, 천수사, 경복사, 법왕사, 정업원 등이다(『고려사』권18, 세가18, 의종 18년). 이 사찰들은 기록에만 나와 있는 것들이기 때문에 실제로는 더 많은 곳을 갔을 가능성이 있다.

77) 의종 19년 3월 보현원의 이동시에 일기가 춥고 비가 심하게 내려서 호위 군졸 중에 9명이 동사(凍死)하였다(『고려사』권18, 세가18, 의종 19년 3월 辛酉).

78) 『고려사』권18, 세가18, 의종 22년 3월 戊子. 서경은 대대로 왕실과 가까운 지역이었다. 따라서 그의 교서는 유신(維新)을 지향하는 정책방향을 보여준다고 할 수 있다.

79) 의종은 팔관회뿐만이 아니고, 궁궐에서 11요(曜)와 28숙(宿) 등의 도교신들에게 기도를 하였다(『고려사』권19, 세가19, 의종 23년 2월 乙未, 己酉). 또한 충주목부 사(忠州牧副使) 최광균(崔光鈞)이 죽장사에서 노인성에 제사를 지낸 뒤에 저녁에 수성(壽星)이 나타났다는 보고를 하자, 관료들이 축하를 했던 것도 도교 신앙과 관련이 깊다(『고려사』권19, 세가19, 의종 24년 4월 甲申).

힘을 빌린 국가통치를 우선시한다는 것을 보여준다.[80] 의종은 종교와
신비주의를 바탕으로 자신을 성스러운 위상으로 부각시키려 하였다.

그렇지만 의종은 그에 대한 반응으로 민들의 불만을 얻어야 했다.
의종이 재를 올리고 기도하는 비용이 적지 않았기에 당시 국가기관인
도제고(都祭庫)와 도재고(都齋庫)의 재정이 바닥났기 때문이다. 의종의
대책은 관북궁(館北宮) 등과 같은 개인 저택에 관료들을 배치하여 지방으
로부터 비용을 징수하는 것뿐이었다.[81] 이런 조치는 일반민들의 불만을
불러 일으켰다.

그는 관료들에게 자신의 존재감을 관료나 주변사람들에게 각인시키려
고 노력하였다. 의종이 즉위한 직후 북쪽 후원에서 자신의 격구(擊毬)
기술을 뽐내려 했던 것이나,[82] 또는 의종 21년 경기도 장단현 응덕정(應德
亭)에서 뱃놀이를 한 후에 벌어진 활쏘기에서 한 번에 과녁 위의 촛불을
맞춘[83] 사건이 이를 보여준다. 그는 관료들 앞에서 자신을 과시하기
위해 애를 썼다.

이런 그의 행위는 전형적인 자기 과시였다. 의종은 육체적 활동에서
일반 관료들보다 우위에 있음을 보여주면서 통치에서도 자부심을 과시하
였다. 그는 자신의 꿈에서 지은 시라고 하면서 관료들에게 이를 보여주었
다. 그 시의 끝 구절에는 "좋은 정치를 실시하여 어진 은혜가 흡족하니,
삼한에 태평 시대를 이루었다."[84]라고 하면서, 자신의 통치로 태평성대를

---

80) 의종이 술객들의 말에 홀려 궁궐 내의 경룡재(慶龍齋)의 이름을 인지재(仁智齋)로
  변경하였고, 간관들이 이를 허물자고 하면 꿈 이야기를 하면서 이를 거부하였다
  (『고려사』 권18, 세가18, 의종 16년 12월 辛卯). 이런 태도 역시 그의 성향을
  보여주는 사례이다.
81) 『고려사』 권19, 세가19, 의종 23년 2월 乙卯.
82) 『고려사』 권17, 세가17, 의종 원년 5월 丁亥.
83) 『고려사』 권18, 세가18, 의종 20년 4월 癸丑.
84) 『고려사』 권18, 세가18, 의종 22년 1월 癸巳, "布政仁恩治 三韓致太平."

이룬 것이라고 보았다.

이 같은 자기 과시의 근원에는 의종의 권력 유지에 대한 불안감이 내재해 있었다. 문신 김돈중(金敦中)의 말이 기병의 화살통을 건드려 화살이 왕의 가마 옆에 우연히 떨어진 사건이 이를 말해준다.[85] 이 사건은 의종에 의한 궁성 계엄사태로까지 발전하였다. 범인 색출에 대한 커다란 포상금이 걸리게 되었고, 의종은 용맹 있는 자를 선발하여 내순검(內巡檢) 까지 만들었다. 이처럼 의종은 이 사태에 예민하게 반응하였다. 권력 유지에 대한 불안과 자신감 결핍이 만들어낸 사태였다.

의종의 불안감은 끊임없이 개인적 잔치와 사찰 등의 유람으로 이끌었을 것이다. 의종은 이런 잔치들을 통해 문신 관료 및 환관들과의 개인적 유대감을 높일 수 있었다.[86] 그렇지만 이 잔치들은 고려 정부의 재정적 부담을 주었으며, 여기서 소외된 집단들의 불만을 상승시키는 요인이 되었다.

특히 잔치와 유람을 위한 토목공사는 의종이 표방한 민을 위한 정치와 상반되는 것이다. 주지하듯이 중미정(衆美亭) 공사에 동원된 일반민들의 불만은 한 부인의 식량 마련 이야기에서 드러난다.[87] 가난한 사람들이 공사장에 동원된 경우는 항상 있어왔지만, 당시 이야기는 그들의 절박한 처지를 대변하고 무신정변이 발생할 수밖에 없는 사회적 요인으로『고려 사』편찬자가 주목하였을 것이다.[88] 이런 공사의 추진은 당시 일반민들의 불만으로 인한 무신정변에 대한 암묵적 지지나 참여로 바뀔 수 있다.

또한 중미정 이야기의 사회적 전파는 일반민들의 안타까움을 불만으로,

---

85)『고려사』권18, 세가18, 의종 21년 1월 癸丑.

86) 김인호, 2005,「고려 관인사회의 잔치와 축제」『동방학지』권129.

87)『고려사』권18, 세가18, 의종 21년 3월 辛酉.

88) 그런 점에서 무신정변 시대의 편찬자는 정변요인에 대한 최초의 역사심리적 접근을 하고 있다고 보인다.

다시 사회적 분노로 바꾸는 과정에 일조하였을 것이다. 『고려사』에는, "이 사실을 들은 사람들도 그들을 불쌍하게 여겼다."라고 하여 당시 전파상황을 설명하고 있다.

의종의 잔치와 유람은 무신정변의 직접적 요인으로 『고려사』에 등장한다. 그렇지만 의종이 순행 과정에서 무신들을 차별하지는 않았으며, 오히려 이들의 불만을 어느 정도 인지하고 있었다. 그는 서경 순행을 다녀온 이후 자신을 수행한 문무 관료들에게 동정(同正)직을 부여하였다.[89] 아울러 의종이 보현원 행차에서 무신들에게 오병수박희(五兵手搏戲)를 하여 그들의 불만을 잠재우려 한 일[90]도 그 사례가 될 것이다.

문제는 개인적 감정들이 집단적 동질성을 획득하는 계기에 있다. 단순한 개인적 분노가 집단적인 것으로 변질되는 힘의 문제이다. 이에 관해 『고려사절요』에는 다음과 같은 내용이 서술되어 있다.

> 화평재에 행차하였다. 이때 왕이 무시(無時)로 거둥하면서, 항상 아름다운 곳에 이를 때마다 문득 행차를 머무르고, 가까이 총애하는 문신들과 술 마시고 글을 읊으며 돌아갈 줄을 몰랐으니, 호종하던 장사들이 피곤하여 불평을 토했다. 대장군 정중부가 나가 오줌을 누니, 견룡행수(牽龍行首) 산원(散員) 이의방, 이고가 뒤따르며 가만히 정중부에게 말하길, "오늘날 문신들은 득의하여 취하도록 마시며 배부르도록 먹고 하는데, 무신들은 모두 주리고 피곤하니, 이 어찌 참을 수 있겠소" 하니, 정중부도 일찍이 수염을 그슬린 유감이 있어 드디어 흉한 음모를 하였다.[91]

---

89) 『고려사』 권19, 세가19, 3월 癸卯.
90) 『고려사절요』 권11, 의종 24년 8월 丙子.
91) 『고려사절요』 권11, 의종 24년 5월.

무신들의 불만은 문신들과의 차별적 대우 때문이다. 의종은 허홍재, 이복기, 한뢰, 김돈중과 같은 문신 그룹을 더욱 가까이 하였다. 이들은 의종의 시 짓기와 잔치의 직접적인 동반자였지만, 무신들은 이들과 다른 차별대우를 받고 있었다. 무신정변 직전 의종은 어느 정도 문제를 인식하고 있었다. 의종이 서강(西江)으로 놀이를 하려고 했을 때, 꿈에 등장한 어떤 부인은 5월까지 기다리라고 하였다. 의종은 이 꿈을 따라 그 날은 출발하지 않았지만, 며칠 후에 다시 배 위에서 잔치를 벌였다.[92] 그의 꿈 이야기는 본인의 자기 암시를 드러내 주고 있다. 의종은 잔치로 인한 문제가 무엇인지를 무의식적으로 알고 있었다.

그렇지만 더 큰 문제는 집단적 차별이었다. 의종은 이복기 등의 친밀한 문신 관료들이 자신에 대한 충성도에서 가장 앞선다고 공언하였다.[93] 의종의 친위 무신들은 그에 따른 소외와 상대적 박탈감을 느낄 수밖에 없었다. 이 소외와 차별감이 호위 무신들을 하나로 묶어주는 계기가 되었다.

특히 의종이 보현원(普賢院)으로 가는 길에 벌인 오병수박희 사건은 무신들의 차별감과 동질성을 확인시켜 주었다. 당시 대장군 이소응(李紹應)은 다른 무신과 대결하다가 이기지 못하고 달아났다. 이때 문신 한뢰(韓賴)는 무신들이 왕의 총애를 얻을까 두려워하여 이소응의 뺨을 때렸다. 이로 인해 무신 이소응은 국왕과 문신 등의 웃음거리가 되었으며,[94] 이 사건은 무신들이 그 날 정변을 일으키는 결정적 계기가 되었다.

원래 정변은 계획적이지 못하였다. 정변 당시 정중부, 이의방 등은 우측 어깨를 내어 놓고, 복두를 벗어 자신들과 동조하는 집단의 표시로

---

92) 『고려사』 권19, 세가19, 의종 24년 3월 丁巳.
93) 『고려사』 권19, 세가19, 의종 24년 7월 甲申.
94) 『고려사』 권128, 열전41, 반역2, 鄭仲夫.

삼았다. 그렇지만 이들의 약속은 무신들에게 제대로 전파되지 못하였으며, 이 때문에 복두를 벗지 않은 무신들이 많이 피살되었다. 이 사실은 정변의 우발적 성격까지 보여준다.

김돈중이 도망간 후에 태자를 받들고 개경 성문을 닫아걸었을 상황에 대한 대응양태도 무신들의 우발적 정변에 대한 설명이 될 것이다. 정중부 등의 지휘부는 김돈중의 도망에 당황하였고, 이의방은 반란군으로 몰릴 경우에 남쪽 바다 내지 거란에게 투신하는 쪽을 택할 것이라고 말할 정도였다.[95]

무신들은 우발적 사건이라서 군인들의 동조와 지지가 필요하였다. 무신들은 군인들이 지닌 집단적 적대감을 적절하게 이용하였다. 즉 "문관의 관을 쓴 자는 비록 서리(胥吏)라도 모조리 죽이고 씨도 남겨두지 말라."는 구호가 그것이다. 이때 살해된 문신들은 50여 명이었다. 따라서 모든 문신들이 구호처럼 살해 대상이지는 않았다.[96]

문관 살해 구호는 이 시기 일반 병사들의 응축된 분노를 폭발시키는 역할을 하였다. 집단의 분노가 하나의 대상으로 옮겨갈 수 있도록 했던 것이다. 정중부 등의 무신 지휘부는 죽인 문신들의 집을 허물어 버리는 행위를 통해 감정적 복수를 행동으로 옮겼다.

무신 내부의 동질감은 이들의 집단적 정체성을 강화시키고 다른 집단들에 대한 배타성을 높이는 계기가 되었다. 예를 들어

11월에 중수하던 강안전이 이룩되니, 문액(門額)을 향복(嚮福)이라고 하였

---

95) 『고려사』 권128, 열전41, 반역2, 鄭仲夫.
96) 평소 무신과 군인들을 혹사했던 인물들이 주요 살해 대상이 되었을 것이다. 대표적으로 병부낭중 진윤승의 경우를 들 수 있다. 그는 수성사(壽星祠) 건축 당시에 운반해온 돌의 무게를 모두 달았기 때문에 병사들의 원망의 대상이 되었다.

다. 그곳이 중방과 가까웠으므로 무신들이 의논하기를, "향복은 항복과 음이 서로 비슷하니, 아마 문신들이 이것으로 무관들의 운세를 눌러 항복하게 하고자 한 것이다." 하고, 그 문액을 고치기를 주청하여, 평장사 민영모에게 명령하여 고치게 하였더니 영희(永禧)라고 하였다. 무신들이 다시 말하기를, "문신의 뜻은 헤아릴 수 없는 것이니, 영희라는 말이 따로 깊은 뜻이 있는 것인지 어찌 알겠는가. 희(禧)는 복(福)이지만 영(永)이라는 글자의 뜻은 길한 것인지 흉한 것인지 알 수 없다. 중(重)자는 본 중방의 칭호이다."하고, 중희(重禧)로 고치기를 청하니, 왕이 이를 좇았다.[97]

문액의 이름이 문제된 것은 무신집단의 뿌리 깊은 불신감과 배타성 때문이다. 무신들은 구기(拘忌)를 이유로 하여 이름 문제를 거론했지만 무신반란 이후 자신들의 성취지위에 대한 불안감을 보여주었다.

이 불안감은 성취한 지위의 상실만이 아니라 문신에 대한 감정적 복수로부터 시작된 것이었다. 감정적 복수가 행동으로 크게 번진 계기는 동북면(東北面) 병마사 김보당(金甫當)의 의종복위 운동이다. 김보당은 체포되어 문신들이 이 반란에 모두 공모했다고 발설하였고, 이는 정변 초기와 달리 무차별 학살을 불러일으켰다. 결국 이로 인한 공포심은 문신들 사이에서 사건 이후에도 계속되었다. 이 때문에 깊은 산으로 도망하여 승려가 되어 생활하던 사람들도 많았다.[98] 그렇지만 시간이 지나면서 이들은 대개 관료계로 다시 복귀하였다.

난리를 만났을 때부터 세상의 어진 선비들이면 초야에 깊이 묻혀 한

---

97) 『고려사절요』 권12, 명종 10년 11월.
98) 李齊賢, 「櫟翁稗說」 前集. 그는 神俊이나 悟生 등을 그런 사례로 들었다.

때의 재앙을 피하려 하지 않았던 사람이 없었지만 한결같이 명리(名利)에 유혹되어 고요한 산 속의 생활에서 속세의 벼슬로 돌아온 사람이 많았습니다.[99]

이처럼 사회적 분노는 집단감정이기 때문에 시간이 지나면 축소되거나 소멸된다. 그러다가 때로는 분노의 대상이 바뀌는 경우도 있었다. 무신들이 국왕을 대상으로 하거나, 그를 둘러싼 측근세력 전체로 대상이 이어지기도 했던 것이다. 예컨대 최충헌은 집권 이후 명종 주변의 내시 민식(閔湜) 등 70여 명을 축출하였다. 아울러 그는 세속에 전해지던 말을 근거로 하여 명종이 달애(妲艾) 우물의 물을 마시면 환관이 권력을 갖는다는 말에, 그 우물을 허물고 광명사 우물을 어수(御水)로 하였다.[100]

최충헌이 어수를 바꾼 것은 환관의 권력을 배제하려는 것 때문이다. 원래 그는 신종의 즉위와 함께 명종의 측근 관료들까지 축출하였다. 그가 어수를 교체한 것은 민간에 전해지는 속설에 근거한 것이다. 본인이 이 말을 믿었는지 여부는 알 수 없지만, 그의 조치는 궁궐 내부와 관료들에게 미치는 심리적 효과가 컸을 것이다. 이 소식은 무신집단들에게 의종대 환관들이 권력을 가졌던 기억을 되살려 최충헌의 조치를 찬성하게 하는 힘이 되었다.

그렇지만 무신 간의 권력 쟁탈 경쟁은 결국 집단 내부의 균열을 가져오게 되고, 이는 집단적 분노를 개인적인 것으로 다시 환원시키는 결정적 요인이었다. 즉 공동의 적이 해소된 이후에 집단 내부의 분노는 가라앉고 무신들 개인 간의 경쟁심으로 다시 전환되었던 것이다.

---

99) 林椿, 『西河集』 권4, 代李湛之寄權御史敦禮書.
100) 『고려사』 권129, 열전42, 반역3, 崔忠獻.

2) 저항의식과 폭발

사회적 저항의식은 차별 속에서 성장한다. 고려시대 차별의 대상은 주로 특정 지역과 신분으로 집중된다. 고려시대 지역적 차별이 가중된 곳은 향(鄕)·소(所)·부곡(部曲)과 같은 지역들이다. 이 지역에 대한 차별은 일반 군현과 다른 경제적 수취로부터 연유되었을 것이다. 그 중에서도 소(所)는 특산물을 생산하여 중앙에 공납하는 일을 맡았던 집단이었다가, 점차 부곡제에 편입되었을 것으로 파악된다.[101] 소 주민들의 신분은 기본적으로 양인(良人)이었지만, 이들은 특정한 물품의 생산과정에서 각종 역(役)을 부담하였다.[102]

> 영주(永州) 이지은소(利旨銀所)는 옛날 현(縣)이었는데 중간에 읍인(邑人)들
> 이 국명(國名)을 거역하여 현을 폐지하고 그 주민은 은소(銀所)로 적민(籍民)
> 하여 백금을 세금으로 바친 것이 이미 오래되었다. 지금 사인(士人)인
> 나수(那壽)와 야선불화(也先不花)가 어려서부터 금중(禁中)에 내시로 있어
> 수고로운 일을 많이 하여 그 공으로 향관(鄕貫)을 승격시켜 다시 현이
> 되었다.[103]

이지은소는 원래 일반 군현이었다가 은소가 된 곳이다. 이곳 주민들은 백금을 세금으로 바쳤다. 이런 경제적 부담은 주변의 다른 지역과 차별을 낳는 요인이 되었을 것이다. 비록 이지은소의 주민과 주변 지역인과의

---

101) 김현영, 1986, 「고려시기의 소에 대한 재검토」『한국사론』 15 ; 이정신, 2013,
    『고려시대의 특수행정구역 所 연구』, 혜안.
102) 박종기, 1990, 『고려시대부곡제연구』, 서울대출판부, 75쪽.
103) 崔瀣, 『拙藁千百』 권2, 永州利旨銀所陞爲縣碑.

결혼 등에서 법적 차별이 없었다고 해도,[104] 불리한 경제적 요건이 실질적 차별을 불러일으켰을 것이기 때문이다. 이 차별은 이지은소민의 역(役)과 부담이 일반 군현보다 훨씬 컸다는 점에서 유래한다.

향·소·부곡 지역민들은 일반 군현보다 경제적으로 열악하거나 빈궁한 지역도 많았다. 이규보가 1197년(명종 27) 경상도 상주로 가는 도중에 들린 영산부곡(靈山部曲)이 그런 경우였다.

영산은 가장 궁벽한 고을이라
오가는 길이 아직도 황무하구려
흉년이 드니 도망하는 가호가 있고
백성이 순박하니 노인이 많구려
누른 닭은 꼬끼요 하고 울고
푸른 쥐는 찍찍 소리를 내누나
몇 명의 검은 옷 입은 아전이
놀라 달리기를 손 맞는 것처럼 하네[105]

영산부곡은 가장 궁벽한 곳이고, 그곳의 향리는 이규보를 보고 놀라는 모습을 보인다.[106] 모든 부곡이나 소가 경제적 빈곤에 시달리지는 않았을 것이다. 하지만 이곳은 일반 군현과 비교해 상대적인 격차가 컸다. 도망간

---

104) 박종기, 1990, 앞의 책, 71쪽. 혼인에 따른 법적 차별은 부곡민과 일반 양인에 없었다. 이 점은 비슷한 성격을 지닌 소(所)의 경우에도 마찬가지였을 것이다.

105) 李奎報,『東國李相國全集』권6, 十一日早發元興到靈山部曲, "靈山最僻邑 客路尙荒榛 歲儉有逋戶 民淳多老人 黃鷄啼昵喔 蒼鼠出嚬呻 數箇緇衣吏 驚馳似迓賓."

106) 아전이 이규보를 보고 놀라는 것은 낯선 이에 대한 경계심 때문일 것이다. 이규보는 관인(官人)은 아니지만 말을 탔을 가능성이 크다. 따라서 아전들의 입장에서는 무엇을 수탈하거나, 행정적 심부름으로 왔다고 여겨졌을 수 있다.

가호(家戶)는 먹을 것을 구할 수 있는 큰 고을로 갔을 것이다. 이곳 거주민이 느끼는 상대적 박탈감은 적지 않았을 것이다.

이규보는 영산부곡과 달리 전라도 전주(全州)의 경우에

> 인물이 번창하고 가옥이 즐비하여 고국풍(故國風)이 있었다. 그러므로 그 백성들은 질박하지 않고 아전들은 모두 점잖은 사인(士人)과 같아, 행동거지의 신중함이 볼 만하였다.[107]

라고 서술하고 있어, 경제력과 문화적인 상대적 차이가 컸음을 말한다.

그렇다고 부곡과 소의 주민이 자신들의 상대적 박탈감을 사회적 저항의식으로 곧바로 전환시키지는 않았다. 그곳 주민들은 자신의 역을 회피하는 것으로 일차적인 저항을 하였다.

> 동(銅)·철·자기·종이·먹 등의 잡소(雜所)는 공물을 징수하는 것이 너무 지나쳐서 장인들이 괴로워 도피하니 해당 관청은 각 소의 별공(別貢)과 상공(常貢)의 많고 적음을 작정하여 보고하라.[108]

소의 주민들은 흩어져 타인의 농장 등에서 농업에 종사하거나, 기술을 이용한 노동력 제공 등으로 생계를 유지했을 것이다. 물론 일부는 도적이 되는 경우도 있었다. 그렇지만 집단적 저항은 개별적 사회이탈이나 반항과는 다른 성격을 지닌다. 사회적 저항이 반란으로 이어지는 경우는 무신들이 집권한 이후 폭발적으로 증가하였다.[109]

---

107) 李奎報, 『東國李相國全集』 권23, 南行月日記.
108) 『고려사』 권78, 식화1, 공부, 예종 3년 2월.
109) 이에 대해서는 김석형, 1989, 『봉건지배계급에 반대한 농민들의 투쟁-고려편』,

이들이 저항에 나서는 것은 명학소(鳴鶴所)의 반란에서 두드러진다.110)

공주 명학소의 백성 망이(亡伊)·망소이(亡所伊) 등이 도당을 불러 모아, 산행병마사(山行兵馬使)라고 자칭하며 공주를 공격하여 함락시켰다. 지후(祗侯) 채원부(蔡元富)와 낭장 박강수(朴剛壽) 등을 보내어 타일렀으나, 적이 좇지 않았다. 2월에 장사 3천명을 불러 모으고, 대장군 정황재(丁黃載), 장군 장박인(張博仁) 등에게 명령하여 토벌하게 하였다.111)

명학소의 반란 원인에 대해서는 기록이 남아 있지 않다. 그 원인이 상대적으로 열악한 경제적 조건이나 수탈 이외에112) 몇 달 전에 있었던 의종 살해사건 역시 배경이 되었을 수 있다. 국왕 살해사건은 조위총의 반란과 복위 운동의 결과였지만, 이것은 현실적으로 무신정권의 정당성에 커다란 타격이 되었을 것이다.113) 물론 조위총의 반란 과정에서 영주(寧州)나 연주(延州) 등은 여기에 가담하지 않았던 경우처럼, 의종 살해가 모든 사람들에게 공분을 불러일으키지는 않았다.

공주 명학소민의 반란이 의종 살해와 연관되었는지 알 수 없지만, 적어도 명학소민들의 봉기에 이를 이용했을 가능성이 있다. 봉기 원인이

열사람. 이 책은 당시 농민반란 등을 계급투쟁과 억압수취라는 시각에서 전형적으로 접근하였다.

110) 이정신, 1988, 「高麗時代 公州 鳴鶴所民의 蜂起에 대한 一研究」『한국사연구』 61·62 ; 김갑동 외, 2004, 『고려 무인정권과 명학소민의 봉기』, 다운샘.

111) 『고려사절요』 권12, 명종 6년 정월.

112) 이정신은 그 원인에 대해 소가 일반 농업지역의 발전과 대비되어 상대적인 수탈이 가중된 것으로 보았다(이정신, 1988, 앞의 논문, 189쪽).

113) 이의민은 의종 살해로 인해 나중에 최고 권력자가 될 수 있었지만, 역으로 그에게는 평생 동안 국왕살해자라는 이미지가 따라다녔다. 이로 인해 그는 정치적 부담을 져야 했을 것이다.

소 지역에 대한 과중한 수탈의 문제뿐이라면 다른 지역 소민들의 봉기가 있어야 하는데, 당시 명학소민들만이 유일한 사례이다.

물론 일반 군현과 비교해 과중한 수탈이 중요한 원인이 되었다는 점은 분명하다.[114] 그렇지만 경제적 이유 이외에 이들을 격발시킨 다른 정치적 요소가 고려되어야 할 것이다. 명학소민은 국왕 살해를 계기로 주변민을 끌어들여 공주 공략에 나섰을 가능성이 있다. 당시 개경에 있던 양온동정(良醞同正) 노약순(盧若純), 주사동정(主事同正) 한수도(韓受圖)가 유명한 문신들의 편지를 조작하여 망이를 끌어들여 반란을 일으키려고 하였다.[115] 망이는 제휴 요청을 거절하고 이들을 붙잡아 정부에 보냈다.

이때 노약순 등은 의종을 시해한 역적을 없애기 위한 것이라는 명분을 제시하였다. 이런 사실은 단순히 보자면 망이·망소이 등은 의종시해에 대한 반발이 없었다고 볼 수도 있다.[116] 그러나 노약순이 이를 시도했다는 점은 의종 시해자의 처단이라는 명분에 망이 등이 쉽게 동조할 것이라고 생각했다는 사실을 알 수 있다. 즉 노약순 등이 이를 명분으로 삼은 것은 망이·망소이 등을 포섭하기 쉽다고 보았기 때문이다.

명학소민들은 처음부터 기존 사회질서를 부정하지 않았다. 망이·망소이가 '산행병마사'라는 무신 관직을 자칭한 것도 이를 설명해준다. 물론 이 관직은 주변 지역민들을 자기 집단으로 불러들이는 일에 도움이 되었을 것이다.

그러나 고려정부는 조위총의 반란 등으로 인해 망이·망소이를 토벌할

---

114) 이 점은 봉기 이후 명학소를 충순현(忠順縣)으로 승격시키고 그곳에 현령이 파견되었다는 점에서 유추할 수 있다.

115) 『고려사절요』 권12, 명종 6년 9월.

116) 이에 관해 망이·망소이 등은 소민과 유망농민을 주축으로 봉기하였기 때문에 의종시해를 문제로 삼는 세력에 대해 비판적이었을 것이라는 견해가 있다(김호동, 2003, 「명학소민 봉기의 결과와 역사적 의미」 『한국중세사연구』 15, 161쪽).

능력이 없었다. 중앙정부가 보낸 '장사 3천명'은 당시 동원 가능한 최대한의 숫자였을 것이다. 이는 중앙의 정규군을 보낼 수 없다는 의미였다.

망이·망소이의 반란군은 몇 달만에 가야사(伽倻寺)를 침략할 정도로 성장하였다.117) 그 직전 미륵산의 도적이 항복하였는데, 이들은 망이·망소이와 관련이 있을 것이다.118) 이후 망이·망소이 군대는 경기도의 황려현과 충청도 진주(鎭州)까지 세력을 넓혔다. 그리고 다음 달에는 청주(淸州)를 제외한 그곳 관할 군현을 모두 함락시킬 정도로 세력이 강해졌다.119) 망이·망소이가 재봉기한 이유는 다음과 같다.

> 망이(亡伊) 등이 홍경원(弘慶院)을 불태우고, 살고 있던 중 10여 명을 죽이며, 주지승을 협박하여 편지를 가지고 서울로 가게 하였는데, 그 대략의 사연에, "이미 우리 고을을 승격시켜 현(縣)으로 하였으며, 또 수령을 두어 위안·무마하게 하고는, 곧 다시 군사를 동원하여 와서 토벌하고 나의 어머니와 아내를 잡아 가두었으니, 그 뜻이 어디에 있습니까. 차라리 칼날 아래에 죽을지언정, 종국에 항복한 포로는 되지 않겠습니다. 반드시 왕경(王京)에 이르고야 말겠습니다."라고 하였다.120)

편지에 있는 가족의 체포가 망이 등의 재봉기의 원인이었다. 홍경원은 충청도 직산현(稷山縣)에 있는 사찰로 고려 현종대 건립된 절이다.121)

---

117) 『고려사절요』 권12, 명종 7년 2월.
118) 미륵산은 충청도 청주 인근에 위치한다(『新增東國輿地勝覽』 권15, 충청도 청주목 산천). 양자의 관련성은 추정이지만, 이는 훗날 망이·망소이의 부대가 청주 인근 지역으로 진출하는 것과 관련이 있다.
119) 『고려사절요』 권12, 명종 7년 2월 ; 3월.
120) 『고려사절요』 권12, 명종 7년 3월.
121) 『신증동국여지승람』 권16, 충청도 직산현 학교.

이 절은 교통로 상의 요지에 위치하고 있어서, 망이·망소이는 홍경사가 축적한 경제력을[122] 취득한 이후에 개경으로 진격하려는 의도를 보였다.

중요한 것은 망이 등의 발언이다. 고려 정부는 우선 명학소를 충순현으로 올리는 무마책을 쓴 후에, 다시 본격적인 토벌에 들어갔다. 일종의 시간 끌기를 위한 작전이었다. 앞서 망이 등이 양온동정 노약순 등과의 제휴를 거부한 것은 고려정부와의 타협책을 받아들인 결과였다.

망이 등은 고려정부에 대한 배신감 때문에 이번에는 끝까지 싸울 것이라고 분노하였다. 당시 체포된 가족은 망이·망소이의 가족만은 아니었을 것이며, 명학소민 중에서 봉기에 가담한 많은 가족들이 정부의 체포 대상이 되었을 것이다.

가족의 체포는 사회적 분노가 저항으로 폭발하는 가장 커다란 계기가 되었다. 그 결과 망이의 부대는 청주 인근까지 장악하였지만, 감정적인 분노만으로 계속적인 성공이 어려웠다. 사회적 분노는 시간이 지나면 다시 '냉정'으로 바뀌고, 집단 내부의 결속력을 급격하게 떨어트린다. 청주 함락의 실패와 정부의 충순현을 다시 전환시킨 일은 망이·망소이 집단 내부의 균열을 가져왔을 것이다.[123]

이 사건 이후 반란에 참여한 남적(南賊)은 망이·망소이의 지도력에 대한 불신과 불만을 가졌을 가능성이 있다. 이런 불만은 남적 내부에서 망이 등을 따르는 부류와 이탈하는 사람들을 구분 짓게 하였을 것이다. 결국 망이는 자신의 편지 내용과 다르게 정부에 항복을 요청하였고,

---

122) 사찰의 규모는 건립 당시 200여 칸의 건물과 별도의 객관 80칸을 지녔다. 교통로 상의 요지이기에 마초(馬草)를 갖추고 행인들에게 제공했기에 이곳을 통한 교역이 활발했을 것이다. 따라서 이 절에 쌓인 경제력은 적지 않았을 것으로 추정된다.

123) 충순현의 삭제는 또다시 이전의 명학소와 비슷한 행정적 위상을 지니게 되었음을 의미한다. 이 조치는 망이·망소이의 재봉기에 대한 보복적 조치였다. 따라서 명학소의 일부 주민들은 재봉기에 대한 불만을 지녔을 수 있다.

병마사 정세유(鄭世猷)는 이들을 청주옥에 투옥시켰다.[124] 이들의 항복요청은 망이·망소이와 지도자급 인사들의 처형만으로 봉기를 마무리 하려는 의도에서 이루어졌다.

사회적 분노로 폭발한 힘은 이제 현실적 한계에 부딪쳤다. 이처럼 사회적 분노의 힘은 어떤 계기를 통해 저항으로 폭발하지만, 시간의 흐름에 따른 감정적 힘은 제한적일 수밖에 없었다. 감정적 분노는 사회질서를 부정하는 방향으로 가는 힘을 갖지만, 시간이 지남에 따라 질서를 희구하는 감정으로 한계를 지닐 수 있다.

명학소민과 달리 사회 최하층인 노비층의 반란이 두드러진 것도 이 시기의 특징이다. 전통적인 시각에서는 노비층에 대한 사회적 억압에 대한 반발을 중요한 요인으로 꼽았다. 반면에 노비층의 지위상승이 오히려 중요한 원인으로 일찍이 지적되기도 하였다.[125] 그렇다면 이 지위상승이 노비들에게 준 심리적 영향은 무엇인가를 규명될 필요가 있다.

당시 가장 대표적인 노비 반란은 만적(萬積) 등이 주동이 된 개경의 반란 모의다. 『고려사』에는 이 모의에 대해 다음과 같이 나온다.

원년에 사동(私僮) 만적 등 6명이 북산으로 나무하러 가서 공사 노예를 모아놓고 모의하길, "국가에서는 경인년 이래 주자(朱紫 : 고위 관직)가 천예(賤隷)에서 많이 일어났다. 장군이나 재상이 본래 씨가 있겠는가. 때가 오면 가능한 것이다. 우리 무리가 어찌 채찍 아래에서 뼈 빠지게 일만 해야 하는가."라고 하니 여러 노비들이 모두 그렇다고 하고 누런

---

124) 『고려사절요』 권12, 명종 7년 5월.
125) 대표적 연구는 邊太燮, 1971, 「萬積亂 발생의 사회적 소지」 『高麗政治制度史硏究』, 일조각. 최충헌은 사회질서 확립을 위해 신분제 사회의 복구를 요구하였으며, 하층민은 이 때문에 최충헌 정권에 반항하게 되었다고 하였다.

종이 수천 장을 썰어 모두 정(丁)자를 새겨 표식으로 하고 약속하길, "우리들은 흥국사(興國寺) 낭하로부터 구정(毬庭)에 이르는 사이에서 일시에 집결하여 북치고 고함치면 궁중에서도 환관들이 반드시 내응할 것이다. 관노(官奴)들은 안에서 죽이고, 우리들은 성 안에서 봉기하여 먼저 최충헌 등을 죽이고 이어 각자 주인을 때려죽일 것이다. 그래서 천적(賤籍)을 불태워 버려 삼한(三韓)에 천인(賤人)이 없게 하면 공경장상(公卿將相)을 우리 무리가 모두 얻게 될 것이다." 기일이 되어 모두 모였는데, 무리가 수백 명을 채우지 못하여 일을 이루지 못할 것을 두려워하여 보제사(普濟寺)에 다시 모일 것을 약속한 후에 경계하여 말하길, "일의 비밀을 보장 못하면 성사되지 못하니 누설하지 않도록 조심하라."고 하였다.126)

만적이 누구의 개인 종인지 명확히 나오고 있지 않지만, 최충헌에게 속해 있었을 가능성이 있다.127) 만적은 반란 계획을 수립하고 노비들을 모아 조직을 구성하였다. 그는 평소 최충헌의 개인적 일을 맡아 처리했을 것이고, 이 과정에서 다른 노비들과의 교류나 정보 교환 등을 해왔다고 할 수 있다.

만적은 이를 통해 다른 노비들의 개인적 불만을 집단적인 것으로 변화시켰다. 노비들이 지닌 사회적 욕망과 그것이 분출될 수 있는 장(場)이 어떤 것인지를 파악했던 것이다. 과거 신분제 하에서 노비들의 욕망은 분출될 수 있는 장이 없었다. 노비들에게 신분 상승이란 것은 보다 나은 삶으로 가는 통로였지만, 현실에서는 실현되기 어려웠다.

---

126)『고려사』권129, 열전42, 반란3, 崔忠獻.
127) 일차적 이유는 만적이 개인 종으로 표기되어 있고,『고려사』의 최충헌 열전에 수록되어 있다는 점이다.

무신정변 이후 고위직에 무신들이 올라감에 따라,[128] 노비층의 사회적 상승 욕구가 분출되기 시작하였다. 당시 노비 평량(平亮)과 같은 사례는 이를 보여주는 대표적인 경우이다.[129] 상승 욕구는 이들이 집단화할 수 있는 공감대로 작용하였다. 즉 현재 천역에 종사하는 자신들도 힘을 갖추면 현재의 삶에서 탈출할 수 있다는 공감대였다.

"장군이나 재상이 본래 씨가 있겠는가"라는 말은 혈통적 신분을 부정하고, 이를 통한 집단적 공감을 얻을 수 있는 구호였다. 중요한 점은 고려시대 동안 한번도 이런 구호가 등장하지 않았다는 사실이다. 또한 이 말에는 사회적 분노를 바탕으로 한 공감요소가 포함되어 있었다.

당시 노비 반란이 있었지만 이처럼 신분해방을 외친 경우는 거의 없었다. 만적을 포함한 주동자 6명이 이를 주장한 것은 그만큼 노비들의 공감대를 형성할 수 있다고 보았기 때문이다. 이들의 인적 연결망은 당시 공사 노비들의 상당수의 사람들에게까지 연결되어 있었다. 따라서 만적 등이 준비한 표식을 위한 노란 종이는 수천 장에 이르렀다. 또한 무신정권에 반감을 지닌 궁궐 내의 환관까지 그들의 포섭대상에 포함되었다.

그러나 봉기에 실제로 나온 인원은 수백 명이었다. 이들의 구호가 노비층 내부의 욕망을 대변하였지만, 그것이 사회적 분노로 폭발하여

---

128) 대표적 사례는 이의민(李義旼)을 들 수 있지만, 조원정(曹元正)처럼 모친이 관기(官妓)인 경우도 있었다. 대표적인 인물 이외에도 이들과 결탁되어 출세한 인물들도 많았을 것이다.

129) 사노비 평량(平亮)의 신분 상승 사례는 이들의 욕구를 잘 보여준다. 평량은 소감(少監) 왕원지(王元之)의 비서(婢壻)였는데, 왕원지와 그의 집안사람들을 살해하였다. 당시 평량은 견주(見州)에서 농사를 통해 부유하게 되자 권력자에게 뇌물을 주어 천인의 신분을 면하였다(『고려사』 권20, 세가20, 명종 18년 5월 丙辰). 그의 신분상승 욕구는 왕원지 일가에 대한 살인으로까지 발전하였던 것이다.

행동까지 이어지는 단계가 되지 못했던 것이다. 결국 만적의 반란음모는 율학박사(律學博士) 한충유(韓忠愈)의 사노인 순정(順貞)의 고발로 발각되게 된다. 이때 처벌대상은 만적 등을 포함한 100여 명이었는데, 이들 이외의 남은 무리들은 불문에 붙여졌다. 모두 처형하기에는 많은 연루자들이 있었고, 이들은 실제 행동에 거의 참여하지 않았을 것이기 때문이다.

노비의 억압된 분노와 욕망은 사회적 지위 상승을 위한 행동으로 나서게 했지만, 그 이상으로 많은 노비들은 이를 위한 무력 사용과 주인에 대한 배신을 꺼려하였다. 그들의 심리 속에는 현재 처지를 벗어나려는 의지 이상으로 현실 안주적인 심성이 강하였을 것이다. 왜냐하면 노비 대부분은 현실적 차별이 당연한 것이고, 현 지위의 변동보다 거사 실패에 대한 두려움과 불안이 컸기 때문이다. 물론 만적 등의 지도부에 대한 불신이 또 다른 실패요인이었을 것이다.

만적은 궁궐 근처의 흥국사에 모여 세력을 과시하고 최충헌을 위시한 노비의 주인 살해를 행동 방침으로 제시하였다. 특히 주인의 살해라는 방침은 상당수 노비층의 이탈을 불러왔을 것이다. 노비 주인의 억압이 심한 곳도 많았겠지만, 노비 중에는 주인에 대한 충성 내지 살해라는 방식의 과격성에 심리적 부담감을 가졌을 것이기 때문이다. 그 결과 봉기를 약속한 날에 이들은 수백 명만이 모이게 되었다.

사실 이들의 계획은 무신정변 자체와 크게 다르지 않은 허술한 것이었다. 노비 주인들을 자기 집단과 다른 악(惡)으로 설정하고, 이들에 대한 분노를 결집시키려 하였다. 그럼에도 양자의 차이는 평소 무력 능력과 이들의 훈련 부족에 있었다. 또한 발각에 대한 두려움은 조직 내부의 순정과 같은 고발자를 만들어 냈다.

이처럼 사회적 분노가 저항 의식으로 연결되기는 하지만, 이것이 행위로까지 변환될 때에는 집단감정만으로 지속되기 어렵다. 사회적 분노가 사회변화로 이어질 때까지는 여러 단계의 전개와 행위가 필요하기 때문이다.

인간의 욕구는 항상 소망과 실현을 위한 노력으로 이어진다. 이것이 사회적으로 좌절될 경우에 개인적 분노가 쌓이게 되면서 차츰 집단화하게 마련이다. 고려시대의 집단적 분노가 폭발하는 경우는 여러 가지가 있겠지만, 여기서는 주로 무신정변과 그 이후 시대를 중심으로 살펴보았다.

이 시기는 사회적 분노가 분출되면서 반란과 혼란이 심화되었던 때였다. 무신정변이 이런 혼란을 제공한 계기였다. 무신정변은 정중부 개인의 분노가 이를 기획하게 된 계기로 『고려사』에 기술되어 있지만, 한 개인의 분노가 집단화하는 것은 일정한 경로가 필요하였다. 의종은 환관, 엘리트 문신, 무신들을 자신의 측근세력화하는 것으로 안정화를 꾀하였다. 그렇지만 이 방식은 세 집단 내의 경쟁을 불러일으켰으며, 여기서 탈락된 무신들을 동일집단적 감정을 갖게 만들었다. 이것은 무신의 내집단(內集團) 내부의 동질성과 함께, 다른 집단에 대한 배타성 및 적대감으로 드러나게 되었다.

의종은 미신적인 힘과 권위, 그리고 잔치와 같은 유흥으로 자신의 지위를 과시하려 하였다. 그렇지만 이런 행위들은 재정적 압박과 무신 및 민들의 불만을 야기시켰다. 무신들의 사회적 불만은 오병수박희 사건을 통해 결정적으로 결집되었으며, 무력을 동반한 정변으로 이어지게 되었다. 특히 그들의 문신과 환관 등에 대한 적대감은 이후에도 계속되었으며, 문신 살해와 환관의 배제와 같은 조치들로 이어지기도 하였다. 과거 문무반의 대립이 잠재해 있었겠지만, 두 세력의 무력대결로 이어질 필요는 없었다. 그렇지만 정변이란 상황은 잠재적 대립을 사회적 분노로 폭발시켰던 것이다.

한편 차별에 따른 분노는 일정한 역사적 계기에 의해 폭발한다. 무신정변도 다르지 않았지만, 지역행정에서의 차별은 중세시대 지속되어 왔던 것이다. 특수행정구역인 소에 대한 차별은 경제적인 것과 함께 유래되었을 가능성이 크다. 이들은 천민이 아니었지만 사회적 시선은 그에 가까운 존재로 여겨지게 되었다. 그렇지만 사회적 차별이 곧바로 저항이란 행위와 연결되는 것은 아니다.

사회적 저항은 공주 명학소의 반란으로 드러나게 되었는데, 그들의 목표와 이유가 뚜렷하지는 않았다. 다른 지역과 동시다발적인 반란이 아니기에 공주 지역 부근의 내재적 문제와 관련되었을 가능성도 있다. 그것은 명학소에 대한 충순현으로의 전환으로 이 반란의 일차적 종식이 이루어졌다는 점에서도 찾을 수 있다. 그렇지만 이들의 사회적 저항과 분노는 망이 등의 가족 체포와 함께 폭발하였다. 다만 그 폭발력은 청주 함락에까지 미치지 못하면서, 그 추동력을 급격하게 상실하였다. 그 배경에는 집단 내부의 분열과 함께, 사회적 분노가 지녔던 감정적 힘의 약화에 있다고 할 수 있다. 반란의 진행과 시간 경과는 사회적 분노를 약화시키고, 이들의 저항 포기로 이어지게 된다. 명학소민 등과 같은 사회적 저항은 당시 사회 내부의 질서를 깨트리지 않는 가운데 벌어졌다. 즉 소에 대한 세금과 행정 차별을 없애는 것이 기본적인 목표 중에 하나였기 때문이다. 비록 이들이 개경으로 향하려 하였지만 청주 점령실패 이후로부터 집단 내부의 분열이 가속화되었다.

또한 삼한의 노비를 없애려 했던 만적의 반란 역시 비슷한 유형을 지녔다. 만적의 반란은 이 시기 노비층의 사회적 욕망을 대변하고 있지만, 이를 실현하는 방식에 대한 생각은 다양하였다. 만적은 자신들의 주인들을 죽이고 노비의 호적을 없애려 하였지만, 이는 상당수의 노비들을 오히려 불안하게 만드는 심리적 요소가 되었다. 사회적 분노의 결집은 어느 정도 가능하였지만, 이 결집이 사회적 행동으로 가속화될 때까지 여러 단계를 거쳐야 했다. 심리적 불안과 안정추구는 상당수 인간들의 보수적 행위를 설명해주는 요인이다. 노비들이 스스로 자신들의 주인을 죽인다는 목표는 많은 노비들의 참여를 망설이게 만들었다. 노비들은 신분제 사회 속에서 오랫동안 살아왔기에 이런 목표제시가 이들에게 심리적 부담으로 작용하였을 것이다.

이처럼 사회적 분노는 저항 의식으로 쉽게 연결될 수 있지만, 이 의식이 행동으로 변환될 경우에는 집단감정만으로 계속 지속되기 어렵다. 원래 사회적 분노는 여론의 폭발과 심리적 갈등을 가져오지만, 이것이 집단 행동화할 경우는 그에 따른 우연적 사건이나 시간적 지속성을 지녀야 하는 것이다.

그런 점에서 무신정변, 명학소의 반란과 만적의 난 등은 한국 중세사회에서 차별과 저항의식, 그리고 사회적 분노가 어떻게 행위로 이어지는가를 볼 수 있는 좋은 사례라고 할 수 있다.

3. 삶과 죽음에 대한 가치와 운명론

인간들이 지닌 가치관은 사회를 지탱하는 뿌리이다. 이 가치관은 종교나 관습, 그리고 도덕 등에 기초한다. 고려시대 사람들도 나름의 가치관을 지녔다. 이런 가치관 중에서 가장 핵심은 인간의 삶과 죽음에 대한 것들이다. 왜냐하면 인간의 삶과 죽음에 대한 생각은 철학이나 사상의 출발점이 된다.

보통 삶과 죽음에 대한 생각은 인생관으로 불리기도 한다. 우리는 고려시대인이 추구했던 삶 속의 기쁨과 슬픔의 가치가 그들의 인생관 속에 녹아있다고 판단한다. 이 속에서 당시인이 삶 속에서 추구한 목표와 가치가 어떤 것인지를 보려하는 것이다.

또한 죽음이란 삶에서 가장 두려움과 슬픔을 주는 요소 중에 하나다. 대개의 사람들이 느끼는 두려움과 슬픔은 비슷하겠지만, 이를 표현하는 방식은 다를 수 있다. 특히 두려움과 슬픔을 극복하기 위한 방식은 다양할 수 있다. 물론 이 방식은 대개 종교와 믿음에 의존하는 경우도 많다. 때로는 삶과 죽음을 하나의 연속적인 것으로 여기거나, 인간의 힘이 닿지 않는 운명과 이를 연관 짓기도 한다.

이 같은 문제들이 기존 연구에서 전혀 탐구되지 않은 것은 아니다. 그러나 상당수의 연구들이 불교 등과 관련된 종교적 관점에서 이를 다루었다. 특히 삶과 죽음에 대한 감성과 그에 따른 가치를 연결해 보는 연구들은 별로 많지 않다.

여기서는 주로 고려시대 사람들이 남긴 묘지명 자료를 중심으로 이 문제를 살펴보려 한다. 묘지명은 한 개인의 인생을 압축해 담으려 했기에, 그들의 삶 속에서의 생각과 가치를 이해하기 쉬운 자료이다. 물론 묘지명은 한 개인의 업적과 생애를 돋보이기 위해 작성한 것이라서 일정한 한계가 있다.

또한 묘지명의 대상자와 작성자들이 주로 관료와 승려 등으로 국한된다는 문제가 따른다. 즉 묘지명 작성자들이 주로 유학(儒學)에 바탕을 둔 글을 쓰고 있다는 점을 지적해 둘 필요가 있다. 따라서 묘지명에는 유학적 가치가 배어 있는 경우가 많다. 또한 묘지명의 대상자들이 사회의 지배계층이라는 사실도 지적해야 한다. 이들의 가치관이 전 사회계층을 대표할 수 없다는 점이 또 다른 이 글의 한계가 될 것이다.

그럼에도 우리는 고려시대인의 감성과 가치를 다루는 작업을 시작해야 한다. 이로 인해 그들의 세계관과 행동 방식에 대한 이해가 더욱 진전될 수 있기 때문이다.

1) 삶과 죽음에 대한 사유

고려시대 묘지명에는 당시 사람들이 삶과 죽음에 대한 생각들이 담겨 있다. 묘지명은 죽은 자들이 영원히 그들의 이름을 남기고, 뒤를 이은 사람들이 그들을 기억하고 추모할 수 있는 수단이었다.

그들에게 삶과 죽음이란 어떤 것일까? 묘지명에는 이런 단순한 말이 등장한다.

삶이란 기(氣)가 모인 것이고
죽음이란 기가 흩어지는 것이라[130]

묘지명은 죽은 이를 위한 것이기 때문에, 여기서 복잡하게 삶과 죽음에 대해 말할 필요는 없을 것이다. 특히 묘지명은 글씨를 새겨야 하는 것이라서 너무 복잡하고 많은 내용을 담을 이유가 없다. 위 묘지명의 주인공은 숙종대 활동했던 승려이지만, 여기서 삶과 죽음이란 기(氣)의 작용으로 보고 있다. 즉 유학적 시각에서 삶과 죽음을 보고 있는 것이다.

이러한 기의 작용에 대해 자세한 내용은 이언충의 묘지명에 등장한다.

---

130) 김용선 편저, 1993, 「(僧) 柳昶雲 묘지명」 『高麗墓誌銘集成』, 한림대. "生兮氣之聚 死兮氣之離." 이하 묘지명은 모두 이 책에서 인용했으며, 따로 책 제목 등을 표시하지 않을 예정이다.

사람은 음(陰)과 양(陽)을 바탕으로 하여 태어나는 것이니, 태어남은 기운이 모여서 되는 것이요, (그 기운이) 흩어지면 즉 죽는 것이다. 그 사이에서 빈궁하게 되거나 현달하는 일, 얻거나 잃는 일, 길거나 짧은 일, 더디거나 빠르게 되는 일이 또한 각각 그 바탕에서 말미암는 것이므로, 괴이하게 여길 일이 없다. (그러나) 만약에 그러한 줄만 알고 갈고 닦지 않는다면 마침내는 초목과 함께 썩고 말아 알려지지 않게 될 것이니, 이는 또 이른바 하늘과 땅[二儀] 사이에 참여하고 만물 중에 신묘한 존재가 아닌 것이다.[131]

이 묘지명을 지은 사람은 최해(崔瀣)이다. 그는 사서(四書)를 시험에 채택한 원의 과거에 급제한 인물이라서 성리학에 대한 이해가 있었다.[132] 그렇지만 성리학이 아니더라도 위와 같은 기의 응집(凝集)에 대한 생각은 중국에서 오래 전부터 전승되어 왔다.[133]

조선을 건국했던 정도전(鄭道傳) 역시 이와 비슷한 해석을 하고 있다. 그는 『주역』에서 "처음을 근원으로 하여 마지막을 돌이켜 보기 때문에 죽고 사는 설명을 알게 된다."[134]고 하는 구절을 다음과 같이 해석한다.

천지의 조화가 비록 생생하여 다함이 없으나, 모임이 있으면 반드시 흩어짐이 있으며, 태어남이 있으면 반드시 죽음이 있다. 처음[始]에

---

131) 김용선 편저, 「李彦冲 묘지명」 위의 책, "人稟陰陽 以生生爲氣聚 散則爲死 其閒 窮達得喪脩短遲疾 亦各人其所稟 無可怪者 拘委其然 不加以脩 則其卒 與草木同 腐泯 焉無聞 又非所謂參二儀 妙萬物者矣."

132) 고혜령, 2001, 『고려후기 사대부와 성리학 수용』, 일조각, 254~258쪽.

133) 赤塚忠외 지음, 조성을 옮김, 1987, 『중국사상개론』, 이론과실천, 109쪽. 기의 모임과 흩어짐이 삶과 죽음이 된다. 이와 같은 생각이 삶과 죽음의 끊임없는 윤회라고 하는 사유에 기초가 될 것이다.

134) 『주역』 권22, 繫辭上傳, "原始反終 故知死生之說."

근원하여 모여서 태어남을 안다면 그 후에 반드시 흩어져 죽는 것을
알 것이다.[135]

원래 유학에서는 혼(魂)과 백(魄)으로 대표되는 영혼관을 지녔는데,[136]
이를 발전시켜 기의 모임과 흩어짐으로 죽음을 설명한다.[137] 기의 모임과
흩어지는 것이 순환의 구조를 지니고 있기에, 죽음이란 삶과 짝을 이룬다.
말하자면 삶이 있으면 죽음이 반드시 오게 된다는 해석이 가능하다.
그리고 양자는 하나로 묶어 설명되는 논리이다.

한편 앞서 이충언 묘지명에는 운명론적 사유가 은연중에 드러나고
있다. 즉 인간의 부귀나 출세와 같은 것들은 이미 바탕에 정해진 바가
있다고 한다. 이런 주장에는 정해진 이치에 따라야 한다는 숙명론적인
생각이 깔려 있다.

그렇지만 묘지명에는 숙명적으로 따르는 것보다, 오히려 인간 자신의
수양을 강조하고 있다. 이 점이 인간이 지닌 '하늘과 땅이라는 자연'
속에서의 존재 의의라는 것이다. 이것이 유학적인 사생관과 운명론을
대변한다.

그러나 모든 고려시대인이 이러한 유학적인 사생관을 지녔다고 볼
수 없다. 불교가 사회의 신앙을 대표하기 때문에 승려들의 사생관에도
주목할 필요가 있다.

A. 대개 인생이란 마치 번갯불과 같이 신속하며 바람과 같이 지나가고

---

135) 鄭道傳, 『三峰集』 권5, 불씨잡변, 불씨윤회의 변.
136) 이에 대해서는 나희라, 2008, 『고대 한국인의 생사관』, 지식산업사, 23쪽 참조.
137) 이규보의 묘지명에서도 하늘이 넋을 빼앗고, 땅은 육신을 가졌다는 표현이
    등장한다. 이것 역시 혼백으로 보는 유학적 시각을 뒷받침한다.

별이 사라지면 해가 뜨는 것과 같은 것이다. 나는 지금 곧 무물(無物)의 세계로 돌아가려 하니 너희들은 슬퍼하지 말라.[138]

    B. 사람이 태어날 때는 기운이 한 곳에 모였지만 이제 나는 곧 무물(無物)로 돌아가려 한다.[139]

양자 모두 승려들이 죽기 직전에 남긴 말이다. A의 경우에는 삶이 자연법칙과 같이 순환하는 것이기에 슬퍼할 필요가 없다고 말한다. B는 유학적 시각과 비슷해 보이지만, 묘지명 원문에서는 기(氣)에 대한 표현이 따로 없다. 두 자료 모두가 죽음이 '무물(無物)'로 돌아간다는 점에서 공통적이다. '무물'은 불교의 '공(空)'과 비슷한 의미를 지녔으며, 이것은 현실 세계의 '허무함'과 통한다.[140]

이 허무함은 삶이란 것을 하나의 꿈으로 보는 시각과 상통한다. 예종 때 문하시랑까지 지낸 임의(任懿)는 평소에 불경을 열심히 읽었다. 그는 "내가 생각하기에 백 년을 산다고 해도 한갓 꿈과 같다."고 주장했다.[141] 평소에 보았던 불경 때문에 그는 삶을 약간 허무적으로 해석한다.

한편 유학에서 기(氣)의 집산(集散)과 '무물'로 돌아간다는 것이 동일한 것은 아니지만, 순환이란 관점에서는 둘 다 죽음의 슬픔을 극복할 수 있는 근거를 제공해 준다. 이 문제는 뒤에 살펴보기로 한다.

---

138) 이지관, 1995, 「죽산 칠장사 혜소국사탑비문」 『교감역주 역대고승비문 고려편2』, 가산불교문화원, 327쪽. "夫人生者 譬若電焱宵風 星霓曉日 予今欲復歸無物 汝等不敢毀傷."

139) 이지관, 1995, 「원주 거둔사 원공국사 승묘탑비문」 위의 책, 251쪽. "奈因生也 有飃遽欲復於無物."

140) 이런 면은 「권적 묘지명」에 나오는 다음 내용과 유사하다. "옛사람들은 태어나는 것이 잠시 오는 것이며, 죽음이란 잠시 돌아가는 것이라고 하였다." 여기서도 자연순환적 입장을 보이고 있다.

141) 김용선 편저, 「임의 묘지명」 앞의 책.

죽음을 피할 수 없다는 것은 누구나 알고 있는 사실이다. 그렇기 때문에 역설적으로 삶의 애착이나 소망의 실현이 커질 수 있다. 다음의 얘기는 그러한 사례다.

아, 죽음이란 사람은 누구나 면할 수 없는 것이다. 요(堯)와 순(舜) 같은 성인과, 우왕(禹王)·탕왕(湯王)·문왕(文王)·무왕(武王)과 같이 덕(德)이 있는 분이나, 주공(周公)·공자(孔子)·맹자(孟子)와 같이 현명한 이들도 죽었으니, 태어나 죽음을 맞는다는 것은 마치 낮과 밤이 서로 번갈아 들고, 추위와 더위가 서로 대신하는 것과 같다. 그러한 즉 어떻게 죽음만을 미워하고 삶만 좋아할 수 있겠는가. 그러나 애석한 일은 특별한 공명을 아직 세우지도 못하였는데 서둘러 멀리 떠나가야 하는 것이니, 처자와 친구들 에게는 평생 슬프고 아픈 고통이 될 뿐이다.[142]

죽음은 유교의 성인까지 누구에게나 찾아온다. 사람이 죽는 것은 낮과 밤이 바뀌는 것처럼 하나의 자연적 순환현상이다. 이 점은 앞의 논리와 다를 바가 없다. 그러나 이 묘지명의 필자는 죽음이 슬프고 고통스럽다고 말한다.[143] 물론 묘지명이라는 점에서 이런 슬픔의 표현은 형식적일 수 있다.

그럼에도 주목되는 점이 있다. 묘지명 필자가 애석하게 생각하는 일이 '공명(功名)을 아직 세우지 못한' 것이라는 사실이다. 이 말은 묘지명의

---

142) 김용선 편저, 「박황 묘지명」 앞의 책, "嗚呼 死者人之常 而所不免也 堯舜之聖 禹湯文武之德 周公孔孟之明 而死 則生之有死 若晝夜之相代寒暑之相謝 則奚足惡死而 樂生哉 所可惜者 特功名未立 而遽然長往 爲妻拏朋友 百歲悲傷之痛耳."

143) 이 글의 필자는 박황의 문인이던 어서유원관(御書留院官) 최급(崔伋)이다. 그런데 박황이 과거를 관장했던 적이 없던 것으로 보아 최급은 박황에게 개인적으로 배웠던 관계로 보인다. 최급은 인종 17년 6월에 김부식을 지공거로 하여 과거에 급제했다(『高麗史』 권73, 지27, 선거1 과목1).

주인공 박황이 나이 50세에 죽을 때까지 관료로 출세하지 못했던 것을 안타까워하면서 제시하였다.[144] 이처럼 죽음과 짝이 되는 삶 속에서 소망 실현이란 꿈이 드러나고 있고, 이는 그들의 세속적 가치를 이루는 정서가 된다.

삶과 죽음이 자연법칙이라고 하지만 고려시대인은 이를 관장하는 주체가 없다고 보았을까? 이 질문은 인간의 수명이나 운명의 존재 여부와 통한다. 당시 답변은 오늘날에도 통용되는 말이다.

죽고 사는 것과 화(禍)와 복(福)은 하늘에 달려있는 것이니 조금도 마음에 맺힐 것이 없습니다.[145]

이 말의 주인공인 허재(許載)는 인종대 초반에 병부상서에 임명되었다가 권력자에 의해 벼슬에서 물러나게 되었다.[146] 그는 요직에서 물러난 것을 하늘의 뜻으로 생각했다. 즉 벼슬은 하늘이 정해준 운명으로 치부하고 본인은 이를 통해 쉽게 감정적인 포기를 하고 있다. 여기서 벼슬의 위상에 대한 부침이 인생의 화와 복으로 여겨진다. 이런 허재의 인생관은 자신의 인생 경험과 무관치 않을 것이다. 허재는 윤관이 개척한 9성

---

144) 묘지명에 따르면 박황의 증조부는 문하시중이었지만, 아버지 박경원은 금오위 장사였다. 본인인 박황은 서경전덕흥사부녹사(西京全德興士部錄事)와 도염령을 마지막 관직으로 역임하였다. 따라서 박황의 집안은 시간이 지날수록 점차 사회적 위상이 낮아진다고 여길 수 있다. 그런 점에서 박황의 출세에 대한 미련이 더욱 크게 부각될 것이다.

145) 김용선 편저, 「허재 묘지명」 앞의 책, "死生禍福天也 曾不芥蒂."

146) 허재가 관직에서 물러난 것은 그가 척준경의 비호로 풍주방어사에 임명되었다는 점에서 알 수 있다(『高麗史節要』 권9, 인종 4년 6월). 이후 허재가 풍주방어사를 마치고 돌아온 후에 병부상서에 임명되었다. 그런데 인종 5년 3월에 척준경은 암타도로 유배가게 된다. 이때 허재의 관료 생활에 위기가 왔을 것이다. 단 그를 관직에서 축출하려 한 권력자가 누구였는지는 분명치 않다.

가운데 길주성에 들어가 여진족과 큰 전투를 겪었다.[147] 당시 경험이 그를 이러한 운명론자로 만들었을 수 있다.

이때 '하늘'이란 신앙적 성격을 강하게 가진 것은 아니며, 추상적이다. 이 '하늘'이 가진 운명에 대한 주재성은 고려시대인이 흔히 말하는 '조물주'와 그 성격과 비슷하다. 1149년(의종 3)에 죽은 황보양의 처 김씨의 경우는 조물주가 그를 저 세상으로 데려갔다고 한다.

> 아, 조물주(造物主)시여, 부인은 어디로 갔습니까. 무덤[壽宮]의 숲 무성한 데 흰 구름 그 위를 나네. 허공에 기대어 기운을 타서 티끌 같은 세상, 허물 벗듯 벗어나 희미한 세상으로 갈 줄을 어찌 알았으리요.[148]

황문통(黃文通)이 지은 이 묘지명에서 현재 세계는 티끌 같은 세상이고 죽음은 이곳을 벗어난 것으로 표현하고 있다. '조물주'란 말은 『삼국사기』나 『삼국유사』에 등장하지 않고 있어, 언제부터 쓰였는지는 알 수 없다. 그러나 고려시대 '조물주'란 말은 자료상에 많이 등장한다. 일례로 무신집권기에 임춘(林椿)은

> 선생은 깨끗하여 진세 사람 아니니
> 갑자기 바람 불어 옥수(아름다운 용모) 꺾이다니
> 상제(上帝)가 이미 장길(長吉)을 불러갔나
> 해산(海山)이 일찍 낙천(樂天) 오길 기다렸네

---

147) 그는 성이 거의 함락되려 했을 때, 겹성을 쌓아 방어에 성공했다. 이후 130여 일 동안 여진족과 계속 전투를 진행했다.

148) 김용선 편저, 「황보양 처 김씨 묘지명」 앞의 책, "嗚呼造物 夫人將安歸 壽宮鬱鬱 白雲其飛 庸詎知憑虛 馭氣蟬蛻乎 塵垢之境."

생전의 시문은 사람들이 보배로 여겼으나

드높은 명성을 조물주가 시기했네[149]

라고 하였다. 임춘은 죽은 정학사(鄭學士)의 재주를 높이 평가하기 위해 조물주를 등장시킨다. 그는 조물주가 인간의 생사여탈을 주재한다고 인식하였다. 다시 말해서 그는 인간의 수명을 관장하는 주체를 조물주로 본 것이다. 이처럼 고려시대인은 하늘과 조물주가 인간의 운명을 장악하고 있다고 생각했다. 단 개인 운명을 관장하는 '조물주'와 '하늘'이란 존재가 고려시대 신앙과 숭배의 대상인지 여부는 별개 문제다.[150]

결국 인간 운명에 대해 문제가 생기면 하늘이나 조물주에게 책임을 물어야 한다. 여기에 도덕의 문제가 개입하게 된다.

도덕은 이윤(伊尹)과 같으나 지위는 공경(公卿)에 오르지 못하고

문장은 우상(虞商)의 경지에 이르렀으면서도 □은 조정에 펴지지 않았네.

저 어리석고도 미친 자들도 모두 장수하면서 부귀를 누리나니

이것이 군자가 창창한 하늘을 원망하지 않을 수 없는 이유이네.[151]

묘지명의 필자는 죽은 함수(咸脩)가 도덕과 문장력에서 뛰어났음에도

---

149) 『東文選』 권13, 七言律詩, 追悼鄭學士, "先生蕭洒出塵埃 上帝已敎長吉去 當年翰墨爲人寶 高世聲名造物猜."

150) 국가적으로 제사의 대상이 되었다고 해서, 개인적으로 신앙의 대상으로 어느 정도 작용했는지는 따로 살펴보아야 할 문제다. 예컨대 이규보는 「天皇에게 올리는 초례문」(『東國李相國全集』 권38)을 지어 제사의 대상으로 천황을 들고 있다. 여기서의 천황이 인간 운명의 주재자로서의 하늘과 같은 것인지, 또한 각 개인들이 이를 신앙의 존재로 삼고 있었는지는 따로 고찰해야 할 문제다.

151) 김용선 편저, 「함수 묘지명」 앞의 책, "道可伊同 而位不至於公卿 文得虞商 而□不施於廟堂 彼昏且狂 皆壽而康北 君子所以不得無怨於蒼."

관료의 지위가 높지 못했음을 아쉬워하였다.152) 필자는 어리석고 미친 사람들이 장수하고 부귀를 누리며, 반대로 능력과 도덕이 있는 인물이 그렇지 못하다고 생각한다. 이렇게 된 책임은 '하늘'에 돌린다.

그의 이런 생각은 『사기』 백이열전에서 "하늘의 도리라는 것이 과연 옳은 것인지 아닌지"라는 질문을 통해 오래전부터 사람들의 인식 속에서 자리 잡아왔다.153) 따라서 묘지명 필자는 이러한 전통적 유학의 생각과 표현방식을 빌려와 죽은 사람에 대한 조의를 표하고 있다.

관습적이고 상투적인 이런 표현은 다른 묘지명에서도 곳곳에 등장한다. 함수의 경우는 군자가 하늘을 원망해야 한다고 하여, 하늘의 도의에 대한 인간적 개입을 비판하였다. 그러나 이와는 다른 유형들도 등장한다.

C. 재능을 내려주면서 (수명을) 길고 짧게 하는 것은 평소 정해진 바가 있는가. 어찌 하늘은 사람의 일에 관여하지 않아 선한 사람을 돕지 않는 것인가.154)

D. 하늘이 어진 이에게 내려주는 재능과 수명은 인색하기만 하니 손톱이나 이빨을 주면 뿔이나 날개를 주지 않는 것과 같다.155)

E. 사람의 좋아하고 미워하는 것이 하늘과는 크게 다르도다. 어진 이에게 화를 주고 악한 이에게 복을 주며, 모진 이를 오래 살게 하고 어진

---

152) 함수는 『高麗史』 등에 나오는 함순(咸淳)이다. 아버지 「함유일 묘지명」에도 함순으로 되어 있다. 아마도 나중에 이름을 바꾸었던 것으로 보인다. 그는 열전의 평가에 따르면 문장과 지조로 이름이 있었다(『高麗史』 권99, 열전12, 함유일).

153) 주지하듯이 사마천은 백이가 굶어죽고, 도척이 천벌을 받지 않는 상황이 자신을 당혹하게 한다고 했다. 이를 통해 그는 사회적 도덕성과 개인의 복이 일치하지 않음을 문제의식으로 내세웠다.

154) 김용선 편저, 「이간 묘지명」 앞의 책, "其賦受脩短之有素定者也 抑天無與於人事 不佑善人也."

155) 김용선 편저, 「설신 묘지명」 앞의 책, "天之賦賢 才命是嗇 如與爪牙 不角而翼."

이를 일찍 죽게 하며, 세상이 다같이 싫어하는 사람은 나이를 빌려 주고, 세상이 다같이 오래 살았으면 하는 사람은 잠시도 연명을 해주지 않는구나. 주고 빼앗는 것이 이와 같으니 누가 그 권리를 주장하고 있는가. 이제 그대가 죽음에 더욱이 저 하늘이 원망스럽다.156)

C는 하늘이 인간 운명에 관여하지 않았음을 원망하는 경우이다. 반면에 D에서는 하늘이 원래 도덕적 인간에게 재능과 수명을 인색하게 주었다고 주장한다. 물론 수명과 화복의 문제에서 E와 같은 표현은 대표적인 것들이다.

비록 C의 경우는 하늘이 지닌 인간 운명의 주재성을 의심하는 것처럼 되어 있지만, 역설적인 표현이기에 다른 자료와 그 맥락이 같다. 이처럼 하늘은 인간의 수명, 재능, 화복의 주재자로 생각되었고, 고려시대인은 운명과 슬픔에 대한 책임을 하늘로 돌리고 있다. 이처럼 하늘은 운명을 주재하는 존재이지만, 인간의 도덕과 능력에 따라 도와주는 공평한 존재가 아니었다. 따라서 하늘이란 것은 현실에서 인간도덕을 구현시켜 줄 수 없는 존재이다. 이로 인해 사람들은 거꾸로 슬픔의 감정과 원망을 하늘의 책임으로 쉽게 돌릴 수 있었다. 이 점은 유럽 중세의 절대적 신앙의 존재인 기독교의 하느님과 다르다는 것을 우리에게 보여준다.

---

156) 임춘, 『東文選』 권109, 祭錄事李惟諒文代湛之作, "人之好惡 大異於天 禍仁祐賊 壽虐夭賢 世所共猷 或假之年 欲其久存 蹔刻莫延 與奪如是 孰主 其權 今子之死 愈怨蒼然." 임춘은 자신의 글에서 '하늘', '조물주', '상제' 등과 같은 개념을 한꺼번에 쓰고 있다. 임춘이 이들의 존재를 정확하게 구별해 사용하기보다, 어딘가 관념적이고 형식적 존재로 등장시키는 것처럼 보인다.

2) 세속적 가치

고려시대인은 삶 속에서 세속적 가치를 나름대로 부여하고 이를 추구하였다. 이것은 개인에게 운명적으로 부여되었다고 믿는 것과 사회에서 일반적으로 추구하는 가치들로 구분할 수 있다. 불교나 도교와 달리, 유학에서는 이런 가치들이 분명하였다. 고려시대인도 이를 모르지 않았다.

F. 「홍범(洪範)」의 오복(五福)이란 장수[壽], 부(富), 건강[康寧], 덕을 좋아함[攸好德], 천명을 누리고 죽음[考終命]을 말하는 것이다. 사람으로 이 다섯 가지 복을 갖추고도 귀하게 된 이는 일찍이 보지 못하였다.157)

G. 「홍범(洪範)」의 오복(五福)에는 작위(爵位)와 공명(功名)은 들어 있지 않다. 장수를 누린 것을 첫째로 치기 때문에, 만일 대장부가 이 세상에 태어나 젊은 나이[妙岭]에 공명을 얻고 부귀를 누렸다면 □ 그것으로 족한 것이다. 어찌 감히 장수하지 못한 것을 아쉽게 여기겠는가.158)

유교 경전인 『서경』 홍범편은 인간의 5가지 복에 대해 제시하고 있다. 이 5가지 복은 사람들이 추구하는 세속적인 가치의 대표적인 것들이다. 그러나 고려시대인은 이것만으로 만족하지 못한다. 그래서 G의 경우에서 처럼 5가지 이외에 작위와 공명을 더 제시하였다. F자료 역시 이것과 큰 차이는 없다. 왜냐하면 여기서는 '귀하게 되는 것'을 중시했기 때문이

---

157) 김용선 편저, 「최계방 묘지명」 앞의 책, "洪範五福 日壽日富日康寧日攸好德日考終命 人而有此五福 而貴者 未嘗見之矣."

158) 김용선 편저, 「최항 묘지명」 앞의 책, "洪範之五福 爵位功名不與焉 故以壽爲一 若大丈夫生斯世 位功名 亨富貴□在妙岭則足矣 安敢以不壽爲歎哉."

다. 귀하게 된다는 것은 사회적 지위의 획득을 의미하며, 이것은 벼슬로 얻어질 수 있다.

그리고 이 점은 「김방경 묘지명」의 얘기와 상통한다.

> 대저 천하를 통틀어 언제나 존중되는 것이 세 가지가 있으니, 덕(德)이 하나이고, 나이[齒]가 하나이고, 작(爵)이 하나이다. 군자가 세상을 살면서 그 중 하나나 둘을 얻는 것도 오히려 힘들거니와 하물며 셋을 얻겠는가. 그 셋을 얻어서 빠진 것이 없는 이는 오직 우리 상락공(김방경)뿐이다.[159]

여기서 덕은 개인의 인격, 나이는 장수, 그리고 작(爵)은 벼슬을 의미한다. 이 세 가지 요소는 『맹자』에서 인용한 것들이다.[160] 이 중에서 최우선적인 가치는 역시 오래 사는 것이다(F). 이 점은 다른 묘지명에서도 확인이 된다.

> 사람이 되어 마음에 간절히 바라는 것으로 수(壽)만한 것이 없을 터이나, 하늘이 사람에게 베풀어주면서도 심히 아끼는 것으로 또한 수(壽)만한 것이 없을 것이다. 대부인은 나이가 백하고도 두 살이었으나 눈도 밝고 귀도 밝았으며 건강하고 편안하게 임종을 맞았으니, 「홍범(洪範)」의 오복(五福) 중에서 세 가지나 갖추어서 그것을 누렸다고 할 수 있지 아니 하겠는가.[161]

---

159) 김용선 편저, 「김방경 묘지명」앞의 책, "夫天下有達尊三德 一齒一爵一君子之行於世 得其一二有難 況得其三者乎 其得三而無缺者 惟我上洛公而已."

160) 『孟子』권4, 公孫丑章句下, "天下有達尊三 爵一齒一德一 朝廷莫如爵 鄉黨莫如齒 輔世長民 莫如德 惡得有其一 以慢其二哉."

161) 김용선 편저, 「김수 처 고씨 묘지명」앞의 책, "以爲人情 所甚欲者 莫如壽 天之報施於人 而所甚靳者 亦莫如壽 大夫人 年一百又二歲 視明聽聰 康寧考終 具洪範五福之三

오래 사는 것은 대개의 인간들이 지니는 가장 소박한 희망이었다. 특히 장수는 의료와 영양 공급이 부족한 시대라는 점에서 하늘이 부여하는 것으로 여겼다. 따라서 오래 사는 것은 본인의 희망만으로 해결될 수 없는 문제였다. 그렇기 때문에 세속적 가치로 더욱 강한 소망은 '부귀'와 같은 경제적이고 사회적 추구였을 것이다. 민지(閔漬)는

> 아, 대장부가 세상에 태어나 누구라도 부귀를 누리다가 생을 마치려 하지 않겠는가, 그러나 끝까지 영화롭고 흠이 없는 자는 드문데, 지금 나는 공에게서 이를 본다.162)

여기서 부귀를 추구하는 것이 당연하다고 전제하고 있다. 물론 이 묘지명에서는 부귀 이상으로 도덕적인 면이 중시되고 있기는 하다. 사실 부귀를 추구하면서 도덕성을 겸비하는 것은 쉬운 일이 아니라고 보았다.

> 부귀하면 마음이 깨끗함을 빠뜨리게 되고
> 마음이 깨끗하면 부귀를 빠뜨리는 것이 사람들의 도리인데
> 오직 공은 부귀와 작록과 깨끗한 마음을 두루 갖추었다고 일컬어지고 있지 않은가163)

묘지명의 주인공인 최의(崔義)는 명종의 친족이긴 하지만 고위직에 오르지는 못하였다. 그는 최종적으로 정의대부(정4품) 판합문사(判閤門

其必有以致之歟."
162) 김용선 편저, 「채모 묘지명」 앞의 책, "噫大丈夫生於世 孰不欲富貴令終哉 然榮終始 無缺者鮮矣 今於我公見之矣."
163) 김용선 편저, 「崔義 묘지명」 앞의 책, "富貴而闕蕭洒 蕭洒而闕富貴 人人所常 唯公之 謂歟 富貴爵祿蕭洒 俱得者哉."

事)의 벼슬을 하였다. 부귀, 작록, 깨끗한 마음이란 내용은 그를 높이기
위해 묘지명 작자가 임의로 써놓았을 것이다.

그러나 세속적 가치는 언제나 원하는 사람들이 모두 획득할 수 있는
것이 아니다. 오히려 획득하기 어렵기 때문에, 이것은 사람들의 소망이
되었다. 그래서 세속적 가치에 대해 다음과 같이 생각하기도 한다.

> 공이 말하기를, "옛말에 '가난하고 천하게 사는 것은 몸을 욕되게 하거나
> 사람을 그르치게 하는 것은 아니다'라고 하였다. 또 '남아가 죽으면
> 그만이지 구차하게 죽지 않고 어찌 지렁이나 거머리처럼 살겠는가'라고
> 하였다. 그러나 스스로 힘쓰지 않고 앉아만 있으면서 처자식들이 추위와
> 굶주림을 겪게 할 수야 있겠습니까."라고 하였다. 이에 논밭을 개간하고
> 채마밭을 가꾸며, 산에서 땔감을 마련하고 이랑에서 호미로 김을 매며,
> 소와 말을 먹이는 일에 이르기까지 반드시 자신이 먼저 하였다. 의식(衣食)
> 이 다소 넉넉해진 다음에 옛 사람의 책을 읽고 때때로 글을 지으면서
> 정신을 즐겁게 하니, 벼슬길에 나가려는 마음도 모두 사라지고 욕심도
> 없어졌다.164)

이 묘지명의 주인공은 박인석(朴仁碩)이다. 그는 무신정변 이후 벌어진
문신 숙청의 과정에서 관직을 버렸고, 이후 좋지 않은 소문 때문에 귀양까
지 가게 되었다.165) 따라서 그는 관직을 통한 현실 참여의 희망이 별로

---

164) 김용선 편저, 「박인석 묘지명」 앞의 책, "公曰 古語有之 貧賤不能辱身非人 且男兒死
則已苟不死 安能若蟘蛭 然不能自力坐使妻孥 受寒餓耶 於是 懇田疇理園圃 採樵于山
鋤禾于畝 至飼牛秣馬 必以身先之使衣食粗給 然後讀古人書 時時爲文 怡悅情性 仕宦
之心 都息澹如也."
165) 박인석에 대해서는 류창규, 1989, 「고려 무인정권시대의 문인 박인석」『동아연
구』 17 참조.

284

없었다. 위 자료는 이런 상황에서 나온 것임을 감안해야 한다.

여기서 박인석이 인용한 '옛말'이란 당시 사람들이 생각하는 일반적
가치였다. 즉 가난하고 천하게 사는 것이 자신의 도덕성 함양과 관련이
없다는 것, 그리고 구차하게 살아갈 필요가 없다는 내용이 그것이다.
전자는 부귀를 추구하는 세속적 가치와 대비되는 것이고, 이 속에는
부귀를 추구하는 세속적 행태에 대한 비판적 시각이 은연중에 드러난다.
나아가 여기에는 가난하고 천하게 사는 것을 벗어나기 위한 희망을 포기하
거나, 그에 따른 현실적 위로가 포함된다. 출세에 실패했던 많은 사람들은
이 말을 자신에 대한 위안으로 삼았을 것이다.

박인석은 가족들을 위해 먼저 농업경영에 힘을 쏟아야 한다고 주장한
다. 그는 사회적 출세가 아닌 은거(隱居)라는 삶의 방식을 택하여 이에
따른 자신의 가치관을 피력하였다. 물론 농업경영을 통한 생계 해결과
독서 추구가 박인석이 새롭게 만든 특별한 가치관은 아니다. 이것은
유학의 처세관에서 벼슬하지 못하면 농사지어야 한다는 생각과 상통한다.
단 박인석의 경우는 당시 농업경영이란 측면 보다 적극적이라는 점에서
차이가 있다.[166]

사실 세속에서 추구하는 가치는 누구나 쉽게 성취할 수 없으며, 이를
얻었다고 영구한 것도 아니었다.[167] 특히 부귀와 같은 것들은 흔히 도덕과

---

166) 유학에서 은거의 대표적 형태는 앞서 보았던 백이와 숙제이다. 그러나 백이와
숙제의 경우는 농사에 종사하지 않았다. 따라서 농업에 종사한다는 것은 이와
다른 차원의 논리이기는 하다.

167) 고려후기 이인복(李仁復)은 여기에 대해 다음과 같이 말했다. "내가 생각하건대,
「홍범(洪範)」의 오복(五福)은 사람이 바라는 것이지만, 능히 그것을 가지고 누리
는 사람은 대개 드물다. 어찌 하늘이 아끼는 것은 반드시 사람을 기다려서
주는 것이 아니겠는가. 세상에서 말하는 부귀한 사람이라는 것은 공로로 얻었으
나 혹은 덕으로는 잃어버리기도 하고, 처음에는 얻지만 혹은 끝내는 잃어버리기
도 하며, 몸으로는 즐기면서도 혹은 마음에는 근심을 없앨 수도 없는 것이니,
말로 하자면 가련하게 생각할 것이 있지 않겠는가(김용선 편저, 「권준 묘지명」

충돌할 여지가 컸던 것이다. 숙종 때 활약했던 최사추는 세속적 가치와
도덕성이 어떻게 대비되는지를 보여준다.

> 1품의 지위에 오르니 재상의 자리[台座]가 밝게 빛나고
> 나이는 팔순에 이르니 부귀하고 건강하게 수(壽)를 누렸구나.
> 좋은 일을 한 집안에 복이 넘치니 공의 자손들도 이를 되풀이하여
> 처음부터 끝까지 선행을 다하고 아름다움을 다하였네.
> 바다의 깊이는 잴 수가 없고 땅의 두께는 헤아릴 수가 없으나
> 오직 공의 도덕만이 그것에 견줄 수 있으리라.
> 아들과 딸들도 관작(官爵)에 봉해지고 현달하였으니
> 삼한(三韓)의 세족(世族) 중에 누가 이처럼 창성하겠는가.[168]

　최사추는 숙종대부터 크게 출세한 인물이다. 그의 묘지명에는 그가
재상이 된 것(귀하게 된 일, 爵), 80대의 장수, 집안의 번성 등을 복된
일로 꼽았다. 이처럼 최사추는 세속적 가치를 모두 실현한 인물처럼
비쳐지고 있다. 그런데 이 세속적 가치와 별개로 얘기하고 있는 것이
최사추의 도덕성이다. 이처럼 고려시대인은 한 개인의 사후 평가에서
도덕성을 중시했다. 이 점은 다른 사람들의 경우와 비슷하게 발견된다.[169]

　　　앞의 책).” 이처럼 그는 5가지 복의 성취가 어렵다는 점을 말하고 있다.
168) 김용선 편저, 「최사추 묘지명」 앞의 책, “位極一品 台座熒煌 年至八十 富貴壽康
　　　家慶有餘 公孫復始 有初有終 盡善盡美 海深弗測 地厚莫量 惟公道德 與之可方 維男維
　　　女 官封有章 三韓世族 孰與並昌.”
169) 예컨대 정항의 경우에는 “공은 평생 한 점도 부끄러움이 없고, 행실과 덕이
　　　또한 도(道)에 어긋나지 않았다. 때를 만나고 임금을 만남이 이와 같이 심오하였
　　　으나 장수를 누리지 못하고, 지위도 재보(宰輔)에 오르지 못하여 간직한 것을
　　　천하에 크게 베풀지 못하였으니, 아는 사람이건 알지 못하는 사람이건 모두
　　　애통해하고 탄식을 그치지 않는 것은 이 때문이다(김용선 편저, 「정항 묘지명」
　　　앞의 책).”

도덕성을 평가하는 것은 한 개인의 지나친 세속적 가치의 추구로 인한 사회적 피해 때문이다. 특히 관직에 대한 경쟁과 유지에 대한 노력은 사회적 지위와 부를 추구할 때 필수적 요건이었다. 이 점에 관해 이규보는,

예로부터 사대부를 보면 처음에는 염치로 조심하며 가득 차는 것을 경계하지 않은 이가 없지만, 부귀에 한창일 때는 대개 세월이 가는 것을 아쉽게 여기면서 태연히 물러날 줄 모르는 자가 많았다.[170]

그는 부귀를 좇아 자신의 염치를 잃게 되는 행태에 대해 비판했다. 문제는 도덕성의 어떤 내용으로 평가할 것인가에 대한 사회적이고 시대적인 차이에 있을 것이다. 그러나 고려시대 도덕은 일차적으로 유학에 바탕을 둔 것들이다. 군주에 대한 충성이나 효도, 그리고 관료 생활에 필요한 예의와 염치 등이 그런 내용이었다. 그 외에 삶에서 도덕적으로 평가받는 것들로는 다음과 같은 사례가 있다.

H. 함유일은 평생에 베옷을 입고 식기는 오지 그릇을 사용하였고 자기 집 살림살이는 돌보지 않았다. 그의 처가 "아이들은 당신이 생존하실 때에 살림 밑천이라도 장만하려고 하는데 왜 그런 일은 생각하지 않으세요?"라고 물었다. 함유일은 "나는 평생에 나 홀로 누구의 원조도 받지 못하였으며 다만 근검하고 지조를 지켜 문호를 세웠습니다. 아이들도 단지 정직하고 절약하며 검박한 생활로 운명을 기다릴 것이니 어찌 빈곤한 것을 걱정하겠습니까?"라고 대답하였다.[171]

---

170) 李奎報, 『東國李相國全集』 권36, 銀靑光祿大夫尙書左僕射致仕庾公墓誌銘, "觀自古士大夫 其始未嘗不以廉恥操心滿盈爲戒 而及富貴方酣 率靳惜日月 恬不知退者多矣."
171) 『高麗史』 권99, 열전12, 咸有一, "有一平生衣用麻布 器用陶瓦 不事生産 其妻謂之曰

I. 사람들은 가난함을 근심하지만 공은 부유한 것을 부끄럽게 여기고
   어떤 이는 임금에게 아첨을 하지만 공은 강직함으로 알려졌다.
   누가 벼슬이 높은 것만을 주장하는가, 벼슬은 그 덕망보다 못한 것일진
   대172)

함유일은 경제적 부를 축적하는 일에 관심이 없었다. 그는 근검과
절약이란 도덕적 추구로 이 문제를 해결해 왔다. 즉 그는 사회적 부의
추구보다는 근검, 절약 등의 도덕을 중요시했던 것이다. I의 윤선좌 역시
보통 사람들이 추구하는 세속적 가치와 다른 도덕을 지녔다. 그리고
이런 점은 당시 사람들에게 높게 평가 받았다.173) 이처럼 세속적 가치는
인간이 지닌 도덕성보다 차원이 낮은 것으로 사람들에게 인식되었다.
   그러나 세속적 가치는 도덕성 이상으로 많은 사람들이 추구하는 대상이
었다. 묘지명에서 개인의 도덕성에 대한 긍정적 평가란 당시 세속적
가치를 추구하는 것에 비해 실행이 어렵다는 점에서 서술한 것이다.
말하자면 세속적 가치보다는 도덕이나 신앙적 가치가 높게 평가되어야
한다는 주장이다.174)

諸兒欲及公生時 頗立産業基址 何不慮耶 答曰 予孤立無援 勤儉守節 以立門戶 兒輩但
當正直節儉 以俟命耳 何憾憾於貧乎."
172) 김용선 편저, 「윤선좌 묘지명」 앞의 책, "人以貧憂 公以富羞 或諂于君 公以直聞
執尸厥爵 爵劣于德."
173) 유명한 사례이지만 권수평과 복장한의 경우도 마찬가지일 것이다. 두 사람은
   생활이 곤궁함에도 직전(職田)의 소출을 서로 양보하였다. 당시 부로(父老)들은
   토지를 서로 쟁탈하는 사회분위기 속에서 이들의 덕성을 높이 평가하였다(『高麗
   史』 권102, 열전15, 權守平).
174) 이런 점은 불교 승려들의 경우에 더욱 강조되었을 것이다. 승려 김의광의
   묘지명에서는 "아, 스님은 삼한(三韓)에서 임금의 외척[戚里]으로 태어났으나,
   항상 공경(公卿)의 지위를 땅강아지와 개미처럼 하찮게 여기며, 수레를 타고
   관을 쓰는 높은 관직을 마치 티끌과 같이 보는 것을 지조로 삼고, 초연한
   곳에 스스로를 두고 세상사에 대한 이야기는 입에 담지 않았다(김용선 편저,

한편 우리가 주목해야 할 세속적 가치 중에 하나는 최사추 묘지명에서 보이듯이 자손의 번성과 현달(顯達)이 아닐까 한다. 삼한의 세족(世族)으로 번성하는 것, 그것은 문벌 사회의 특성을 반영한 것이기도 하다. 이를 위해 우선 자손이 존재해야만 하였다. 당시 사람들은 자손의 존재 여부를 개인의 도덕성과 결부시켜 보기도 한다.

> 내가 천하의 이치에 대하여 감히 스스로 그 끝을 다 안다고 할 수 없지만, 그것이 이러할 것이라고는 대충 알고 있다. 그러나 사람에게 자손이 있고 없는 것만은 이치로 따져서 알 수가 없다. 마땅히 어진 이로서 후손이 있을 만한데 도리어 어찌된 일인지 없으며, 불초한 자는 마땅히 자손이 끊어져야할 만한데도 참으로 번성하니, 이것은 내가 되풀이하여 세 번을 생각하여도 그 이유를 알 수가 없다. 지금 윤씨의 상(喪)을 당하고 보니 나에게 또한 이 말이 나오는 것을 깨닫지 못하겠다. 아, 공에게는 조카 두 명이 있으니, 어찌 공의 후손[祀]이 이어지지 않았다고 할 것인가.175)

최해(崔瀣)는 윤신걸이 후손이 없다는 점을 아쉬워하고 있다. 그는 자손의 계승이 도덕성에 따라 달라져야 한다고 보았다. 도덕성의 보유에 따라 개인적인 응분의 화복(禍福)이 있어야 한다는 논리다.

사실 이 주장은 유학자에게 통상적 고민이라는 점은 앞서 말한 바와

「僧 김의광 묘지명」 앞의 책).”라고 하여, 왕실 출신으로 부귀를 누릴 수 있지만 이를 폄하하는 가치관을 보여준다.

175) 김용선 편저, 「윤신걸 묘지명」 앞의 책, “予於天下之理 未敢自謂其窮 盖亦粗知其如 是而已 獨於人之有子與無 其不可理推而知知矣 當謂賢者有後而却無 何不肖者宜絶而 寔蕃乎 此予所以反覆三思 而未得其辭者也 今夫尹氏之喪 予又不覺有言 嗚呼 公有猶 子二人焉 亦豈云公祀之不存.”

같다. 묘지명에서는 이를 자손의 계승과 현달과 관련하여 말하는 경우가 많았다. 예컨대 고려후기 이조년의 경우에는 작위와 장수, 그리고 아들과 손자를 두었다는 것에 대해 하늘이 그에게 복을 내렸다고 보았다.[176] 또한 민사평은 반대로 뒤를 이을 아들이 없기 때문에 하늘의 존재를 믿기 어렵다고 할 정도였다.[177] 이처럼 자손의 계승과 현달은 그들의 세속적 가치 목록 속에 반드시 포함시켜야 할 덕목이었다.

3) 삶과 죽음을 넘어서

삶 속에서 가치추구와 성취는 사람들에게 기쁨을 준다. 또한 죽음으로 인한 헤어짐은 가장 깊은 슬픔을 부여하게 마련이다. 여기서는 삶 속에서 기쁨과 함께, 슬픔의 극복이 어떻게 이루어지는가를 보려한다.

삶의 가치 중에서 기쁨을 주는 것은 관직의 획득이었다. 관료가 되는 것은 지배층의 사회 신분을 유지할 수 있는 요소 중에 하나였다. 인종·의종 대 벼슬을 했던 배경성(裵景誠)의 묘지명에는

옛날 채택(蔡澤)은 "황금 인장(印章)을 품고 자수어요(紫綬魚腰 : 紫金魚袋)를 묶은 채, 임금 앞에서 손을 마주잡고 절하며 예를 표하는 것이 43년이면 족하다."라고 하였다. 공은 성관(星官 : 近侍職)에서 높이 노닐고 추정(樞庭 : 中樞院)을 활보하였으니 가히 채택의 소원에 견줄 만하다고 할 것이다.[178]

---

176) 김용선 편저, 「이조년 묘지명」 앞의 책.
177) 김용선 편저, 「민사평 묘지명」 앞의 책.
178) 김용선 편저, 「배경성 묘지명」 앞의 책, "昔蔡澤曰 懷黃金之印 結紫綬魚腰 揖讓人主

라고 하였다. 여기 등장하는 채택은 전국시대 진(秦)에서 정승이 된 인물이다. 이 묘지명에서는 채택이 말한 소원을 인용하면서 배경성이 그와 비슷한 성취를 이루어냈다는 점을 지적한 것이다.[179) 채택은 벼슬을 구하는 과정에서 관상을 본 후에 자신이 43년을 더 살 수 있다는 답을 들었다. 그래서 그는 "찰밥에 연한 고기를 먹고, 말을 몰고 뛰어다니며, 황금으로 된 직인을 가슴에 품고, 자줏빛 인끈을 허리에 차고, 임금 앞을 오고 가는 부귀한 생활을 할 수 있다면, 43년만으로도 충분하다고 하겠다."[180)는 소원을 말했다. 그의 소원은 세속적 가치에 대한 추구를 잘 대변해준다고 볼 수 있다.

나아가 관직 중에서도 더욱 명예롭게 여기는 것들이 있었다. 이를 획득한 경우에는 더욱 삶의 기쁨을 느꼈을 것이다.

대개 선비로 벼슬을 구하는 자가 진실로 한림원[禁林]이나 국학(國學) 중에 하나를 얻게 되면 그의 재능이나 학문이 빛나지 않을 수 없으므로 평생 영광으로 여겼다. 공은 봉산(蓬山 : 궁궐)의 한림원[玉堂]에서 시작하여 대학(大學)을 두루 거치고, 몇 년 되지 않아 태자[東朝]의 요좌(寮佐)로 옮겨 여러 차례 태자[儲威]를 가까이에서 모셨으니, 벼슬아치로서 영예가 공과 같은 이가 없었다.[181)

之前 四十三年足矣 若公者 高游星官 闊步樞庭 可謂當蔡澤之願矣."

179) 배경성은 승선 시절에 창녀(倡女)를 아내로 얻은 탓에 간관들의 탄핵으로 지이부사(知吏部事)로 옮긴 경험이 있다(『高麗史』권17, 세가17, 인종 21년 9월 계유). 그가 채택의 소원처럼 순조롭게 관직 생활을 했던 것은 아니다.

180) 사마천, 『사기』권97, 열전19, 范雎蔡澤 ; 최인욱 외, 『사기열전』1, 동서문화사, 1978, 287쪽.

181) 김용선 편저, 「이승장 묘지명」 앞의 책, "凡士之求仕者 苟或禁林國學得署一官 則無不衒耀 終身爲榮 公始自蓬山玉堂 揚歷大學 不數年間 遷累東朝寮佐 昵邇儲威 則官窟之榮 莫公若也."

고려시대인이 영예롭게 느끼는 관직은 한림원이나 국학과 같은 학문과 관련된 자리였다. 물론 재상과 같은 고위직이 최종적으로 얻고 싶은 관직이었을 것이다. 그럼에도 문한(文翰) 계통의 관직은 문장 능력이 중시되면서 더욱 거쳐야 할 자리로 중요하게 여겨졌다.[182] 예컨대 무신 집권기에 살았던 조충(趙冲)은,

> 정우 6년(1281, 고종 5)에 국자감대사성 보문각학사 지제고(國子監大司成 寶文閣學士知制誥)에 제배되고 다시 한림학사(翰林學士)를 겸하였다. 대개 시신(侍臣)은 성관(星官)에 임명되지 않는다. 그러나 공은 기뻐하여 말하기를, "내가 벼슬을 역임한 일이 많으나 일찍이 문한(文翰)의 직임을 얻어 아미반(蛾眉班)에 참여하지 못했더니, 오늘날의 제수는 실로 나의 뜻에 맞는다."[183]

라고 하여, 문한직을 제수 받은 것을 크게 기뻐하고 있다. 문한직이 고려초기부터 중요시되지는 않았다. 그러나 학문과 문장 능력이 중시될수록 문한직의 획득은 더욱 영광스러운 일로 여겨져 갔다.

그러나 문한직을 얻는 것이 누구에게나 가능하지는 않았다. 희소성이 있는 만큼 문한직의 획득은 사람들에게 더욱 큰 기쁨을 주었을 것이다. 하지만 관직을 추구하는 일보다 오히려 생활 속에서 기쁨과 가치를 찾는 경우도 많았다. 1148년(의종 2) 최재(崔梓)는,

---

182) 문한직은 제도적으로 과거 출신이 아니면 얻을 수 없었다(『高麗史節要』권21, 충렬왕 21년 8월 무오). 따라서 과거 출신이 관직에서 우대되는 상황에서 문한직은 더욱 엘리트 관료의 코스로 인식되었을 것이다.

183) 李奎報, 『東國李相國全集』권36, 金紫光祿大夫守大尉門下侍郎同中書門下平章事上將軍修文殿大學士修國史判禮部事趙公誄書, "貞祐六年 拜國子監大司成寶文閣學士知制誥 復兼翰林學士 凡侍臣例 不居星官 公喜曰 吾歷位多矣 未嘗得文翰之任 綴班蛾眉 今日之授 實符吾志."

이 해에 글을 올려 물러나기를 청하자, 임금은 그가 벼슬을 그만두고 물러나는 것을 아쉬워하여 세 번이나 글[表]을 올린 뒤에야 이를 허락하였다. (그는) 허락을 받은 이후에 집으로 돌아와 외출도 하지 않고 문을 닫아걸고는 늘 마음을 편안하게 하고 욕심을 내지 않는 것을 즐거움으로 삼았고, 다른 사람의 일을 마음에 두지 않았다.[184]

고 한다. 당시 그는 참지정사의 벼슬을 하고 있었지만 스스로 관직에서 물러났다.[185] 그는 은퇴 후에 사람들과의 교류도 하지 않고, 욕심을 내지 않는 것을 자신의 즐거움으로 삼았다.[186] 그가 말년에 세속적 가치에 대한 추구보다 자신의 수양에만 관심을 지녔던 것이다.

이처럼 관직 생활을 그만두고 노년에 개인적 즐거움을 즐기려는 경우가 적지 않았을 것이다.[187] 예를 들어 김중구(金仲龜)는 "겨울에는 따뜻한 방과 여름에는 서늘한 누각에서 거문고를 품고 책을 읽으며 갖가지 차(茶)와 약(藥)을 즐기는"[188] 경우도 그런 사례였다.

또한 세상과 단절하여 도교적 삶을 추구하면서 즐거움을 찾기도 했다. 이공승은 관직에서 물러난 후에

---

184) 김용선 편저, 「최재 묘지명」 앞의 책, "是年 抗章請老 上惜其致位 而去三表 而後從之 得請以還 懸車杜門 常以恬淡爲樂 不以人事 介於胸."
185) 그가 관직에서 물러났을 때의 나이가 68세였다. 따라서 은퇴할 시점이 거의 되었음은 감안해야 할 부분이다.
186) 욕심을 적게 내는 것이 그들의 실제 삶에서 어떤 방식으로 실천되었는지는 별개의 문제이다. 고려전기 이자현(李資玄)의 경우도 천성을 수양하기 위해 탐욕을 버릴 것을 주장했다. 그럼에도 그는 재산을 많이 모았기에 사람들의 비난을 받았다(『高麗史』 권95, 열전9, 이자연 부 이자현).
187) 이와 반대로 행동하는 경우도 있었다. 염극모는 여러 차례 관직에서 좌천을 당하자 비통하게 여겼다. 그는 이러한 스트레스 때문에 날마다 술을 마셨다. 이 때문에 그는 병으로 죽게 된다(김용선 편저, 「염극모 묘지명」 앞의 책).
188) 김용선 편저, 「김중구 묘지명」 앞의 책, "冬之煖室 夏之凉軒 擁琴書品茶藥."

정원에다 모정을 짓고 연못도 파며 화원을 쌓고 화초를 심었다. 두건을 쓰고 여장을 짚고 그 사이에 거니는 것을 낙으로 삼았다. 손님이나 자제들이 찾아오면 시와 술로 서로 즐겼는데 안주로는 고기음식을 좋아하지 않고 소채와 과실만 먹었다.[189]

이런 즐거움에 대한 추구는 물론 고려시대 사람들만이 가졌던 것은 아니다. 지식인들은 은일의 상징적 존재로 생각한 도연명(陶淵明)에 대한 추구가 일찍부터 있었다.

장수에 대한 욕심에 대해서 홍규(洪奎)는 다음과 같은 시를 벽 위에 걸어 놓고 좌우명으로 삼았다.

어찌 불태운 단약(丹藥)을 써서 힘들게 젊은 얼굴을 유지하고
시끄럽다고 성시(城市)를 욕하며, 고요하다고 산을 나무라랴.
사람들이 장생(長生)하는 약을 물어온다면
사물에게 무심(無心)함, 그것이 바로 크게 환생하는 것이라고 하겠네.[190]

그는 도교의 단약을 먹으면서 젊음을 유지하려는 것이 아닌, '무심(無心)'을 주장한다.[191] 홍규는 도교보다 불교적 가치를 추구했던 것으로 보인다. 그의 좌우명인 '사소한 일에 개의치 않고 욕심이 적었으며, 자유롭게 행동하여 구속을 받지 않았다'는[192] 평가와 같은 맥락이다.

---

189) 『高麗史』권99, 열전12, 李公升, "園中結茅宇 穿沼築塢 植花卉 幅巾藜杖 逍遙其閒 賓客子弟 有造謁者 輒以詩酒相娛 不喜食肉 以蔬果而已."

190) 김용선 편저,「홍규 묘지명」앞의 책.

191) 이규보는 단약을 먹는 것 이외에 도교적인 벽곡(辟穀) 방식을 비판하였다(『東國李相國全集』권14, 次韻李侍郎眉叟寄權博士敬仲責辟穀). 이 경우는 유학적 입장에서 본 비판일 것이다. 당시 이러한 도교적 수련 방식의 존재를 확인할 수 있다.

한편 개인적 취미를 통해 삶의 즐거움을 찾는 경우도 많았다. 민종유(閔宗儒)는

> 말[馬]을 좋아하여 다른 사람에게 좋은 말이 있다는 소문을 들으면 반드시 사오게 하여 늘 집 아래에 매어두고 아침저녁으로 아끼고 감상하면서 권태로움을 잊었다. 만년에는 음악(音樂)을 더욱 좋아하고, 여러 가지 기예와 꽃나무를 가까이 하였으며, 날마다 거문고와 퉁소[絲竹]를 불며 스스로 즐기는 가운데 늙어가는 것도 알지 못하였다.193)

그는 말과 음악을 좋아하였고 이를 즐겼다. 이처럼 그는 삶에서 세속적 가치만을 추구했던 것이 아니고, 이와 다른 개인적 가치를 추구하거나 즐겼던 것이다. 이러한 추구는 개인마다 차이가 있었겠지만 삶 속에서 이상적인 행위로 여겨졌다. 때로는 이런 추구가 삶의 세속적 가치를 넘어서 추구해야 할 영구적인 가치로 인식되었던 것이다.

한편 주변사람의 죽음에 대한 슬픔은 잊기 어려운 것이지만, 이에 대한 극복은 필요했다. 우선적으로 종교적인 신앙에 기대는 것이 일반적 방식이었다.

> 아, 태어나면 죽는 것은 당연한 이치이니 내가 어찌 이를 모르겠는가. 그러나 이렇게 애통한 일은, 그대가 나를 섬겨 성실하게 애쓴 지 여러 해 되었는데 어찌하여 나를 버리고 하루아침에 갑자기 갈 수 있단 말인가. 그대의 아들은 겨우 18세이고, 그대의 딸들은 아직 모두 시집도 가지 않았다. 죽은 이를 위로하며 옛 일을 회고하니, 나도 사람이라

---

192) 『高麗史』 권106, 열전19, 洪奎.
193) 김용선 편저, 「민종유 묘지명」 앞의 책.

어찌 마음이 아프지 않겠는가. 그대의 평생을 간단히 적으려고 붓을 잡았으나, 흐르는 눈물을 가릴 수 없어 써내려 갈 수가 없네. 아, 부처의 말씀에 극락과 천당이 있고, 신선의 말씀에 육동(六洞)과 삼청(三淸)이 있다고 하였다. 진실로 저승에도 연분이 있다면 어찌 뒷날을 기약할 수 없겠는가.[194]

이 묘지명은 최윤의(崔允儀)가 1152년(의종 6)에 자신의 부인이 죽은 뒤에 쓴 것이다. 여기서 그는 부인을 잃은 슬픔을 잘 표현하고 있다. 그는 불교의 극락과 도교에서 말하는 육동과 삼청을 저승의 세계로 꼽고 있다. 그리고 저승에서 그는 부인을 다시 만날 것을 기약한다. 물론 최윤의 자신이 불교나 도교 신앙이 강했는지 여부는 알 수 없지만, 이런 믿음이 슬픔을 잊는 하나의 위안이 되었을 것이다.

이와 비슷하게 유자량(庾資諒)의 경우에는 사후(死後) 세계에 대해 구체적으로 등장하는 경우이다.

앞서 죽었다가 다시 살아난 사람이 있어 스스로 말하기를, "죽어서 어떤 곳으로 가니 궁전 누각이 매우 장엄한데, 지키는 사람이 말하기를, '여기는 유복야(庾僕射)가 올 곳이오'라고 하였습니다."라고 하였다. 그 말이 비록 황당하기는 하지만, 생각해보면 공의 행적이 이미 부끄러울 것이 없고 그 세상을 떠남이 이러하였으니, 그 말도 또한 믿을 수밖에 없어서 공이 좋은 곳에 살고 있을 것은 분명하다고 할 것이다.[195]

---

194) 김용선 편저, 「최윤의 처 김씨 묘지명」 앞의 책, "嗚呼 生而有死 理之必至 予豈不知 而有斯痛 爾之事我 勳勞數載 夫何弃我 一旦溘然 惟爾有子 年纔七八 惟爾有女 具未適 人 撫存悼亡 感今懷古 予獨何人能 不痛心意 欲略叙爾之平生 抱筆掩涕 不能自記 嗚呼佛氏之說 極樂天堂 神仙之言 六洞三淸 苟有冥契 寧無後期."

195) 김용선 편저, 「庾資諒 묘지명」 앞의 책, "先時 人有死復生者 自言 死至一處宮觀

이 이야기는 묘지명 저자 자신의 얘기처럼 황당하고 믿기 어렵다. 그러나 이야기가 가져올 사회적 효과는 분명하다. 유자량이 죽은 뒤에 장엄한 궁전에 가서 살 것이라는 위안이다. 결국 죽은 뒤에 영혼이 소멸하는 것이 아니며, 좋은 곳으로 인도된다는 점에서 신앙적 위안과 동일한 효과를 지닌다.

또한 신앙의 돈독함으로 죽음에 대비하는 경우도 일반적으로 슬픔 속에 빠지는 것과 달랐다. 고려시대인은 불교에 대한 신앙심으로 죽음의 고통을 극복하였다. 이탄지(李坦之)는 평소 자신의 고향에 있는 은해사에서 늙는 것이 소원이었다. 그는 탄핵으로 관직에서 물러나자 이곳에서 지냈다. 그는 『천수경』의 진언을 밤새 외우다가 앉아서 이곳에서 죽음을 맞이하였다.196)

또한 아예 말년에 권단(權㫜)처럼 승려가 되었다가, 가부좌한 상태로 죽는 경우도 보인다.197) 이러한 사례는 상당히 많았을 것이다. 신앙을 통한 죽음은 본인에게는 죽음의 고통을 쉽게 생각하게 만들었고, 가족에게는 슬픔을 잊게 하는데 도움이 되었다.

고려시대인에게 삶과 죽음은 별개가 아니었다. 삶은 죽음과 연속적인 것이며, 누구도 죽음을 피할 수 없다는 것은 당연한 사실이다. 삶의 유한성과 불안정성은 오늘날 이상으로 고려시대인에게 여러 가치를 부여해 주었다. 그것은 세속적 가치의 추구와 함께, 이를 넘어서는 가치나 때로는 신앙적 가치로 드러나기도 했던 것이다.

甚嚴守者曰 此庾僕射至處也 其說雖荒唐 考公之行已無愧 及其終如此 則其言亦不可不信 公之生善處也必也."

196) 김용선 편저, 「李坦之 묘지명」 앞의 책.

197) 『高麗史』 권107, 열전20, 權㫜.

고려시대인이 추구했던 삶 속의 기쁨과 슬픔의 가치는 그들의 인생관과 깊은 연관이 있었다. 특히 슬픔의 경우는 일상 속에서 죽음과 관련이 깊었다. 또한 삶의 경우에는 이것을 운명과 연관시켜 생각하기도 하였다. 우리는 여기서 이런 문제를 고려시대인이 남긴 묘지명을 중심으로 살펴보았다.

　그들은 삶과 죽음을 하나로 보았다. 즉 이 문제는 중국적 사유와 표현 방식을 이용하였다. 그래서 사람은 음양의 기운이 모이거나 흩어지는 것으로 삶과 죽음이 이루어진다고 보았다. 아울러 그들은 『주역』의 논리처럼 순환의 구조로 이를 파악하였다. 특히 일찍이 유학의 영혼관인 혼백이 나뉘는 죽음에 대한 생각은 고려시대인의 사유에서도 마찬가지로 드러난다.

　순환적 사유는 운명론과 깊은 관련이 있다. 인간들이 세속적으로 추구하는 부귀나 출세와 같은 것들은 정해진 것이라는 생각이 고려시대에도 널리 퍼져 있었다. 그러나 이런 것들은 오늘날과 비슷하게 숙명적인 것 이상으로 개인의 수양과 노력이라는 매개 변수를 갖고 있었다.

　한편 불교는 고려의 생활 속에 깊이 자리 잡은 신앙이었기 때문에, 승려들의 경우에는 불교적 인생관으로 표현되는 경우가 많았다. 승려들에게 인생이란 특별한 의미가 있는 것이 아니었으며, 죽음이란 곧 '무물의 세계'로 돌아가는 것이었다.

　아마도 죽음은 '멸집(滅集)'이라고 할 수 있는, 그리고 삶의 고(苦)가 없는 세계로의 진입이라는 점에서 슬픔에 대한 위로가 될 수 있었다. 이는 삶을 하나의 꿈으로 보는 시각에서 유래한 것이다. 물론 유학의 순환적 구조 역시 논리상으로 죽음의 슬픔을 극복할 수 있는 객관적 시각을 부여해 준다.

　그러나 삶의 애착과 소망의 실현이 현실에서는 더욱 클 수밖에 없었다.

죽음이란 현상을 단지 논리적으로 이해하는 것과 슬픔을 극복할 수 있는 것이 동일할 수는 없다. 삶에서의 세속적 가치에 대한 추구와 아쉬움은 고려시대인의 머리 속에서 떠날 수 없었다.

아울러 삶과 죽음을 관장하는 것은 하늘에 달렸다고 이해했다. 때로는 조물주가 주재자로서 등장하기도 하지만, 그 개념은 매우 모호하게 등장한다. 요컨대 고려시대인에게 하늘은 인간세계의 도덕을 구현하는 절대적인 믿음의 존재가 아니었다.

한편 그들은 삶 속의 세속적 가치들로 유교 경전인 『서경』홍범편의 5가지 복을 주로 추구하였다. 그 중에서 가장 가치 있는 것은 장수였다. 인간의 생명에 관련된 것이 우선시 되었으며, 사회적 출세 등이 다음으로 중시되기도 하였다. 이 점은 인간 사회에서 상당히 보편적인 것으로 보인다.

중요한 것은 부귀를 추구하면서도 도덕적인 면이 같이 강조되고 있다는 사실이다. 지배층으로서의 위상과 덕목이 같이 추구되어야 옳다는 가치가 깔려 있었기 때문일 것이다. 세속적 가치는 지배층이라고 해서 누구나 가질 수 있었던 것은 아니었다. 출세의 좌절이나 가난함은 지배층에 가깝다고 해서 피해갈 수 없었다. 이 경우에는 개인적인 포기와 현실적 위로가 필요했다. 그리고 그에 따른 자기 합리화가 묘지명에 나타날 수밖에 없었다. 따라서 이때에는 세속적 가치와 대비되는 보다 높은 사회적 가치, 즉 충효와 같은 도덕성 등을 내세워야 했다. 그리고 한 개인의 도덕성은 그의 평판에 대한 기준이 되었다.

세속과 단절된 은일과 같은 삶은 또한 개인에게 위로가 되는 요소였다. 말하자면 개인의 수양이나 즐거움에 대한 관심이 그것이다. 차나 약을 즐기는 것, 도교적 수양 등이 사례가 될 것이다. 이것이 삶의 세속적 가치를 넘어서는 영구성으로 작용했다.

죽음에 대한 슬픔은 죽은 뒤의 긍정적 세계에 가는 것으로 극복하려 하기도 했다. 깊은 신앙심은 말할 것도 없었다. 결국 고려시대인에게 삶과 죽음은 연속적이면서 여러 가치를 부여하는 원동력이었다. 그리고 이를 넘어서려는 생각은 그들의 삶 속에서 이상적 가치를 추구하거나 신앙의 행동으로 표현되었다.

그런 의미에서 고려시대인의 사유는 인간의 보편적 성향을 지니므로, 역사 속에서 장구한 생명력을 갖는다. 또한 현대를 살아가는 우리와 인간적 조건에서 차이가 없었다. 다만 묘지명 자료에서 보듯이, 이들에게 종교적 세계관은 깊은 영향을 미치고 있었다. 많은 사람들은 삶에 강한 집착을 보였겠지만, 불교 신앙으로 '죽음'을 접근하는 많은 사람들은 '죽음' 자체를 자연적 현상으로 받아들이려 했다.

IV. 맺음말

고려시대에 살았던 사람들의 '심성'은 과연 현대인과 다른 것일까? 이 책에서는 이를 두 가지 영역에서 살펴보려고 시도하였다. 우선 제1부에서는 고려시대 지식인이 남긴 기록을 통해 '개인'에 대한 내면 탐구를 살펴보았다. 제2부에서는 '개인'이 아닌 '집단'의 심성을 추적하려 하였다. 집단 심성은 그들의 삶에서 부딪쳤던 문제에 대한 감성을 바탕으로 이루어진 것들이다.

특히 이 책에서 주목하려 했던 것은 개인이 추구했던 자아정체성의 문제였다. 이것은 지식인이 개인적 문제와 시대 상황에 직면하여 자신의 정체성을 찾아가면서, 스스로에게 부여한 시대적 역할을 어떻게 추구하려 했는가의 문제이다. 이 지식인들은 개인적 욕구와 소망 그리고 삶이 모든 사람들에게 동일할 수 없지만, 고려시대에 삶을 지속하던 개인이라는 점에서 공통점이 존재한다. 왜냐하면 인간적 욕구와 목표, 그리고 대응양상에서 차이가 있을 수 있지만, 현대처럼 복잡하지 않았던 당시 사회에서 그들의 공통성을 찾는 일은 쉽기 때문이다.

고려시대인의 자아정체성이란 한 개인이 자신의 존재와 사회적 역할을 규정해가는 과정 속에서 형성되어 간다. 따라서 자아정체성은 개인들

사이에서 다양한 측면으로 나타날 수 있다. 특히 고려후기 지식인들은 주로 유학자로서의 책임감과 사명의식이 형성되어 갔고, 이를 통해 자기 정체성의 기준을 확립하는 경우가 많았다.

또한 어떤 집단이나 조직에 소속된 것이 그 사람의 존재와 역할을 규정하는 경우도 있다. 가장 손쉬운 사례는 가족 내에서의 역할에서 찾아진다. 즉 가족 내의 '아버지', '어머니'와 같은 역할이 대표적일 것이다. 이때 '아버지'의 역할이 어떤 것인지는 사람마다 다를 수 있지만, 공통적으로 인정되는 것이 존재한다.

그런데 고려시대 지식인이 지닌 정체성에 대한 고민은 통상 개인적으로 '관료'가 되어야 한다는 점에서 출발하였다. 관료가 되어야 하는 것은 고려사회에서 지배계층의 엘리트가 되는 것을 뜻한다. 흔히 '출사(出仕)'로 알려진 관료 되기의 중요성은 유럽의 지역 영주와 다른 중앙집권화되어가는 사회에서 당연한 일이었다. 따라서 관료로서의 정체성이 지식인의 고민으로 자리 잡는 것은 시간 문제였을 뿐이다.

특히 고려후기 관료가 되는 것이라는 정체성의 고민은 점차 체계화되기 시작하였다. 그 이유는 다양한 사회적 요인에서 찾을 수 있다. 하지만 우리는 관료 숫자의 양적 확대에 따른 경쟁의 심화, 사회적 개혁의 요구에 대한 고민의 증가라는 역사적 요소를 먼저 고려해야 할 것이다.

이 중에서 전자는 어떤 사람이 우수한 관료인가라는 사회적 명예를 위한 이상적 관료상(官僚像)을 도출해내려는 고민과 연계가 된다. 후자의 경우는 자신의 입신출세만이 아닌 사회적 책무에 대한 고민으로 이어질 수밖에 없었다. 필자는 이를 '경세적(經世的) 고민'이라고 부르려 한다. 이 고민은 20세기를 거쳐야 했던 지식인들의 사회적 의무감과 상통하는 것이었다. 여기에 더해 당시 성리학은 개인의 존재와 지향, 그리고 사회적 책무를 하나로 묶을 수 있는 사유적 근거를 제공하였다. 유교경전인

『대학』의 수신(修身)부터 평천하(平天下)까지 연속되는 명제는 지식인들의 존재 근거를 제공하고 사회적 책무감을 부여하기 시작하였다.

개인의 존재와 사회적 역할의 일치는 고려후기 지식인들의 생각 속에 압박해 왔으며, 이규보는 이것을 드러낸 첫 번째 대상이었을지 모른다. 무신정변 이후 급격하게 증가된 관료 예비군의 증가는 이규보 개인에게는 출사에 대한 고민을 남겼지만, 그는 과거 지식인과 미래에 새롭게 등장할 신진 유학자들 사이의 중간자의 위치에 있었다.

이규보는 개인적 삶의 소망인 관직과 술, 그리고 시를 쫓았던 인생을 살았다고 고백하였다. 그는 유학자로서의 정체성을 가지고 경세적 인식을 지니려 했지만, 그것은 철저하게 개인적 범주를 벗어나지 못했다. 이처럼 정체성의 사회화가 어려웠던 것은 관료로서의 삶과 경험을 체계화할 수 있는 사유적 근거가 부족했던 것과 함께, 당시 경세적 지식인들의 집단이 형성되지 못했던 탓도 있었다.

한편 이규보가 술을 마시면서 토로했던 광적인 언어나 행동은 경세적인 사회화와 연결될 수 없었다. 사실 그의 현실 인식은 문학에 바탕을 둔 것이면서, 어릴 때부터 자신에게 주어진 책임인 관료로서의 출세라는 길을 버릴 수 없었기 때문이다. 그는 관료로 출세한다는 가문과 개인의 소망을 지녔기에 새로운 정체성을 추구하기에는 근본적인 한계가 있었다. 설사 이규보가 출세를 버리는 방식을 택하였다고 해도, 당시 그가 선택할 수 있는 길은 안치민(安置民)과 같이 처사(處士)로 은거하는 것뿐이었다. 많은 지식인들이 당시 '은거'라는 길을 택하였지만, 현실주의자였던 이규보는 이런 은거를 선택할 수 없었다. 그의 고민은 '출세와 은거'라는 두 갈래 길에서 방황하였으며, 이것은 이후 대부분의 지식인들의 문제가 되었다. 물론 이런 심리적 갈등이 이전 지식인들에게 없었다고 할 수는 없을 것이다. 하지만 현재로서는 문집을 남긴 이규보에게서 명확하게 이런 모습을 볼 수 있다.

사회적 존재감과 명예에 대한 욕구는 후반기의 이규보의 심성을 사로잡았던 주제였다. 따라서 이규보는 이후 사회적 위상과 존재에 대해 불안감과 허무를 보이긴 하지만, 때로는 현재에 만족하면서 과거와 같은 현실비판이나 경세적 노력을 보이지 않게 된다. 그런 점에서 이규보는 성리학 도입 이전에 지식인들의 한 전형을 보여주는 인물이라고 할 수 있다.

반면 고려후기 문벌 출신인 한수는 귀족의 한 유형을 보여준다. 사실 한수는 이규보와 달리, 문벌 출신이기에 경제적 문제는 물론이고 입사(入仕)에 대한 어려움에서도 자유로웠다. 그는 충청도 청주와 그 밖의 지역에 농장을 가지고 있었기에 경제적 어려움에서 상대적으로 부담을 느끼지 않았다. 한수의 사회적 여건은 그의 개인적 성격과 결부되면서, 세속적 가치나 권력에 대한 추구가 필요치 않는 삶의 여유를 주었다.

귀족적 성향의 한수와 가장 가까운 사람은 당대 최고 유학자였던 이색이었다. 두 사람간의 관계는 매우 밀접하였으며 서로 간에 많은 시를 주고받았다. 한수는 개인적으로 이색을 크게 존경하였다. 원래 한수가 이제현 아래에서 공부했다는 점을 고려한다면, 그는 성리학에 대한 나름의 이해가 있었을 것이다. 따라서 그의 사유는 기본적으로 유학을 바탕으로 하였다고 볼 수 있다. 그는 직접적으로 불교를 배척하고 있지 않지만, 고려시대 유학자답게 불교와 유학의 차이를 의식하고 있었다.

한수는 관료 생활 중에 정치적 좌절을 겪지 않았지만, 결국 공민왕 시해 사건의 영향으로 유배를 가게 된다. 그에게 큰 충격이 되었을 유배생활은 한수에게 지방 사회의 현실 등을 인식하는 계기가 되었을 것이다. 그럼에도 유배 이후 그의 정서 세계는 현실 개혁에 대한 노력이 아닌, 타협과 관조(觀照)라는 지향점 속에 있었다. 그는 이색의 위대함과 자신의 왜소함을 대비시키면서, 자아의 정체성을 이색과 일치시키려 하였다.

그의 의식 세계는 귀족으로서의 자부심과 함께 현실과 부딪치지 않고 한발 비켜서서 자아를 지켜내려는 성향을 보인다. 따라서 한수의 시는 자신의 겸손함을 자주 부각시키고 현학적으로 꾸밈이 없는 경우가 많았다. 이런 시의 기풍은 오히려 자신의 존재를 낮춤으로써 역설적으로 존재감을 부각시키는 심성에서 나오는 것이었다.

또한 그의 상대적 대척점에는 이색의 학문과 문장이 있었으며, 한수는 자신을 이색 아래에 위치 지었다. 이색의 문장이 영원히 남을 것이라는 확신 속에서, 한수는 이색의 문장과 자신을 결부시켰다. 이를 통해 그는 이상적 존재감을 지닌 이색을 추종하면서 자신을 그에게 일치시키려는 심리를 지녔다. 이색이 당대의 거인이라면 자신은 그 거인의 어깨에 올라탐으로써 존재감을 가질 수 있다는 뜻이었다. 이처럼 그는 현실과 치열한 대결 없이 자신에 대한 귀족적 위상을 이런 방식으로 정립하려 하였던 것이다.

반면 이색은 젊은 시절부터 많은 시를 남긴 고려말 대표적 지식인이다. 물론 현재 남겨진 상당수의 시는 그의 삶에서 후반기였던 1379년(우왕 5)에 쓴 것들인데, 거의 일기 수준으로 자세하게 남겨져 있다. 우리는 이를 통해 그의 후반기 삶에서의 고민과 심성을 엿볼 수 있다.

원래 이색은 아버지 이곡의 영향으로 일찍부터 학문의 길로 접어들었다. 특히 그는 이곡이 원의 관리였던 이유로 21세였던 젊은 나이에 원 국자감에 유학할 수 있었다. 그는 국자감 유학 생활에서 인간적 외로움에 시달리기도 했지만, 원에 대한 호의적 이미지를 지니게 되었다.

이색은 유학 시절 외로움과 학문적인 성취 사이에서 고민하였다. 외국에서의 생활은 쉽지 않았고, 특히 언어에 대한 압박과 아버지의 기대감으로 인해 그는 심리적으로 위축되었다. 그 결과로 이색은 낮아진 자존감에 시달려야 했다. 당시 그의 시는 상대적으로 낮아진 자존감을 잘 드러내고 있다. 아마도 그는 유학으로 인한 심리적 압박, 나아가 과거 합격에 대한 부담감을 상당히 느꼈을 것이다.

그의 부담감은 역설적으로 높게 설정하고 있던 자신의 자아상과 깊게 관련이 있었다. 그는 자신이 추구했던 유학자로서의 삶과 가치가 자아정체성에 깊게 침윤해 있었다. 그렇지만 현실에서의 이색은 과거 합격과 출사(出仕)라는 개인적 소망과 부담을 더 크게 안고 있었다. 따라서 양자의 모순과 괴리는 시에서 때로 낮은 자존감의 표현으로 등장하지만, 과거 합격 후에는 오히려 자부심으로 나타났다. 그의 과거 합격은 작아졌던 그의 자존감을 일시에 부풀려 사회적 존재감으로서의 엘리트 의식을 심어주었을 것이다.

이색은 아버지 이곡 때부터 학문적 능력을 바탕으로 출세했다는 사실을 평생 잊어본 적이 없었다. 그가 과거 합격 후에 지은 본향인 한산(韓山)에 관련한 시는 이를 잘 보여준다. 또한 자신의 자부심에 대한 원천이 여기서 잘 드러내고 있었다. 원래 그는 학문 수련을 통한 문장 능력을 자부하고 있었지만, 자신이 배운 성리학적 가치들은 그의 의식 밑바탕에 자리 잡아 있었다. 그의 자아정체성의 원천은 여기에 있었다.

이색은 자연스럽게 경세의식(經世意識)을 지니고 있었지만 이것은 출사 지향에 바탕을 둔 것이었다. 결국 그는 전형적인 관료가 되려는 자아상과 이를 의식적으로 추구하는 지향을 지닌 인물이다. 이색은 현실에서 자신이 가진 문장 능력으로 군주에 대한 충성을 지향하였다. 그의 지향은 결국 관료로서의 정체성에 바탕을 둔 것이다. '문장'이란 그의 자부심의 원천이면서, 자아를 실현하는 일종의 수단이었다. 또한 출세와 자신의 명예를 영구히 남길 수 있는 수단이기도 하였다. 이런 이색의 정체성과 사유방식은 이후 조선왕조의 관료들에게 계승되었다.

이색이 추구한 이상적 인간형은 다른 유학자들과 마찬가지로 군자였다.

그는 유명한 유학자가 되는 것이 군자가 되는 길이라고 믿었다. 군자가 되는 것은 현실에서 고위직에 오르는 것 이상으로 이색에게 중요한 가치였다. 현실에서의 출세와 영원한 명예, 그것은 일치할 수 없는 서로 다른 가치였다. 양자의 추구와 모순은 그에게 심리적 갈등을 불러일으키는 기본적인 요소가 되었다.

또한 이상적 과거와 불만스러운 현재는 항상 서로를 괴리시키는 동일한 양면성을 지니는 것이었다. 그 결과 옛사람들의 가치와 그에 대한 추구가 불만스러운 현실을 낳았다. 그래서 이색은 '오도(吾道)' 즉 유학적 가치를 추구했다. 이 시기 유학자들이 추구했던 불교와 다른 '오도'의 추구는 정통의식을 낳게 하는 원천이었다. 이색은 '오도'를 문장과 연계시키면서 불교의 도의 전승과 같은 방식으로 인식하였다.

그는 우왕 5년에 신체적으로 많은 병을 앓고 있었고, 스스로 노년에 접어들었다고 생각하였다. 이런 점은 현실의 혼돈 속에서 그를 괴롭혔다. 당시 그는 중요한 관직에 있지 않았으며, 특히 자신이 존숭했던 공민왕 추모 사업이 제대로 추진되지 못한 상태였다.

이색은 '은일'을 이상으로 추구하면서 살아가고 싶어 했지만 항상 현실과 단절하지는 않았다. 그것은 당시 유학자들의 보편적 성향이면서, 인간적 갈등의 보편성이기도 했다. 그는 은일과 출사 사이에서 방황하면서 우왕 5년을 보냈다. 당시 '태평의 화기'가 생기길 기대하는 공민왕 추모 사업은 이색이 해결해야 하는 최우선 과제 중의 하나였다. 이 일로 인해 군주에 대한 충(忠)이 현실에서 드러나게 된다고 믿었다.

공민왕 추모 사업 문제가 해결되면서 이색은 복직할 수 있었다. 하지만 그가 할 수 있는 일은 매우 제한적이었다. 이런 현실의 불만족은 이색에게 공민왕을 더욱 추모하도록 하는 요인이 되었다. 공민왕 시절 이색이 우대받던 관료계의 환경에 대한 기억이 자신을 괴롭히고 있었다. 우왕

5년에 남긴 많은 시는 그가 현실의 불만 속에서 영원히 남길 문장에 희망을 걸었기에 나온 것일 수 있었다.

이색의 심리적 갈등은 이후 조선왕조에서 전형적인 관료들의 보편적 모습을 원초적으로 보여준다. 이처럼 학문능력을 바탕으로 출사한 관료들은 생애 동안에 이규보 이래 이색과 같은 심리적 갈등을 겪었다. 미래의 관료들은 이런 모습을 답습하여야 했던 것이다.

한편 이색과 같은 성향의 권근은 일찍부터 관직 생활을 시작하였다. 그는 젊은 시절에 자신이 생각하는 정체성이 있었다. 그것은 이상적 관료가 되어 관료의 직분을 충실히 수행하는 것이었다. 그런 점에서 그가 지향한 자아정체성은 자신의 스승인 이색과 비슷하였다. 말하자면 이상적 관료상의 추구는 이들이 지향한 성리학적 가치에서 볼 때 당연한 것이었다. 그리고 권근 자신이 학문 탐구와 그 뒤에 이어지는 출사는 자신의 문벌적 기반에서 볼 때도 마찬가지였다. 왜냐하면 이 시기 학문과 문장 능력은 지배층 내부에서 자신의 우월감을 보장해 주는 수단이었기 때문이다. 따라서 젊은 시절의 권근은 이런 가치에 대해 고민하거나 주저하지 않았다.

그렇지만 권근은 자신의 게으름과 은일을 추구하던 당시의 유행, 그리고 육체적 병으로 고민하였다. 이 중에서 육체적 건강은 현실 문제에 직면해 소극적 대응을 낳게 한 요소였다.

그는 관료로 생활하는 가운데 현실 문제를 개혁적으로 바라보거나 다루려 하지 않았다. 그는 현실 문제의 책임을 군주와 관료들이 자신의 직분을 다하지 않았다는 점에서 찾으려 했다. 이 때문에 권근은 자신에게 책임을 돌리고 반성하는 쪽에 두었다. 이런 그의 태도가 현실 문제의 해결을 보수적인 시각에서 바라보게 만드는 요인이었다. 이런 태도는 권근만이 아니라 당시 많은 유학자들이 공통적인 성향이었다.

나아가 이런 성향은 자신이 설정한 이상과 현실 사이의 고민을 항상 그에게 던져 주었다. 특히 은일과 출사는 이 시기 많은 관료들과 마찬가지로 그를 계속 괴롭히는 문제가 되었다. 그럼에도 그는 평생 동안 관료 생활을 포기하려 하지 않았다.

권근은 38세 때 유배로 인해 인생의 첫 좌절을 겪었다. 그 때까지 그는 엘리트 관료의 길을 걸어 왔다. 관직 생활 20년, 그리고 고위직에서 축출되면서 그가 느껴야 했던 심리적 좌절은 컸다. 유배지에서 권근의 관심은 개경으로 돌아가는 것과 친구들을 만나는 일이었다. 이 좌절이 그에게 자신에 대한 비하와 회한으로 이어졌다. 아울러 그의 좌절감은 이후 현실에 순응하는 태도를 낳게 했으며, 이것이 조선왕조 개창 이후에 적극적 출사를 지향하는 한 요인이 되었다. 아울러 그는 '문(文)의 도(道)'를 통한 정체성과 존재감을 입증하기 위해 많은 저작을 짓게 된다. 이 점은 스승이던 이색과 마찬가지였다.

조선 건국 이후 그는 정도전은 물론이고 주변 사람들과의 좋은 사회적 관계를 유지하기 위해 노력했다. 그가 당시에 지은 시문들은 이를 잘 보여준다. 그는 출사를 위해 계속 노력하였으며, 이를 추구하는 자신의 모습으로 인해 느끼는 모순 때문에 심리적 방황을 해야 했다.

태종이 즉위한 이후 그는 본격적으로 출세의 길을 걸을 수 있었다. 그는 이 시기 자신을 합리화하기 위해 군주에 대한 충성을 내세웠다. 이런 사유는 권근이 평생 동안 지향해 온 관료의 직분에 대한 충실함에서 나온 것이다. 당연히 관료 직분에 충실하지 못하다는 자신에 대한 반성은 항상 뒤따랐다. 그와 함께 권근의 반성은 스스로 유교적 도의 실천에 충실한가의 여부에 있었다. 그 결과 그는 정몽주, 길재에 대해 높게 평가하였다. 두 사람이 유교적 도의 실현을 위해 노력했다는 점 때문이다. 그럼에도 권근은 태종과 정몽주, 길재 사이의 모순성을 지적하지는 않았다. 그는 현실적 권력인 국왕을 인정하고 있었다.

아울러 그는 54세 무렵 병으로 귀머거리가 되면서, 출사의 절정기에서 삶에 대한 의욕을 잃어버리기 시작했다. 이로 인해 그는 체념과 과거에 대한 회한으로 괴로워했다.

권근은 자신의 학문과 문장 능력으로 군주에게 인정받으려 했었다. 그는 자신의 사회적 위상과 명예가 문장력과 군주에 대한 충성에서 오는 것이라고 믿었다. 권근은 전형적인 유학적 관료의 이상(理想)에서 자신의 정체성을 찾으려고 했던 인물이다.

그와 대비되는 정도전은 성리학자와 경세가로서의 삶을 자신의 정체성에 대한 기반으로 삼았다. 그뿐 아니라 정도전은 강한 의지로 이를 추진하면서 타협하지 않는 삶을 추구하려 했다는 점에서 한수와 차이가 컸다. 그의 추구의 과정과 결과는 선과 악의 대결처럼 명확하였으며, 이는 스스로를 이분법적 사유에 갇히게 만들었다. 당시 유종(儒宗)이던 이색과 달리 그의 목표 추구는 외길이었으며, 정도전은 현실과의 타협을 배격할수록 스스로 목표에 가까워질 것이라고 생각하였다.

물론 그는 과전법 개혁과 같은 문제에서 자신에 대한 비난에 억울해하였다. 그렇지만 그의 이분법적 사유 속에서 보수적 입장을 지닌 유학자들과 타협할 여지가 없었다. 이것은 조선왕조 개창 이후 현실적으로 자신의 정치적 입지를 좁히는 계기가 되었다. 그의 개혁적 사유와 삶의 자세는 현실문제와의 대결을 회피하기 어렵게 만들었다. 현실 회피는 그의 삶의 경험으로 비추어 볼 때, 문제의 해결로 이어질 수 없다고 생각했기 때문이다.

개혁가로서의 정도전은 이상주의자였다. 그의 이상 추구는 삶에서의 타협과 현실 수용을 하지 못하도록 만들었다. 정도전이 이상주의였던 만큼, 항상 현실은 이상=선과 대립되는 악으로 규정되기 쉬웠다. 이것이 그가 고려왕조를 새로운 왕조로 변환시키고, 이후 그의 삶에서 자신을 얽매이게 하는 요소가 되었다. 그가 왕자의 난에서 목숨을 잃었던 것은 이와 같은 이분법적 사유와 그에 따른 개혁=선이라는 면에만 매달렸기 때문이다. 그리고 이 사유는 그가 살아왔던 삶의 궤적과 역사적 조건으로 다져진 것이었다. 정도전의 최후는 자신이 선택한 운명이라고 할 수 있다.

한편 제2부에서는 집단 심성의 문제를 다루었다. 그리고 그에 대한 주제로는 인간이 밤에 자면서 꾸는 꿈을 우선적인 주제로 선택하였다. 사실 꿈이란 인간의 소망과 정서를 반영하는 매개체이다. 고려시대인이 남긴 꿈에 대한 사례는 상당히 많다. 그들 역시 꿈과 같은 신비화된 인체의 장치에 매료되었다. 현대인과 마찬가지로 꿈은 당시 사회에서 회자되었기 때문에 일정한 정치사회적 기능을 지니고 있었다.

우선 고려시대 꿈 가운데 왕실과 관련된 경우에는 왕조의 창건, 국왕의 즉위 등을 합리화하는 역할을 하였다. 이러한 종류의 꿈은 통일신라시대와 비슷한 모습을 보여주었다는 점에서, 이를 퍼트리는 주체가 꿈이 지니는 사회적 효과를 의식하고 있었다고 할 수 있다. 대표적으로 소변과 관련된 꿈이 그것인데, 이런 유형의 꿈은 고려전기를 지나면서 점차 소멸된다.

또한 가문, 개인을 포함하여 사회적 소망을 잘 보여주는 꿈이 있었다. 이런 꿈은 가문의 위상 높이기와 개인의 사회적 출세를 합리화시켜 주는 역할을 하였다. 아울러 집단적 소망이 꿈 이야기를 통해 드러나는 경우가 있었다. 다만 집단적 소망을 담은 꿈은 무신집권기 이전에는 등장하지 않고 있다는 특징을 보인다.

꿈이 지니는 대표적 기능 중에 하나는 미래 예측과 그에 따른 인간의 행동 합리화에서 찾을 수 있다. 이 점은 현대사회에서도 마찬가지다.

꿈을 통한 계시는 고려시대인을 사로잡았고, 이를 통해 인사(人事) 등의 여러 행위를 합리화시킬 수 있었다. 물론 여기서 다루지 않은 태몽과 같은 경우는 미래 예측 범주에 포함시켜야 할 대표적 사례이다. 태몽은 고려시대에도 매우 많은 사례를 남기고 있다.

꿈의 해석과 관련된 해석서는 기록상으로 『주례』 내지 『주공몽서』를 제외하고 찾아 볼 수 없다. 당시 꿈을 푸는 점은 왕실부터 노비까지 성행했을 것인데, 그 해석의 기준서는 거의 등장하지 않는다. 당시에도 해명에 관련된 사회적 원칙이 있었겠지만, 점의 형태나 민간에서 전해지는 꿈 해석은 관습적이었을 가능성이 크다. 이는 오늘날 꿈의 해몽에도 전통적이고 권위적인 해석서가 없다는 사실과 상통한다. 꿈은 중세인의 소망과 정서를 반영하는 대표적 매개물 중에 하나라는 점에서, 더욱 깊은 연구를 요하는 주제이다.

인간의 욕구는 항상 소망과 실현을 위한 노력으로 이어진다. 이 노력이 사회적으로 좌절될 경우에 개인적 분노가 쌓이면서 차츰 집단화되게 마련이다. 고려시대의 집단적 분노가 폭발하는 경우는 여러 가지가 있겠지만, 여기서는 무신정변과 그 이후 시대를 중심으로 살펴보았다.

이 시기는 사회적 분노가 분출되면서 반란과 혼란이 심화되었던 때였다. 무신정변이 이런 혼란을 제공한 계기였다. 무신정변은 『고려사』에 정중부 개인의 분노가 기점으로 기술되어 있지만, 한 개인의 분노가 집단화하는 것은 일정한 사회적 경로가 필요하다. 당시 의종의 통치방식은 환관, 엘리트 문신, 무신을 자신의 측근세력화하는 것으로 정권의 안정화를 꾀하였다. 그렇지만 이 방식은 세 집단 내의 권력 추구 경쟁을 불러일으켰으며, 여기서 탈락된 무신들을 동일집단으로의 감정을 갖게 만들었다. 이것은 무신의 내집단(內集團) 내부의 동질성과 함께, 다른 집단에 대한 배타성 및 적대감으로 드러나게 되었다.

의종은 미신적인 힘과 권위, 그리고 잔치와 같은 유흥으로 자신의 지위를 과시하려 하였다. 그렇지만 이런 행위들은 재정적 압박과 무신 및 민들의 불만을 야기시켰다. 무신들의 사회적 불만은 오병수박희 사건을 통해 결정적으로 결집되었으며, 무력을 동반한 정변으로 이어지게 되었다. 특히 그들의 문신과 환관 등에 대한 적대감은 이후에도 계속되면서 문신 살해와 환관의 배제와 같은 조치들로 이어졌다. 과거 문무반의 대립이 국왕을 정점으로 하여 잠재해 있었겠지만 원래 두 세력의 무력대결로 이어질 필요는 없었다. 그렇지만 정변이란 상황은 이 잠재적 대립을 사회적 분노로 폭발시켰던 것이다.

한편 차별에 따른 분노는 일정한 역사적 계기에 의해 분출한다. 무신정변도 다르지 않았지만, 지역행정에서의 차별은 중세시대에 지속되어 왔다. 특수행정구역인 소에 대한 차별은 경제적인 이유에서 유래되었을 것이다. 이들은 천민이 아니었지만 사회적 시선은 그에 가까운 존재로 여겨지게 되었다. 그렇지만 사회적 차별이 곧바로 저항이란 행위와 연결되지는 않는다.

사회적 저항은 공주 명학소의 반란으로 드러나게 되었는데, 그들의 목표와 이유가 뚜렷하지는 않았다. 다른 지역과의 다중적 반란이 아니라는 점에서 공주 지역 부근의 내재적 문제와 관련되었을 가능성이 있다. 그것은 명학소에 대한 충순현으로의 전환으로 인해 반란의 일차적 종식이 이루어졌다는 점에서 이해할 수 있다. 그렇지만 이들의 사회적 저항과 분노는 망이 등의 가족 체포와 함께 폭발하였다. 그렇지만 이들의 힘은 청주 함락에까지 미치지 못하면서 그 추동력을 급격하게 상실하였다. 그 배경에는 집단 내부의 분열과 함께, 사회적 분노가 지녔던 감정적 힘의 약화에 있다고 할 수 있다. 반란의 진행과 시간 경과는 사회적 분노를 약화시키고, 이들의 저항 포기로 이어지게 된다. 명학소민 등과 같은 사회적 저항은 당시 사회 내부의 질서 속에서 이루어졌다. 즉 소에 대한 세금과 행정 차별을 없애는 것이 기본적인 목표 중의 하나였기 때문이다. 비록 이들이 개경으로 향하려 하였지만 청주 점령실패 이후로부터 집단 내부의 분열이 가속화되었을 것이다.

또한 삼한의 노비를 없애려 했던 만적의 반란 역시 비슷한 유형을 지녔다. 만적의 반란은 이 시기 노비층의 사회적 욕망을 대변하고 있지만, 이를 실현하는 방식에 대해서는 다양한 생각을 지녔다. 만적은 자신들의 주인들을 죽이고 노비의 호적을 없애려 하였지만, 이 시도는 상당수의 노비들에게 오히려 심리적 불안을 일으키게 하였다. 사회적 분노의 결집은 어느 정도 가능하였지만, 이 결집이 사회적 행동으로 가속화될 때까지 여러 단계를 거쳐야 한다. 심리적 불안과 안정추구는 상당수 인간들의 보수성을 설명해주는 요소이다.

즉 노비들이 스스로 자신의 주인을 죽인다는 목표는 많은 노비들의 참여를 망설이게 만들었다. 신분제 사회 속에서 살아온 환경은 그들에게 심리적 불안감을 일으키도록 하였다. 이처럼 사회적 분노는 저항 의식으로 쉽게 연결될 수 있지만 행위로까지 변환될 경우에는 집단감정만으로 이를 지속하기가 어렵다. 따라서 사회적 분노는 여론의 폭발과 심리적 갈등을 가져오지만, 이것이 집단 행위로 나타날 때에는 그에 맞는 우연적 사건이나 시간적 지속성을 지녀야 하는 것이다.

그런 점에서 무신정변, 명학소의 반란과 만적의 난 등은 한국 중세사회에서 차별과 저항의식, 그리고 사회적 분노가 어떻게 행위로 이어지는가를 볼 수 있는 좋은 사례라고 할 수 있다.

고려시대인이 추구했던 삶 속의 기쁨과 슬픔의 가치는 그들의 인생관과 깊은 연관이 있었다. 특히 슬픔의 경우는 일상 속에서 죽음과 관련이 깊었다. 또한 삶의 경우에는 이것을 운명과 연관시켜 생각하기도 하였다.

우리는 여기서 이런 문제를 고려시대인이 남긴 묘지명을 중심으로 살펴보았다.

그들은 삶과 죽음을 하나로 보았다. 즉 이 문제는 중국적 사유와 표현방식을 주로 이용하였다. 그래서 사람은 음양의 기운이 모이거나 흩어지는 것으로 삶과 죽음이 이루어진다고 보았다. 아울러 그들은 『주역』의 논리처럼 순환의 구조로 이를 파악하였다. 특히 일찍이 유학의 영혼관인 혼백이 나뉜다는 생각은 고려시대인의 사유에서도 마찬가지로 드러난다.

순환적 사유는 운명론과 깊은 관련이 있다. 인간들이 세속적으로 추구하는 부귀나 출세 등은 이미 정해진 것이라는 생각이 고려시대에도 널리 퍼져 있었다. 그러나 이런 것들은 오늘날과 비슷하게 숙명적인 것 이상으로 개인의 수양과 노력에 의한 변화 가능성을 지녔다고 보았다.

한편 불교는 고려의 생활 속에 깊이 자리 잡은 신앙이기 때문에, 승려들의 경우에는 불교적 인생관으로 표현되는 경우가 많았다. 승려들에게 인생이란 특별한 의미가 있는 것이 아니었으며, 죽음이란 곧 '무물의 세계'로 돌아가는 것이었다. 아마도 죽음은 '멸집(滅集)'이라고 할 수 있는, 그리고 삶의 고(苦)가 없는 세계로의 진입이라는 점에서 슬픔에 대한 위로가 될 수 있을 것이다. 이는 삶을 하나의 꿈으로 보는 시각에서 나타나는 것이다. 물론 유학의 순환적 구조 역시 논리상으로 죽음의 슬픔을 극복할 수 있는 객관적 시각을 부여해 준다.

그러나 삶의 애착과 소망의 실현이 현실에서는 더욱 클 수밖에 없었다. 죽음이란 현상을 단지 논리적으로 이해하는 것과 슬픔을 극복할 수 있는 것이 동일할 수 없다. 삶에서의 세속적 가치에 대한 추구와 아쉬움은 고려시대인의 머리 속에서 떠날 수 없었다.

아울러 삶과 죽음을 관장하는 것은 하늘에 달렸다고 이해했다. 때로는 조물주가 주재자로서 등장하기도 하지만, 그 개념은 매우 모호하게 등장한다. 요컨대 고려시대인에게 하늘은 인간세계의 도덕을 구현하는 절대적인 믿음의 존재가 아니었다.

한편 그들은 삶 속의 세속적 가치들로 유교 경전인『서경』홍범편의 5가지 복을 주로 추구하였다. 그 중에서 가장 가치 있는 것은 장수였다. 인간의 생명에 관련된 것이 우선시되었으며, 사회적 출세 등이 그 다음으로 중시되기도 하였다. 이 점은 인간 사회에서 상당히 보편적인 것으로 보인다.

중요한 것은 부귀를 추구하면서도 도덕적인 면이 같이 강조되고 있다는 사실이다. 지배층으로서의 위상과 덕목이 같이 추구되어야 옳다는 가치가 깔려 있었기 때문일 것이다. 세속적 가치는 지배층이라고 해서 누구나 가질 수 있었던 것은 아니었다. 출세의 좌절이나 가난함은 지배층에 가깝다고 해서 피해갈 수 없었다. 이 경우에는 개인적인 포기와 현실적 위로가 필요했다. 그리고 그에 따른 자기 합리화가 묘지명에 나타날 수밖에 없었다. 따라서 이때에는 세속적 가치보다 높은 사회적 가치, 즉 충효와 같은 도덕성 등을 내세워야 했다. 그리고 한 개인의 도덕성은 사회적 평판에 대한 기준이 되었다.

세속과 단절된 은일과 같은 삶은 또한 개인에게 위로가 되는 요소였다. 말하자면 개인의 수양이나 즐거움에 대한 관심이 그것이다. 차나 약을 즐기는 것, 도교적 수양 등이 사례가 될 것이다. 이 관심이 때로 삶의 세속적 가치를 넘어서 추구하는 영구적인 것으로 작용했다.

죽음에 대한 슬픔은 죽은 뒤의 긍정적 세계에 가는 것으로 극복하려 하기도 했다. 깊은 신앙심은 말할 것도 없었다. 결국 고려시대인에게 삶과 죽음은 연속적이면서 여러 가치를 부여하는 원동력이었다. 그리고 이를 넘어서려는 생각은 그들의 삶 속에서 이상적 가치를 추구하거나 신앙의 행동으로 표현되었다. 그런 의미에서 고려시대인의 사유는 인간의 보편적 성향에서 나온 것으로 역사 속에서 장구한 생명력을 갖는 것이기도 하다.

이처럼 살펴본 고려시대 심성 연구는 아직도 많은 과제를 던져 주고 있다. 우선 각 지식인들의 심성이 당대인들의 대표적인 것인가에 의문을 던져야 할 것이다. 지식인들은 사회적으로 독특한 존재이고, 이들이 남긴 자료가 특히 시문이라는 점에 유의해야 할 필요가 있다. 이 책에서는 시문이 지니는 형식적 성격을 넘어서 이를 통해 심성을 살펴보려 하였다. 그렇지만 역시 시문이 지니는 운문적 성격으로 인한 한계는 분명하게 인식되어야 할 문제이다.

또한 집단 심성에 대한 문제는 여기서 다루지 않는 더욱 다양한 주제, 특히 일상의 삶 속에서 자리 잡고 있는 관습적인 심성을 다루어야 할 것이다. 관습과 깊게 연관된 이런 심성의 문제는 특히 여기서 다루지 못한 과제이기도 하다. 이런 과제는 차후에 더욱 추구될 것이라고 믿지만, 현재 필자의 연구수준의 한계라는 점에서도 뼈아픈 반성이 필요한 부분이다. 하지만 심성 연구가 단순히 관념 연구에 그치지 않아야 한다는 문제의식은 여전히 살아 있는 셈이다.

1. 1차 자료

『고려사』
『고려사절요』
『고려묘지명집성』(한림대학교 출판부)
『고려도경』
『조선왕조실록』
『고려명현집』 1~5(성균관대 대동문화연구원)
『조선금석총람』 상·하(조선총독부)
『한국금석문유고』
『한국문집총간』 1~8(민족문화추진회)
『교감 역주 역대 고승비문』 고려편1~4(가산문고)
『국역 동국이상국집』(민족문화추진회)
『국역 동안거사집』(삼척시)
『국역 목은집』(민족문화추진회)
『국역 삼봉집』(민족문화추진회)
『국역 익재집』(민족문화추진회)
『김극기유고』(한국정신문화연구원)
『역주 서하집』(동아대학출판부)
『원감국사집』(아세아문화사)
『파한집·보한집·역옹패설』(대양서점)

2. 단행본

강문식, 2008, 『권근의 경학사상 연구』, 일지사.
고혜령, 2001, 『고려후기 사대부와 성리학 수용』, 일조각.

김건곤 외, 1999, 『고려시대 역사시 연구』, 한국정신문화연구원.

김남일, 2004, 『고려말 조선초기의 세계관과 역사의식』, 경인문화사.

김용선, 2013, 『생활인 이규보』, 일조각.

김용선, 2013, 『이규보 연보』.

김인호, 1999, 『고려후기 사대부의 경세론 연구』, 혜안.

김호동, 2007, 『한국 고·중세 불교와 유교의 역할』, 경인문화사.

김용선, 2004, 『고려금석문연구』, 일조각.

나인호, 2010, 『개념사란 무엇인가』, 역사비평사.

노명호, 2009, 『고려국가와 집단의식』, 서울대 출판부.

도현철, 1999, 『고려말 사대부의 정치사상연구』, 일조각.

도현철, 2011, 『목은 이색의 정치사상 연구』, 혜안.

도현철, 2013, 『조선전기 정치사상사』, 태학사.

박종기, 2002, 『지배와 자율의 공간, 지방사회』, 푸른역사.

변동명, 1995, 『고려후기 성리학수용연구』, 일조각.

삼봉정도전기념사업회, 2004, 『정치가 정도전의 재조명』, 경세원.

삼봉정도전기념사업회, 2008, 『성리학자 정도전의 국제적 위상』, 경세원.

성범중 외, 2004, 『한수와 그의 한시』, 국학자료원.

신천식, 1998, 『목은 이색의 학문과 학맥』, 일조각.

이강한, 2013, 『고려와 원제국의 교역의 역사』, 창비.

이익주, 2013, 『이색의 삶과 생각』, 일조각.

이인재, 2007, 『지방지식인 원천석의 삶과 생각』, 혜안.

이희덕, 1984, 『고려유교정치사상의 연구』, 일조각.

한정수, 2007, 『한국 중세유교정치사상과 농업』, 혜안.

정재철, 2002, 『이색 시의 사상적 조명』, 집문당.

목은연구회, 1996, 『목은 이색의 생애와 사상』, 일조각.

문철영, 2005, 『고려 유학사상의 새로운 모색』, 경세원.

문철영, 2014, 『인간 정도전-순수 이성에서 예언자적 죽음으로의 여정』, 새문사.

도광순 외, 1985, 『권근의 생애와 사상』, 한국인문과학연구소.

최상용 외, 2007, 『정치가 정도전』, 까치.

한영우 외, 2002, 『행촌 이암의 생애와 사상』, 일지사.

한영우, 1987, 『정도전사상의 연구』, 서울대 출판부.

하일식 편, 2007, 『고려시대 사람들의 삶과 생각』, 혜안.

허흥식, 2004, 『고려의 문화전통과 사회사상』, 집문당.

홍영의, 2005, 『고려말 정치사 연구』, 혜안.

3. 논문

강은경, 2000, 「고려후기 신돈의 정치개혁과 이상국가」, 『한국사학보』 9.

강지언, 1995, 「고려말 윤소종의 정치활동 연구」, 『이화사학연구』 28.

고혜령, 1981, 「이인임정권에 대한 일고찰」, 『역사학보』 91.

김당택, 1998, 「고려 우왕대 이성계와 정몽주 정도전의 정치적 결합」, 『역사학보』 158.

김두진, 1986, 「고려시대 사상의 역사적 특징」, 『전통과 사상』 2, 한국정신문화연구원.

김인호, 1993, 「이규보의 현실이해와 정치경제 개선론」, 『학림』 15.

김인호, 1998, 「여말선초 군주수신론과 대학연의」, 『역사와 현실』 29.

김인호, 2003, 「원간섭기 이상적 인간형의 역사상 추구와 형태」, 『역사와 현실』 49.

김인호, 2004, 「지역의식과 동일체 관념」, 『한국사상과 문화』 24.

김인호, 2005, 「정도전의 역사인식과 군주론의 기반」, 『한국사연구』 131.

김인호, 2006, 「이색의 자아의식과 심리적 갈등-우왕 5년기를 중심으로-」, 『역사와 현실』 62.

남동신, 2006, 「목은 이색과 불교 승려의 시문 교유」, 『역사와 현실』 62.

남동신, 2007, 「목은 이색의 전기 자료 검토」, 『한국사상사학』 31.

도현철, 1995, 「고려후기 사대부의 이상군주론」, 『동방학지』 88.

도현철, 1998, 「고려말기 사대부의 대외관」, 『진단학보』 86.

도현철, 2000, 「『경제문감』의 전거로 본 정도전의 정치사상」, 『역사학보』 165.

도현철, 2003, 「권근의 불교비판과 권도 중시의 출처관」, 『한국사상사학』 21.

도현철, 2003, 「정도전의 사공학 수용과 정치사상」, 『한국사상사학』 21.

도현철, 2008, 「정도전의 경학관과 성리학적 질서의 지향」, 『태동고전연구』 24.

도현철, 2009, 「『삼봉집』의 전거를 통해본 신유학 수용」, 『동방학지』 145.

도현철, 2012, 「권근의 유교 정치 이념과 정도전과의 관계」, 『역사와 현실』 84.

도현철, 2012, 「조선시대 이색 인식과 연구 과제」, 『한국사연구』 159.

박재우, 1993, 「고려 충선왕대 정치운영과 정치세력 동향」, 『한국사론』 29.

박진훈, 2006, 「고려사람들의 사치·허영과 검약 인식」, 『한국사학보』 22.

박진훈, 2011, 「콤플렉스를 통해서 본 고려의 사회와 인간-문무의 차별을 중심으로」, 『사학연구』 102.

송창한, 1978, 「정도전의 척불론에 대하여」, 『동국사학』 15·16.

유경아, 1994, 「고려말 이첨의 정치활동과 사상」, 『국사관논총』 55.

유경아, 1996, 「정몽주의 정치활동」, 『백산학보』 46

유경아, 1996, 『정몽주의 정치활동연구』, 이대박사학위논문.

유창규, 1993, 「고려말 조준과 정도전의 개혁방안」, 『국사관논총』 46.

이기남, 1971, 「충선왕의 개혁과 사림원의 설치」『역사학보』52.

이익주, 1996, 『고려 원관계의 구조와 고려후기 정치체제』, 서울대박사논문.

이익주, 2001, 「14세기 전반 성리학 수용과 이제현의 정치활동」『전농사학』7.

이익주, 2002, 「고려 우왕대 이색의 정치적 위상에 대한 연구」『역사와 현실』68

이익주, 2008, 「『목은시고』를 통해 본 고려말 이색의 일상-1379년(우왕 5)의 사례-」
　　　　『한국사학보』32.

이정주, 1997, 『여말선초 유학자의 불교관』, 고려대박사논문.

이형우, 1993, 「만권당에 대한 일고찰」『원대 성리학』, 포은사상연구원.

이형우, 1999, 『고려 우왕대의 정치적 추이와 정치세력 연구』, 고려대박사논문.

정재철, 1991, 「목은 청년기 한시에 나타난 사상적 추향」『한국한문학연구』14.

정재철, 1994, 「목은 이색의 사유양식」『한문학논집』12.

조명제, 1993, 「목은 이색의 불교인식-성리학의 이해와 관련하여」『한국문화연구』
　　　　6.

주채혁, 1988, 「원 만권당의 설치와 고려 유자」『손보기박사정년기념논총』.

채웅석, 2003, 「원간섭기 성리학자들의 화이관과 국가관」『역사와 현실』49.

채웅석, 2006, 「『목은시고』를 통해 본 이색의 인간관계망」『역사와 현실』62.

홍영의, 1995, 「고려말 신흥유신의 추이와 분기」『역사와 현실』15.

홍영의, 1996, 「고려말 신흥사대부의 군제 인식」『한국사』32.

지은이 | 김인호

연세대학교 사학과 졸업, 연세대학교 대학원 사학과 문학석사·문학박사
일본 히로시마대학교 객원연구원, 국민대 박사후 과정을 거쳐 현재 광운대학교 인제니움학부대학
교수. 고려시대 지식인의 국가개혁론, 집단심성론, 조선전기 법제사에 관심을 갖고 연구하고 있다.

주요 논저로『고려후기 사대부의 경세론 연구』(1999),『조선의 9급 관원들』(2011),『경제육전과
육전체제의 성립』(2007, 공저) 외 다수.

고려시대 사람들의 사유와 집단 심성

김인호 지음

2017년 3월 30일 초판 1쇄 발행

펴낸이 오일주
펴낸곳 도서출판 혜안
등록번호 제22-471호
등록일자 1993년 7월 30일

주소 ☞ 04052 서울시 마포구 와우산로 35길3(서교동) 102호
전화 3141-3711~2 / 팩시밀리 3141-3710
E-Mail hyeanpub@hanmail.net

ISBN 978-89-8494-574-6 93910

값 27,000 원